算法的创新之维

人工智能算法发明专利授权问题研究

姚叶 著

上海人民出版社

序

人工智能时代，未来已来。人工智能时代，算法是其灵魂，数据是其"母乳"，算力是为基石。在大数据驱动的人工智能时代，谁掌握了核心科技，谁就掌握了世界。可以说，智能算法问题的探讨既有学术研究考量的价值，也具有国际战略谋划的意义。一直以来，我国学者对计算机软件、计算机程序发明的相关研究都较为前沿，但是多以美国立法为参照。智能算法的数据喂养特质、黑箱特征导致了算法歧视、算法杀熟等诸多问题，其专利授权问题已经成为国内外诸多学者、专家的研究重点。姚叶博士的《算法的创新之维：人工智能算法发明专利授权问题研究》应此背景而生，是智能算法专利问题研究的前沿之作。

本书在结构上最大的特点是以一种较为严谨的结构全面地呈现了研究的问题及其应对，提出了智能算法对专利审查中"专利性""可专利主题""专利披露""伦理审查"等审查步骤的冲击，并对这些问题一一提出制度因应。同时，贯穿本书的还是作者的国际性的视角。据姚叶博士所述，本书框架形成于她在德国马克思普朗克创新与竞争研究所进行联合培养期间，因此，本书针对主要国家的专利审查制度进行比较研究，真正做到了在制度移植中进行反思性建构。当然，最重要的是，本书在内容上为智能算法专利授权问题研究提供新对象、新视角、新理论。

一是本书与时俱进地为专利制度提供了新的研究对象并持续追踪新

的审查范例。智能算法的形成除却依赖编辑人员的代码，更依赖存在于互联网中的数据，故而也称"数据训练的算法"。数据的加入使得智能算法与以往的计算机程序、计算机软件殊为不同，算法体现出数据生成性、自动获得性与不可知性，对这一客体的讨论具有一定创新性。以往对"智力活动的规则和方法"的专利客体研究，忽略对美国 Alice 案后的主要案例进行分析，而姚叶博士研究搜集、整理并持续追踪美国与欧盟等国家或地区最新审查实践和立法动向，其学术态度和方法值得肯定。

二是作者没有拘泥于学界对"专利三性""专利客体"的相关讨论，将研究重点置于人工智能带来的新问题如算法黑箱、算法歧视等，进而作出专利法的诠释和解答。譬如本书讨论了伦理审查嵌入专利审查的各环节的可行性并进行具体构建，对专利授权审查中既有公开规则的不足进行检视，并提出解决促进算法技术方案公开的方案。

三是本书引用了制度经济学、制度伦理学理论对专利授权制度的经济绩效与伦理控制进行分析，以经济分析方法促进技术的创新与扩散，以伦理规则纠偏经济利益主导的专利制度。在微观层面，以"专利政策杠杆理论""累积创新理论"以及"动态创新理论"为指导，根据智能算法发明的不同时间节点进行恰当的制度激励与义务分担。以上概为有益的思想资料和创新观点。

本书作者姚叶是我在中南财经政法大学指导的硕士生和博士生，她的硕士论文和博士论文均以智能算法为研究对象，并就相关主题发表多篇期刊文章，可以说具有较为丰富的学术积累。作为她的导师，我见证了本书从选题、构思到创作的全过程，也见证了她对人工智能算法逐渐加深理解的全过程。她一直具有较高的学术热情，在攻读硕士学位期间就已经能够独立写作，时常与我探讨新兴科技的知识产权问题。相信她对前沿问题的敏感性、对学术的严谨态度读者都能够在字里行间亲身感受到。

　　姚叶博士自毕业后进入华东政法大学担任特聘副研究员，因为较为突出的学术表现获得了上海市"超级博士后"、上海市"晨光学者"等头衔，同时也获得"首届国家资助博士后研究人员计划"等项目资助。本书作为姚叶博士的重要阶段性成果，已经获得上海市社会科学界联合会"望道计划"的资助，拟在上海人民出版社出版。

　　专利法是创新之法，伴随着人工智能产业的不断发展，专利制度也应该有新思考与变革。作为一本法学专著，姚叶博士的研究将审查实践与企业需求相结合，具有理论意义与实践意义，无疑为人工智能与专利法的交叉研究提供了有益见地。期待书籍的发表能够吸引本领域研究者的目光，继续为智能算法的专利审查问题研究贡献力量！

　　是为序。

吴汉东

2025 年 4 月

目　录

前　言

　　人工智能算法是人工智能的核心。算法分析和决策越来越多地被用于生产、生活，如语音识别、图像识别、自然语言处理、机器翻译。算法本是自然界中的算数算法，是步骤、流程、规则等，算法脱离抽象和共有状态始于其被计算机所使用以解决某一问题。但是人工智能算法更具有自主性，对数据更加依赖，可解释性更低。人工智能算法发明价值巨大、应用广泛，其可由专利法保护已经成为一种普遍的专利政策立场。如何促进算法创新，保护算法知识产权成为专利审查制度面临的新问题。

　　人工智能算法发明专利授权问题研究遵循的思路是：探讨人工智能算法发明是否符合专利客体资格，考虑如何修改专利客体的专利性审查标准，修改实用性审查中公开机制以解决"算法黑箱"问题。除此之外，还应探讨如何完善专利伦理审查的制度规范和审查流程，为我国专利法修改提出建议。

　　在区分自然过程的算法和人为设计算法，人工智能算法发明与计算机程序、商业方法、计算机实施的发明等概念的基础上，应寻求人工智能算法最优知识产权保护路径并探究人工智能算法发明专利的特征。计算机程序通过与机器设备结合而保护其内设的算法，其使用的是在归纳逻辑指导下的算法，而人工智能算法主要是在相关性逻辑下进行的，从数据中自主学习。人工智能算法的数据喂养特性和自动生成特性使得技术方案难以理解、数据公开不足。人工智能算法可以作为商业秘密进行保护，也可作为计算机软件作品进行保护，但是由专利法规制更符合制度目的且有利于保护核心内容。目前，世界各国遵循"算法本身"与"算法的应用"二分法的专利保护模式，也即对算法不予保护，但是算法发明可以得到保护。根据世界知识产权组织（WIPO）以及专利审查部门的分类，算法发明可分为特定算法发明与通用算法发明，从算法的发明层次进行分类，算法发明可分为底层算法发明、算法的功能性应用及算法的产业应用。

人工智能算法技术为专利制度带来诸多困局：一是在于底层人工智能算法获得专利造成卡脖子的困境，导致专利丛林问题。人工智能算法专利存在质量低下、成果转化率低的问题。对于技术领域的限定也会造成中层算法的技术效果难以展示故而导致获权困难。二是在于算法专利的新颖性、创造性及实用性不明。其一，因为算法可能是由某些软件根据关键词替换模式所生成的，专利的可重复性和可再现性不明。其二，人工智能使得现有的技术方案指数增长，开源算法的使用导致算法发明本身缺乏新颖性。其三，人工智能算法技术复杂、缺乏透明度并可能是跨领域的发明，因此判断技术领域存在困难。算法发明的效果判断也涉及价值取向问题，这在不同的时代是不同的，算法专利的创造性难以识别。三是在于算法专利公开问题。含有算法特征的专利使用模糊的语句以要求更广的权利范围，而算法专利公开不足则会导致专利三性审查缺乏依据，致使产业上难以实现。算法由于本身技术十分复杂，公开难度较大，加剧了算法公开不足的问题。公开也可能出现过度，而将他人的商业秘密、个人隐私公开，甚至因为公布过多的数据而导致国家安全受到威胁。

制度经济学的创新经济学、政策杠杆理论以及制度伦理学为人工智能算法专利审查制度调适提供了正当性。竞争性创新的"倒 U 形理论"推论出竞争与创新之间存在一个平衡状态；累积性创新观点则认为创新是一个连续状态。要平衡创新与竞争，兼顾先创新者和后创新者之间的利益平衡，故对我国人工智能算法产业的发展要考察其发展阶段以制定不同的规则进行激励。专利制度也是制度经济学中的典型制度，存在诸多政策杠杆，如抽象方法例外原则、新颖性、创造性，以及实用性审查标准等。人工智能算法正处于起步阶段，其核心在于基础算法，应该使用政策杠杆鼓励资本投资基础算法研究，过滤问题专利，提高专利转化率。制度经济学主要以效率、效用和价值为考量要点，忽略了诸多价值如公平正义，也会忽视人的权利。在此基础上，应该在制度伦理学的基础上以"以人为本"及"与人为善"的原则指导专利法的制度调适。

人工智能算法发明的专利客体审查规则应当有所突破。包含算法特征的发明首先被认为是自然规律、自然现象和抽象思想而不被授予专利，经历了美国最高法院"Benson 案"等案件后，算法发明可以获得专利已经成为共识。在欧洲，算法发明被认为是包含"数学公式"的发明，需要展示技术性特征才能够获得专利，美国则认为算法属于专利客体例外名单中的内容，必须通过"两步测试法"展现出明显多出"司法例外"的特征后才构成专利。中国坚持"三关卡"审查方式，首先判断是否是司法例外，其次判断是否是技术方案。具体操作上则首先划定具体技术领域，其次判断技术手段、技术问题、技术效果的解决。我国专利审查应该改变固有的审查思维，破除"算法非客体论"，对某些具有技术特征的人工智能算法授予专利。在政策杠杆理论的指引下，应当倡导算法审查政策差异化，鼓励底层算法创新。

针对新颖性、创造性与实用性审查，规则也需要适当地修订。实用性标准要求有直接的产业或者生活实用性，有现实而非潜在的有用性，是可信的且不违背自然规律。创造性审查标准的作用包括从鼓励小部分人的灵感火花到鼓励资本的投入。新颖性标准则要求技术方案是新的、不能是既有的。比较欧洲、美国的专利性审查标准，我国审查规则可作如下修改：针对实用性审查，我国可改变专利公开规则以过滤掉无法重复实施的发明，对发明设立积极效果的审查底线并随时间变化而调整这一标准。针对新颖性审查，各国均采取单独对比原则并以现有技术为参照，我国应该拓宽现有领域，扩大检索范围，将不同领域的技术方案也作为对比方案。但是应该参照美国标准对"现有技术"进行缩小解释，排除关键词替换的方案。同时，坚持"单独对比原则"并使用人工智能检索。为了应对新颖性审查不确定的情况，应提高专利无效程序的效率。关于创造性，欧洲和美国均要求"非显而易见性"，我国要求"实质性特点和显著性进步"。欧洲和中国需要划分技术领域，而美国不进行技术领域的划分，我国仍应该坚持技术领域的划分以提高审查效率，但是审查文件可以来自不同技术领域，"普通技术人员"所掌握的技术应该与"现有技术"的发展同步，并将"普通技术人员"拓宽为"普通技术人员团队"，允许不同技术领域的人审查。

对各国人工智能算法专利公开的案例和趋势进行收集，可为我国人工智能算法公开的难题提出审查建议。目前欧洲案例、美国《公众对于人工智能和知识产权政策的意见》的诸多回馈中有许多认为应该公开人工智能算法的数据。算法透明和算法可解释的呼吁有一定道理，但仍有局限，而算法发明的公开更具有知识传播、信息传递、保障经营自由、促进后发明者累积创新的作用，无疑在解决"算法不可解释性"上更具有价值。算法的公开应该以算法的技术本质为核心进行制度设计。一方面，应该考察算法的从"输入"到"输出"的运算逻辑分析，考察训练数据、训练模型等要素；另一方面，应该注重人工智能底层发明与人工智能应用发明的区别，控制人工智能的披露限度。就我国而言，应该坚持"实施—信任"导向型的算法公开策略，以算法被信任和实施为目的，鼓励算法公开，同时也要避免过度公开，实施合理、有限的审查策略。

在人工智能算法发明审查中，也应在专利主体审查、客体审查、实用性审查中进行伦理考量。探究人工智能算法发明对既有伦理审查造成的困境后可以发现，传统的专利法伦理审查遭遇技术中立原则价值观的影响，面临伦理判断不稳定、审查资源不足以及社会伦理评价机制不畅的问题。人工智能算法发明目前被作为发明人申请专利，专利伦理审查亦出现主体审查困境、客体审查规则缺失和积极实用效果不明等问题，加剧传统审查的困境。为应对上述困境，我国在专利法中应明确发明人为自然人的规则，重视发明主体审查流程，也要完善客体审查规范并规范客体审查流程。在具体实现方式上，应采取内外结合及公众参与的方式。

导　论

第一节　人工智能算法专利研究的全球趋势与理论价值

近年来，国内外人工智能专利数量急剧增加。根据《2021年人工智能专利综合指数报告》，中国、日本以及美国成为世界范围内人工智能专利申请量排名前三的国家，其中中国以68.5%的申请遥遥领先其他国家。《2019年世界知识产权组织人工智能技术趋势》报告显示，人工智能算法专利在2013年到2016年间增长了28%。在企业层面，以谷歌、IBM、松下、百度、腾讯等在内的多家企业纷纷在人工智能算法专利的基础层、功能应用层与产业应用层布局，企图通过专利制度巩固自己在技术领域的领先优势。

一直以来，包含"抽象思想"的技术方案或称与"智力活动的规则和方法"有关的技术方案的授权向来是专利审查部门的难题。以时间为轴线，计算机软件、商业方法、人工智能算法等不断成为新兴客体，专利审查标准不断调适。对于包含不可专利内容的技术方案而言，专利的授权标准尤为重要，因为相较于手工业时代的发明，这种技术方案的客体更加抽象，技术贡献更加难以识别。授权机制是专利制度中的基础和前提，只有在授权流程中妥善把握授权标准，才能在确权和权利的转移中保证权利状态的稳定和交易行为的有效。失衡的授权标准不仅会造成客体标准失衡，如历史上亚马逊"一键点击"之类的毫无技术价值的专利被垄断，也会导致旧的、缺乏创造的和不具有实用价值的专利的横行，阻碍技术创新并侵占公有领域。

专利授权机制主要包括客体审查，新颖性、创造性、实用性审查，专利公开内容审查。近些年，由于人工智能、基因相关技术方案不断发展，专利授权阶段的伦理审查也成为审查的重要部分。在人工智能算法专利数量激增以及审查规则逐渐失灵的情况下，有必要在兼顾促进创新的制度价值和控制垄断的制度目标的基础上，对专利授权机制中的相关问题进行回应。

一是对人工智能算法的专利客体资格进行回应。人工智能算法专利的增加冲击了既有计算机软件、计算机程序的二元保护模式，体现为超出商业方法的技术内核，展现出了新的客体样态。人工智能算法展现出了不可解释性、数据依赖性、跨技术领域性。算法也可以在不同的场景应用而展现出了跨技术领域的特质。二是对人工智能算法的新颖性、创造性与实用性审查标准进行调适。应当对人工智能算法技术方案是否具有直接的产业适用性、具有历史新颖性而非心理新颖性和具有技术贡献三方面进行回应。三是回应人工智能算法发明的不透明性问题。由于人工智能算法使用了线性逻辑而使得其缺乏透明度与可解释性；此外，算法从海量数据中学习因而产生数据依赖，既有的公开规则对数据、模型、训练逻辑等方面的要求缺乏，都使得专利制度的教化作用与技术扩散功能无法达成。

这些皆是人工智能算法的专利法中的难题，无论是《与贸易有关的知识产权协定》(TRIPs 协议) 中倡导的说明书、文档与计算机程序的著作权与专利权二分法保护模式，还是可专利主题的不断扩大，都在人类思想与技术发展的进程中对专利法必须的改革。可以说，人工智能算法的专利法问题不仅彰显专利法的技术法本质，也显现出技术特性对法律制度改革的推动作用。在机器学习与大数据技术的支撑下，人工智能算法的设计方法也呈现出与以往不同的形态，因而使得世界各国的现行专利法与审查规则难以应对。有鉴于此，有必要在探究人工智能算法法律沿革的基础上，理清现有人工智能算法的法律问题以及实践需求，考虑最有可行性的法律改革建议。

一是要挖掘人工智能算法的经济潜力，实现人工智能战略。人工智能拥有巨大的潜力，它在自然科学以及社会科学领域都产生了以往难以实现的成就。如计算机视觉、自然语言处理能够使得机器习得人类语言并对图片视频等进行分析，在医学领域能够判断病人的病症并进行处理。人工智能算法不仅仅是经济增长点，更关乎国家安全与国家战略。对人工智能算法的可专利性问题研究进行探讨能够占领技术高地，在全球具有更大的话语权。

二是要明确人工智能算法的技术特征，改变法学领域的研究人员对人工智能算法的旧有看法。人工智能算法在当前出现了较为不同的技术特征，值得被高度重视。在美国、欧盟，诸多企业已经获得了相关的人工智能专利，也希望能在新兴技术的发展中获得主动权。人工智能算法的特征诸如数据驱动使得人工智能算法的专利申请中的披露成为主要问题，而人工智能算法可能存在如下问题：审查人员虽认可其新颖性、创造性与实用性，却因为审查人员检索技术的匮乏而使得并不具有专利资格的客体获得专利。

三是要明确专利法理论体系与实践的现有问题。专利法理论体系在技术的不断发展中也在不断变化，从完全排除抽象思想的司法判例，到商业方法专利的不断被接受以及本领域普通技术人员的不断变化，再到创造性审查标准的不断具体化，都彰显了专利法理论体系的科学性转变。但是，人工智能算法的现行法规则是否在实践上起到了促进创新的作用值得探究，在现行法的实施中出现了哪些问题亦需要探明并解决。当然，既往的人格精神理论、激励理论、劳动理论、公开理论是否仍然能为人工智能算法的立法提供解释性空间也值得深思。

四是要为专利申请与审查人员提供指引。专利法体系的研究是实在法科学化的过程，而专利法也需要具有明确性并为相关人员提供明确的指引。一方面，专利申请人员需要专利法的明确指引去撰写申请文件并确定独占性的范围。缺乏明确的指引则会造成垄断性权利的不确定性，影响后续创新的有序进行；另一方面，审查人员也需要明确的指引，对申请人的申请文件进行审查，确定激励的范畴与激励的程序，以促进后续发明的产生。

五是要明确专利法及专利审查规则的修改方向。现行的专利法在应对人工智能算法的变化上反应迅速。如我国《专利审查指南》在2020年进行修改，将具有"算法特征或商业规则和方法特征"的发明专利纳入其第二部分第九章第6节，认为包含这种特征的技术方案是计算机程序的一种，可以申请专利权，并举例证明卷积神经网络模型的训练方法（"CNN模型"训练方法）是一种专利客体。但是对于可专利性的三个标准"新颖性""创造性"与"实用性"的解释却缺乏适应性与时代性的考量，且由于人工智能算法的更新迅速，现行法对专利保护期的长度也缺乏考量。

第二节 人工智能算法专利保护的国内路径与比较法现状

人工智能算法的研究最早可以追溯到美国的 Hotel Security Checking Co. 案，美国法院在其后的 State Street Bank 案、Benson 案、Flook 案和 Diehr 案、Alice 案等分别为计算机程序的审查规则提供了一些具体的操作指南。但是，这种变化是世界性的，欧盟及亚洲诸国也为应对计算机程序的相关问题制定了审查规则。如今,随着智能算法的重要性与日俱增以及其表现出的与其他计算机程序的不同的特征,对其技术本质的探究以及对现有审查规则的讨论也是学者们讨论的话题。

一、国内研究现状

计算机软件与计算机程序的二分保护模式虽略有争议,但已经为国际法所广泛采纳。从"软件保护模式"到"专利保护模式"的转变历经波折,曹伟在《计算机软件保护的反思与超越》[①]一书中将计算机软件保护的发展分为三个阶段:"完全拒绝保护阶段""计算机软件作品与计算机程序二分阶段"与"计算机软件程序为主阶段"。他将计算机程序与计算机软件统称"计算机软件",并认为某些软件已经作为计算机软件作品获得了基础保护,某些重要的计算机软件作品可通过专利法进行保护,但是这样的二分模式并不会一直存在,专利法保护模式终将大放光芒。随着 TRIPs 协定将计算机程序作为《尼泊尔公约》(1971)意义下的文学作品予以保护,《世界知识产权组织版权条约》将所有的计算机中的内容均

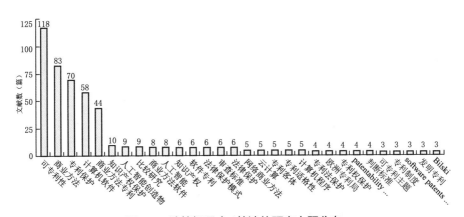

图 0-1 计算机程序 / 算法的研究主题分布

① 曹伟:《计算机软件保护的反思与超越》,法律出版社 2010 年版。

作为文学艺术作品进行保护，对于计算机软件著作权保护确已无争议性问题。因此，以"计算机程序""算法"与"专利"为主题进行搜索，可以发现，与曹伟的预测一致的是，对于计算机程序的关注与讨论主要体现在对其的可专利性问题研究中。

（一）人工智能算法的属性认定

王德夫《论人工智能算法的知识产权保护》一文有这样的观点：人工智能算法应该从技术角度进一步细分为底层的通用算法和上层的应用算法。对于专注于解决"如何模拟智能"这一技术问题的通用算法，应利用专利制度促进相关技术的研发和信息的交流。对于解释"如何使用智能"的适用算法，可以利用各种制度工具，包括专利法、版权法和商业秘密来保护它们。但是，法律制度应注意保护的方式和规模，避免过度保护。[1] 狄晓斐在《人工智能算法可专利性探析——从知识生产角度区分抽象概念与具体应用》一文中将人工智能技术分为三类：第一类，人工智能算法。指人工智能中使用的核心技术，如机器学习模型和算法，如神经网络和支持向量机。第二类，功能应用，指诸如解决计算机视觉、语音处理等的人工智能技术。第三类，行业应用，指 AI 技术的跨领域运用，如智能城市和无人驾驶新闻。[2] 王翀在《人工智能算法可专利性研究》一文中认为，人工智能算法既不可与"智力活动的规则与方法"混同，又不受专利审查制度关于"涉及计算机程序的发明"之限制，是为一种与专利权基本价值相匹配的客体。[3] 王宝筠在《人工智能专利申请的专利保护客体判断》一文中认为，人工智能算法介于抽象思想和其具体

---

[1] 王德夫：《论人工智能算法的知识产权保护》，《知识产权》2021 年第 11 期。
[2] 狄晓斐：《人工智能算法可专利性探析——从知识生产角度区分抽象概念与具体应用》，《知识产权》2020 年第 6 期。
[3] 王翀：《人工智能算法可专利性研究》，《政治与法律》2020 年第 11 期。

运用之间，具有思维和技术双重属性。①

（二）可专利主题问题

李晓秋在《信息技术时代商业方法可专利性研究》②一书中尽管以"商业方法"为研究对象，但在本质上仍然是对可专利主题的探索，主要着重于将"商业方法"与其他物理形态产品以及制造方法进行比较，明确"商业方法"的特征，又进一步解释"商业方法"专利从被排斥到被接受的原因，最后结合中国的相关经验为"商业方法"的新颖性、创造性与实用性给出了自己的建议。同样，对这一问题阐述得较为透彻的文章有崔国斌的《专利法上的抽象思想与具体技术——计算机程序算法的客体属性分析》③与刘银良的《美国商业方法专利的十年扩张与轮回：从道富案到 Bilski 案的历史考察》④。上述学者本质上都是在对"抽象思想"与"抽象思想与具体技术结合"划分标准，也是在探索哪些抽象思想的组成部分能够从完全的抽象思想中剥离出来。另外，也有学者对美国、欧盟、日本等法域的案例进行了介绍。但是，由于成文时间较早，讨论的重点是美国年代较久远的 Benson 案、Alice 案等，对欧盟的审查标准的讨论也比较落后，因此需进一步的深入研究。

（三）人工智能算法享有专利权的理论证成

张吉豫《智能时代算法专利适格性的理论证成》一文认为，赋予算法

① 王宝筠：《人工智能专利申请的专利保护客体判断》，《中国发明与专利》2021 年第 4 期。

② 参见李晓秋：《信息技术时代商业方法可专利性研究》，法律出版社 2012 年版。

③ 崔国斌：《专利法上的抽象思想与具体技术——计算机程序算法的客体属性分析》，《清华大学学报（哲学社会科学版）》2005 年第 3 期。

④ 刘银良：《美国商业方法专利的十年扩张与轮回：从道富案到 Bilski 案的历史考察》，《知识产权》2010 年第 6 期。

相关专利已成通说，研究重点应从聚焦现实的"算法专利适格性"问题进一步推进至法理层次的"算法专利权保护"研讨。她给出了如下原因：其一，信息时代的通用算法与机械时代的算法已经不同，从具体算法到具体实现的距离和成本已经极大降低。其二，数据要素的资源价值实现之核心在于算法创新。为了激励算法创新，进而带动数字经济发展，应授予算法以专利权。其三，"以公开换取保护"是专利的基本逻辑，通过授予专利换取算法公开，是算法规制和有益于人类总福祉的必要之举。其四，算法专利保护规则的确立具备加快技术、经济、社会高质量发展的积极效用。目前的问题已不是是否授予人工智能算法以专利权，而是如何科学设置算法专利权保护的法律标准和审查标准。① 刘强《人工智能算法发明可专利性问题研究》一文阐明，基于人工智能算法发明对这一领域技术进步的巨大作用，算法专利审查标准应当被适当放宽。在智力活动规则与方法标准方面，只要人工智能算法发明具备特定而明确的技术应用领域，且算法设计受到技术条件约束，则应当被认为具备可专利性。主要原因是：其一，人工智能发明核心创新之处在于算法改进；其二，人工智能算法是人类思维活动或者自然规律的具体化；其三，人工智能算法应用具有广泛性和潜在性。②

上述作者在论证为何人工智能算法要给予专利保护时理由仍然不够充分，且关注具体审查标准如何变化以应对人工智能算法这一新趋势，缺乏必要的理论证成。

（四）专利审查三性问题

陈健在《商业方法专利研究》③一书中使用五个章节总结美国及其他

---

① 张吉豫：《智能时代算法专利适格性的理论证成》，《当代法学》2021 年第 3 期。
② 刘强：《人工智能算法发明可专利性问题研究》，《时代法学》2019 年第 4 期。
③ 参见陈健：《商业方法专利研究》，知识产权出版社 2011 年版。

国家和地区商业方法专利的审查标准。影响美国审查规则的主要是 State Street Bank 案、Benson 案、Flook 案和 Diehr 案，以及 Bilski 案，而欧洲的主要变化则集中在"技术贡献标准"的确立，其后他对英国、中国台湾地区以及日本的审查标准进行了总结。该书详细地介绍了各法域具有标志性的案件，并以案件为基础解释可专利性问题的国际看法。但是对欧盟的审查规则进行分析时所使用的材料有些滞后。香港的 Yahong LI 在 *The Current Dilemma and Future of Software Patenting*[①] 中指出，从 1986 年起，欧盟主要的审查方法采取"技术贡献"（Technical Contribution）标准，但自 1990 年起采取的是"技术效果"（Technical Effect）标准，在 2000 年到 2019 年则采取的是"任何硬件"（Any Hardware）测试方法。

吕磊 2019 年发表的《美国商业方法专利保护的发展与现状及其对我国的启示》[②] 成文时间晚于李晓秋与陈健。他对美国最新的 Alice 案后的"二步测试法"审查标准以及 2014 年后新的"二步测试法"进行了详细阐释。当时商业方法专利成为可专利客体已经争议较小，故而更具有时代性。该文关注了"实用的、具体的及有形的结果"标准到"机器或转换"标准再到"两步测试法"的美国专利审查标准。他也结合我国 2017 年修改的《专利审查指南》，更加深入地探讨新时代我国"商业方法"专利的成就、困境与展望。如仅仅关注对"商业方法"的可专利性，并指出这对人工智能算法亦具有非常强的借鉴意义，因为美国已经将"二步测试法"运用在所有的技术类型上，也即美国统一使用"二步测试法"，对包含抽象思想的技术方案进行审查。

探索"可专利性审查标准"就是在探索何种"具体技术"可被认为

---

① Li Y. "The Current Dilemma and Future of Software Patenting", *IIC-International Review of Intellectual Property and Competition Law*, Vol.50, No.7, 2019, pp.823—859.
② 吕磊：《美国商业方法专利保护的发展与现状及其对我国的启示》，《法学杂志》2019 年第 3 期。

是具有贡献性的或是"将权利要求的事物转变为可受专利保护的发明"。王翀《人工智能算法可专利性研究》一文认为应适当调整"本领域一般技术人员"标准，对"突出实质性特点"这一标准予以变通考察，在判断人工智能发明的"显著进步性"方面，必须历经检索以达到对相应技术领域的现有技术有充足了解，并在审查过程中综合专利申请的技术要求评价其显著进步性。该文同时对人工智能算法的保护期设定提出了意见。[①] 王宝筠为专利代理人等提出了申请算法专利的意见，认为应当对算法改进之性质进行类型化，从中筛选出能够提升设备性能的算法方案申请专利，并清晰、明确地记载这种算法改进的属性。[②] 刘强《人工智能算法发明可专利性问题研究》一文指出，对于人工智能算法的伦理审查标准，应当将传统的抽象伦理观过渡到具体伦理观，综合考量这一算法可能导致的伦理挑战和其技术实效。如对病症的诊治是通过智能化技术而非过度依赖人类主体操作器械完成，也应认为这一人工智能算法是具备可专利性的。[③] 除去上述聚焦专利法领域的集中讨论，人工智能算法治理问题引发了更为广泛的争论。但是学者的主要研究对象是美国法中商业方法专利的审查标准，缺乏对欧盟、日本等国家或地区当前情况的研究。同时，学者们所使用的研究资料出现同质化的倾向，大多是对案例的简单介绍，缺乏对判决背后的产业利益的讨论，也缺乏对案例社会影响的探讨与评价。

《法律科学》曾开辟专栏讨论算法的治理问题，并邀请 7 位研究人员发表他们的想法。而 2021 年，国家互联网信息办公室发布《关于加强互联网信息服务算法综合治理的指导意见》，旨在鼓励技术创新，试图大力

① 王翀：《人工智能算法可专利性研究》，《政治与法律》2020 年第 11 期。
② 王宝筠：《人工智能专利申请的专利保护客体判断》，《中国发明与专利》2021 年第 4 期。
③ 刘强：《人工智能算法发明可专利性问题研究》，《时代法学》2019 年第 4 期。

推动算法的创新研究工作，保护算法的知识产权，加强对自研算法的部署和推广，提升我国算法的核心竞争力。虽然在专利法中保护算法不是教授和官员们的核心话题，但在专利法中保护算法是他们所认可的。

（五）我国专利审查规则

2020 年生效的《专利审查指南》在其第二部分第九章增添了新的第 6 节，目的在于规定包含算法特征或商业规则和方法特征的发明专利申请审查规则。第九章的内容主要是"关于涉及计算机程序的发明专利申请审查的若干规定"。本次《专利审查指南》修改旨在防止审查人员对技术特征与算法或商业方法特征的割裂，致力于客观评价发明的实质贡献，保护真正的发明创造。[①] 其中，具体的审查规则主要在 6.1.1、6.1.2、6.1.3 三小节。6.1.1 节强调了对权利要求的"整体考虑原则"，明确了包含技术特征与算法特征的技术要求不应当被排除于可专利性外，在审查时应当将权利要求的所有内容作为一个整体看待。6.1.2 节明确了客体相关法律条款的审查顺序，首先判断其是否构成不属于排除获得专利权的情形，其次考察权利要求中技术方案的技术手段、解决的技术问题和获得的技术效果。[②] 如果权利要求记载了对要解决的技术问题采用了利用自然规律的技术手段，并由此获得符合自然规律的技术效果，则构成专利法认可的技术方案。[③] 当然，《专利审查指南》在对新颖性和创造性审查时，采取"关联考虑原则"。首先，考虑权利要求书中的全部特征，即技术特征和算法或商业方法本身的特征。其次，如果上述特征在"功能上彼此相互支持、存在相互作用"，共同构成技术手段并获得了技术效果则符合新

---

①　吕骞、乔雪峰：《2020 年〈专利审查指南〉第二部分第九章修改解读》，载人民网，2020 年 2 月 10 日。
②　参见《专利审查指南》（2020）第二部分第九章第 6 节 6.1.2。
③　参见《专利审查指南》（2020）第二部分第九章第 6 节 6.1.2。

颖性和创造性的审查。应用于具体领域并解决技术问题及技术手段的调整或改进都被认为是具有"功能上彼此相互支持、存在相互作用"的特征。[①]

从以上规则可知，我国《专利审查指南》将具有算法特征或商业规则和方法特征的发明置于对"计算机程序"相关发明的审查规则之下。可见，《专利审查指南》有两重含义：其一，"人工智能算法"和"商业方法"是"计算机程序"相关的发明；其二，隐含内容是如果人工智能算法符合是一种方法、由计算机实施并且具有算法特征，则可以选择人工智能算法、商业方法、计算机程序三类中的一种进行申请专利权。

二、国外研究现状

美国与欧洲在可专利主题与专利性的问题的研究一直走在世界的前列，引领世界的改革。美国通过司法判例如 State Street Bank 案、Benson 案、Flook 案和 Diehr 案，以及 Bilski 案、Alice 案等确定了"二步测试法"。欧盟则通过对审查标准的改革不断推动本区域内知识产权审查标准的明确：如"技术贡献"（Technical Contribution）标准，"技术效果"（Technical Effect）标准，以及"任何硬件"（Any Hardware）测试方法。

（一）国外关注的焦点问题

第一，人工智能算法是否是单纯的数学算法。学者们普遍认为，人工智能算法的非数字特征十分明显，故而不应单纯地认定其为数学算法。早在 1991 年，John Swinson 在《哈佛法律评论》发表了一篇具有影响力的论文，已经认可了计算机程序算法的非数学算法地位 [②]。Campbel 从历

[①] 参见《专利审查指南》（2020）第二部分第九章第 6 节 6.1.3。

[②] J. Swinson, "Copyright or Patent or Both: An Algorithmic Approach to Computer Software Protection", *Harv. JL & Tech.*, Vol.5, 1991, p.145.

史的角度认可了计算机软件专利的"非抽象思想"地位，软件专利与其他技术的专利并无本质的区别。随着时间的推移，专利制度已经适应了新技术的特殊要求，而软件专利制度已经在进行这样的调整。专利制度优于商业秘密和版权等其他知识产权制度，这主要是因为公开带来的公共利益。专利为协调主要软件技术的多种研发投资提供了最经济有效的方法。[①] 在前人研究的基础上，学者们并不认为人工智能算法是一种单纯的数学方法，更多考虑是如何将其与技术相结合。无论算法的创造性如何，将人工智能算法认定为是不符合专利保护条件的抽象数学算法可能会阻止人工智能研究人员开发和训练系统或设计可能对实际解决方案至关重要的新底层算法。[②]

　　第二，如何描述人工智能算法。欧盟专利申请需要对专利进行详细的描述，就人工智能算法是否可以描述，有两种观点。一种观点认为人工智能算法是"算法黑箱"，因此难以描述。[③] 更有学者指出，如果人工智能算法的表达十分困难，且难以再现，可参考《布达佩斯条约》为 AI 系统制定存放规则，对代码、数据和通过数字提交给专利局的输出结果等难以再现的内容采取类似"微生物"保存的制度。[④] 另一种观点则认为人工智能算法并非是算法黑箱，其原理只是复杂而非难以理解。[⑤]

① M. Campbell-Kelly, "Not All Bad: An Historical Perspective on Software Patents", *Mich. Telecomm. & Tech. L. Rev.*, Vol.11, 2004, p.191.

② S. Yanisky-Ravid, R. Jin, "Summoning a New Artificial Intelligence Patent Model: In the Age of Crisis", *Mich. St. L. Rev.*, 2021, p.811.

③ S. Yanisky-Ravid, R. Jin, "Summoning a New Artificial Intelligence Patent Model: In the Age of Crisis", *Mich. St. L. Rev.*, 2021, p.811; M. Ebers, "Standardizing AI—The Case of the European Commission's Proposal for an Artificial Intelligence Act", in *The Cambridge Handbook of Artificial Intelligence: Global Perspectives on Law and Ethics*, 2021.

④ J. E. M. Allan, "Trends and Developments in Artificial Intelligence, Challenges to the Intellectual Property Rights Framework", *Final Report*, 2020.

⑤ D. Kim, M. Alber, M. W. Kwok, et al., "Ten Assumptions About Artificial Intelligence That Can Mislead Patent Law Analysis", *Max Planck Institute for Innovation & Competition Research Paper*, No.21-18, 2021.

第三，本领域普通技术人员的标准是否需要变更。有学者认为应将此标准改为"本领域普通 AI 工具的技术人员"，但也有学者坚持称目前的标准已经足以应对算法技术的变革，而无需法律修改。①

第四，专利审查的新颖性、创造性（非显而易见性）与实用性标准是否应当变化。在这一问题上，主要有两种截然不同的观点：第一种持保守主义态度，认为专利法应该在很大程度上保持不变，以避免繁重的立法程序。可以考虑较小的修改，如发布新的代理规则，例如专利审查指南②，持这一观点的主要是 Ramalho。第二种观点则认为应建立一个独特的人工智能专利跟踪模型，与当前适用于人造发明的专利制度分开，代表人物是 Yanisky。当前专利法的许多因素在 AI 环境中不适用，并且微小或零碎的修改无法解决所有现有问题。③ 当然也有折中主义，认为基于人工智能系统的自治水平应用不同的可专利性标准。④

在欧盟，是否授予智能算法专利权虽不是热门话题，但其相当关注人工智能算法的公开问题。在《人工智能的责任：公共政策的考虑》中，Herbert Zech 和 Martin Ebers 认为，有限的算法公开能够帮助解决人工智能算法所导致的算法黑箱，不公平不公正问题。⑤

（二）美、欧审查规则的变化

美国采取"拟创造性测试"，欧盟采取"拟技术性测试"，二者分别

---

①③ S. Yanisky-Ravid, R. Jin, "Summoning a New Artificial Intelligence Patent Model: In the Age of Crisis", *Mich. St. L. Rev.*, 2021, p.811.

② A. Ramalho, "Patentability of AI-Generated Inventions: Is a Reform of the Patent System Needed?", *Available at SSRN 3168703*, 2018.

④ G. Chimuka, "Impact of Artificial Intelligence on Patent Law. Towards a New Analytical Framework—〔the Multi-Level Model〕", *World Patent Information*, Vol.59, 2019, p.101926.

⑤ H. Zech, "Liability for AI: Public Policy Considerations", in *ERA Forum*, Vol.22, No.1, 2021, pp.147—158, Springer Berlin Heidelberg.

在本体系内寻求应对计算机程序变化的良方。

1. 美国审查指南的最新变化

在 Alice 案中，法院结合了 Mayo 案形成了"两步测试法"。步骤 1：该权利要求是否涉及工艺、机器、制造、物质的组成？步骤 2a：该权利要求是否针对自然法则、自然现象或抽象概念？步骤 2b：该权利要求是否叙述了显著超过了"司法例外"的额外的要素？"两步测试法"在实践中一直被使用并被赋予新的内容。直至人工智能技术的崛起，尽管美国并没有为人工智能相关发明提供独特的审查指南，但其已经意识到发布这一指南的必要性。2018 年，美国专利商标局局长安德烈·扬库（Andrei Iancu）在参议院司法委员会作证时谈到算法（包括构成 AI 基础的算法）是人类独创性的结果，因此与仅代表自然发生现象的数学方程"非常不同"[①]。尽管如此，这仍然是一家之言，缺乏官方的印证。

2019 年，美国专利商标局发布了《专利客体资格指南》[②]，其明确了"抽象思想"包括数学概念、组织人类活动的某些方法和心理过程。其中数学概念包含数学关系、数学公式或方程、数学计算；组织人类活动的某些方法包括基本的经济原则或做法、商业或法律互动、管理个人行为或人与人之间的关系或互动；心理过程则指在人类头脑中进行的概念，包括观察、评估、判断、意见。步骤 2a 又被分为两条：第 1 条：要求的发明是否针对司法例外？即自然法则、自然现象或抽象概念。如果是，即需引入第 2 条进行分析。第 2 条：确定所要求的发明作为一个整体是

[①] Gregory Discher, Sinan Utku & Raj. Paul, "AI Update: Considerations for Patenting Artificial Intelligence in Europe and the United States", https://www.insidetechmedia. com/2018/12/03/ai-update-considerations-for-patenting-artificial-intelligence-in-europe-and-the-united-states, July 1, 2019.

[②] USPTO, "2019 Revised Patent Subject Matter Eligibility Guidance", https://www. federalregister.gov/documents/2019/01/07/2018-28282/2019-revised-patent-subject-matter-eligibility-guidance, July 1, 2019.

否将司法例外纳入实际应用。具体来说，审查员要确定所要求的发明是否包括不属于司法例外的其他元素，并评估该元素是否将司法例外纳入了实际应用中。如果不是，则进入步骤 2b。2020 年颁布的 *Inventing AI-Tracing the Diffusion of Artificial Intelligence with U.S. Patents* 文件显示，美国广泛授予人工智能算法及其相关应用以专利。

2. 欧洲标准

《欧盟专利审查指南》也进一步将人工智能算法的审查步骤细化，其将"人工智能和机器学习"放在专利例外名单（list of exclusion）中进行规定。指南认为"人工智能算法"与数学方法（mathematical methods）有关，原因在于人工智能和机器学习是基于分类、聚类、回归和降维的计算模型和算法，如神经网络、遗传算法、支持向量机、K- 均值、核回归和判别分析的技术，这种计算模型和算法本身就具有抽象的数学性质，不管它们是否可根据数据进行"训练"。[①]

《欧盟专利审查指南》规定，一个数学方法可能被认为具有技术特征在以下两个方面：（1）产出技术效果并因此被认为是技术目的；（2）被应用于一个技术领域或者技术性的实施（by being adapted to a specific technical implementation）。[②] 在判断人工智能算法是否具有技术特征时也应当考虑其技术目的与技术实施。因此，《欧盟专利审查指南》规定须将申请人所申请的客体作为整体进行审查，考察某一算法是否使用技术手段。[③] 首先，对于技术领域与技术应用，人工智能和机器学习在各个技术领域都有应用。例如，在心脏监测设备中使用神经网络来识别不规则的心跳就属于技术贡献。基于低级特征（例如图像的边缘或像素属

---

①③　See 3.3.1 Guidelines for Examination in the EPO.

②　Kur, Annette, Thomas Dreier, and Stefan Luginbuehl, *European Intellectual Property Law: Text, Cases and Materials*, Edward Elgar Publishing, 2019: 158—159.

性）对数字图像、视频、音频或语音信号进行分类是分类算法的进一步
典型技术应用。[①] 当然，如果人工智能算法符合其他传统的使得数学方法
具有可专利性的技术应用，也能够符合指南的要求。[②] 其次，对于技术目
的，仅根据文本内容对文本文件进行分类本身不被视为技术目的，而是
语言目的。对抽象数据记录或"电信网络数据记录"进行分类而没有任
何技术用途的结果分类本身也不是技术目的，即使分类算法具有可能被
认为具有有价值的数学特性（例如鲁棒性）。《欧盟专利审查指南》特别
指出，某一算法如何能够生成训练集和训练分类器的步骤，也被认为是
一种技术特征。[③] 可见，欧盟在审查人工智能算法是否具有可专利性时，
并不认为人工智能算法具有与以往技术完全不同的任何特征，仍致力于
采取统一的规则对包含"数学方法"的技术方案进行检验。

三、现有文献的研究疏漏

将国内外文献对比可发现，国内学者对于人工智能算法专利的披露
问题研究较少，往往以"已公开换取保护"理论证明智能算法专利获得
专利权的合理性，但是对于如何对智能算法进行公开则研究不多。目前
普遍的关注焦点在于智能算法为何已经脱离抽象思想，是否应授予智能
算法以专利，以及专利审查规则的变化。

国内外学者的研究有着共同点：首先，对于以"代码"为主导的人工
智能算法与以"数据"为核心的人工智能算法之间的区别尚未有人理清。
有的学者认为二者是同样的 [④]，但是也有人认为二者的区别足以颠覆整个

[①][③]　See 3.3.1 Guidelines for Examination in the EPO.

[②]　See 3.3 Guidelines for Examination in the EPO.

[④]　M. Ebers, "Standardizing AI—The Case of the European Commission's Proposal for an Artificial Intelligence Act", in *The Cambridge Handbook of Artificial Intelligence: Global Perspectives on Law and Ethics*, 2021.

专利法系统。既有学者将算法区分为通用算法或称底层算法，算法的功能性应用以及算法的行业应用；也有学者将算法统一看待，不作区分。

其次，对人工智能算法如何公开的研究较为少见。在世界知识产权组织（WIPO）人工智能和知识产权战略信息交换所公布的关于人工智能的典型案例中，2020 年发生的欧盟 T0161/18 号案例以及中国宣告"小 i 机器人"专利无效请求的行政纠纷案均对人工智能相关发明的公开充分性问题进行了探讨。至于人工智能算法是否是黑箱，以及如何公开，公开到何种程度的探讨则讨论较少。长久以来，专利的新颖性、创造性以及实用性是三个重要问题，但是在人工智能算法的产生逻辑变化后，算法、训练数据、权重、模型的公开充分性问题成为新的议题。

再次，缺乏系统的理论分析。许多人试图解释人工智能算法这一专利客体存在的合理性，一般是从产业需求以及国家需求论证，缺乏更深入的探讨。对于人工智能算法审查规则应当进行完善的理由也并不充分，缺乏对如下问题的考量：其一，如若对通用算法授予专利，那么是否会造成公有领域的内容被不合理地垄断？其二，对底层算法进行授权是否会造成"专利丛林"问题？其三，在实务界，授予通用智能算法以专利真的能够起到促进人类创新的作用吗？专利法的替代措施如商业秘密是否更加有效？

最后，既有研究对于 Alice 案以后美国、欧盟以及中国的审查实践缺乏必要的关注，研究停留在学术层面而缺乏案例的支撑。

第三节　人工智能算法专利授权的关键问题与展开进路

一、研究目标、研究思路、研究内容和拟解决的主要问题

本书研究目标是寻找人工智能算法领域应然法与实在法的关系。一方面，将探究人工智能算法的新兴变革到底对既有专利法的理论系统产生哪些冲击；另一方面，讨论创新理论、政策杠杆理论如何指导我国专利法的

实践。在分析前述内容后，判断我国专利法与专利审查指南如何修改。

首先，对人工智能算法概念进行界定，梳理其变革历史，并讨论其各保护模式的优势与弊病，最终确定专利模式是较优选择；其次，梳理人工智能算法中由代码编写的算法到由数据训练的算法的生成逻辑变化所导致的问题；再次，搜集与分析人工智能算法的各国立法，分析算法特征与专利法及审查规则的矛盾之处，并与他国的制度进行比较分析。最后，对专利法与专利审查规则的修改提供建议。研究思路如下：

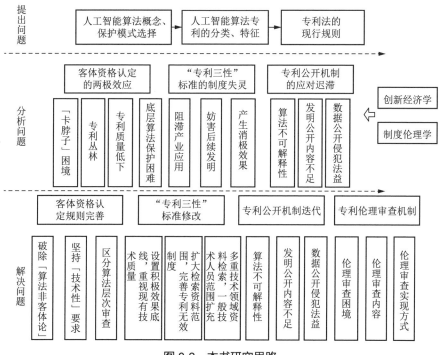

图 0-2　本书研究思路

二、拟采取的研究方法及可行性分析

本书为学科交叉研究，可能适用部分跨学科的方法论，此外还采用比较分析法和法经济学分析法等，对各国人工智能算法立法和司法实践进行研究，对人工智能算法的技术属性进行理解，并使用政策杠杆理论等分析人工智能算法立法的正当性。

比较分析法：美国是人工智能算法以及商业方法等包含抽象思想的技术方案获得专利权这一先例的开启者，欧盟在提供判断包含抽象思想的技术方案的客体标准上也贡献颇多。通过运用比较分析法，本书对美国、欧盟等国家的理论研究状况、立法和司法状况进行历史考察，在此基础上结合我国人工智能算法产业的发展现状、我国的人工智能战略，对我国人工智能算法的立法和司法审判提出意见和建议。

跨学科研究法：人工智能算法的研究不仅涉及计算机技术，也涉及智能化技术，但总的来看大抵是计算科学领域的内容。计算机科学是一门包含各种各样与计算和信息处理相关主题的系统学科，从抽象的算法分析、形式化语法等，到更具体的主题如编程语言、程序设计、软件和硬件等。专利法是技术之法亦是创新之法，对自然科学领域的内容进行研究是进行社会科学分析的前提与基础。计算机程序从原来以编程为主的工作方式转为由程序及数据共同作用，这种变化导致了以往计算机程序研究的滞后，也奠定了本书研究的必要性。对计算机科学以及法学的理解将使得本书更着眼于实际而非纸上谈兵，且能够实现专利法的价值。

法经济学分析法：法学的经济分析方法在知识产权领域尤为重要，尤其是专利法领域。专利法往往承载着产业的经济利益，有着对"成本—收益"的考量，在效率即正义的商业领域发挥着不小的作用。本书需要考虑的是专利审查规则对企业创新的激励作用，制定专利审查规则的法律成本与法律效果等问题，这些问题都需要以经济学的相关分析方法为根基。

第四节　人工智能算法专利授权问题研究的主要创新

一、研究对象创新

长久以来，无论是美国、欧盟还是中国，对人工智能算法的研究从未停止。但是学者们关注的主要是由程序人员编程的计算机程序算法。人工智能兴起后，在实现人工智能的过程中出现了诸多人工智能算法如逻辑回归、线性判别分析、分类和回归树和朴素贝叶斯等。这些算法的形成除了依赖编辑人员的代码，更依赖存在于互联网中的数据，故而这些算法也称"数据训练的算法"。数据的加入使得人工智能算法与以往的计算机程序殊为不同，对这一客体的讨论具有一定创新性。

二、研究方法创新

本书选择了制度经济学中三个理论分析工具解决当时存在的问题，一是"专利政策杠杆理论"，其认为每个行业都需要精准激励，各国专利法应当灵活适用政策杠杆调节不同行业的激励机制，如在化学与制药技术领域，法院会对申请人施加更严格的实用性判定标准。人工智能产业的现状与其他产业的差别使得其审查政策也应当有相应的调整。二是创新经济学理论，"竞争创新理论"与"累积创新理论"在信息产业中非常有效，前者认为专利权的控制范围应当有限并狭窄，赋予市场充分的自由，后者认为技术创新依赖每个人在他人既有工作上的新发现。本书将产业的现状与理论结合，探讨什么样的审查标准更有益于创新。三是制度伦理学理论。专利法中产权实用主义思想占据主流，但是缺乏对于专利客体伦理效果的思考，导致许多违背道德、伦理的技术方案被收于专利权。本书采用制度伦理学与制度经济学相结合的方法，并提出专利制度作为典型的制度也应当由制度经济学所规制，在追求经济效率的基础上，坚持"以人为本"的制度伦理观。

三、研究观点创新

一是提出我国"专利三性"审查标准应当进行微调。专利的新颖性、创造性和实用性审查标准是技术方案授权专利的门槛之一，具有举足轻重的作用。人工智能算法对三性审查标准均有不同程度的冲击，因此专利授权中应当对上述标准进行调整。

二是认为人工智能算法发明的公开机制应当进行调适。算法、训练数据、权重、模型等要素是人工智能算法形成的重要元素，这与传统的以代码为核心要素的代码算法不同。使用深度学习算法、卷积神经算法等机器学习算法的算法具有黑箱特质。如欧盟在判断某一人工智能算法有关的发明时要求申请人披露训练用的训练数据，我国小i机器人案中要求申请人必须公开人工智能算法与各部件之间的运行逻辑。

三是认为应当对人工智能算法发明的伦理审查机制进行框架设计。人工智能算法发明被具有公共职能的政府和私主体所使用可能侵犯自然人的个人隐私，产生算法歧视或使消费者陷入算法茧房的风险，这是专利制度的伦理性所应该重视的。我国专利审查制度的伦理审查规范不完善，审查机制不健全，应当完善审查规则并使审查机制更加科学。

四、研究内容创新

搜集并整理美国与欧盟最新的判例。在对人工智能算法的研究中，学者的研究内容主要对具有典型意义的 Alice 案，Bliski 案等进行讨论，却忽略了 Alice 案后最新的判例研究。Alice 案主要解决的是含有抽象思想的技术方案是否具有可专利主体资格的问题，现在这一问题已经争议较小。人工智能算法的知识产权法问题本质上是法律适用的问题，已经从理论探讨上升至标准设定的阶段。因此，对相关的新的、典型的判例进行分析具有新颖性。美国在 Alice 案后又有诸多追随其精神的客体审查的案例；欧盟在 2019 年、2022 年分别修订了审查指南，也公布了相关的指导案例。后文将对这些案例进行详述，紧跟国外立法的实践。

第一章　人工智能算法概述

人工智能算法的保护模式一直是学者们讨论的重要话题，从商业秘密暂时保护模式的选择到著作权法保护模式的初探，最后到专利法保护模式的确定，每个阶段的选择都体现了对人工智能算法技术属性、法律属性的认知。以"name = *算法 *"和"type = '中国发明申请'"在 CNIPA 专利数据库检索，可以发现从 2010—2020 年的 10 年间，我国人工智能算法相关的发明专利申请一直呈现升高趋势。[①] 这一方面是由于数据这一生产要素的共享以及算力等基础设施的协同助力，另一方面则源于机器学习、深度学习等新兴算法的发展。对于人工智能算法的专利性问题研究首先要从人工智能算法的技术概念着手，落脚于法律概念，并最终进行模式选择。

第一节　人工智能算法的概念界定

人工智能与算法一直被学者们广泛讨论，但是对于人工智能与算法的技术层面，学者们却讳莫如深，对其解释也是浅入浅出。算法并非是现代社会独有的内容，而是随着社会发展而不断变化，并进化到如今的人工智能算法。对算法的历史发展回溯能够明确当今之算法与既有算法

[①] 王倩影：《专利视角下对人工智能算法的保护与限制——基于算法特质的分析》，《郑州航空工业管理学院学报（社会科学版）》2021 年第 7 期。

之区别，也能进一步帮助法律研习者应对算法带来的法律问题。

一、历史演进：从自然过程的算法到人为设计的算法

（一）自然过程中的广义算法

算法的概念自古即有，公元前 2500 年左右，古巴比伦数学家使用了算术算法，如除法算法。公元前 1550 年左右，埃及数学家使用了算术算法。公元前 240 年左右，希腊数学家使用了寻找素数的算法，以及寻找两个数字最大公除数的欧几里得（Euclid）算法。"算法"一词被定义源自 9 世纪波斯数学家阿尔-花剌子模（Al-Khwarizmi）的名字，后来指求解问题应当遵循有条理的步骤。算法是"为了解决一个特定问题或者达成一个明确的结果而采取的一系列步骤"[1]。算法的定义从 Tarleton Gillespie 的假设开始，即"算法不需要是软件：在最广泛的意义上，它们是基于指定计算将输入数据转换为期望输出的编码过程。这个过程既指出了一个问题，也指出了解决这个问题的步骤"。所有人都在不知不觉中使用算法过程来解决日常生活中遇到的大多数问题。例如，律师在其高度正规化的重新搜索和构建法律问题的方法中利用了算法过程；学校食堂一份并不好吃的套餐的出餐工序，人事招聘的各种并不透明甚至有些随意的政策程序，博士研究生决定忙碌的一天是从读文献还是从写论文开始的思维过程，均是算法。有限性（finiteness）指算法必须能在执行有限步骤后终止，确定性（definiteness）指算法的每个步骤都有确切定义，有效性（effectiveness）指算法中执行的任何步骤都可以被分解为基本的、可执行的操作步骤[2]，只要具备了输入、输出、明确性、有限性和有效性，

---

① N. Diakopoulos, "Algorithmic Accountability: Journalistic Investigation of Computational Power Structures", *Digital Journalism*, Vol.3, No.3, 2015, pp.398—415.
② 蒋舸：《作为算法的法律》，《社会科学文摘》2019 年第 4 期。

则可以称为合格的算法。

（二）人为设计的算法

计算机程序就是在电脑上运行一种人为设计的算法，随着机器学习算法、表示学习算法、深度学习算法出现，算法逐渐更加智能。人工智能算法的发展有赖于"大数据"与"算力"，可以认为数据是算法的营养，算力是支撑算法运行和数据处理的基础设施。人工智能算法的产生有赖于深度神经网络算法的发明，但是这一算法的运行有赖于数据的"喂养"，而对于数据的处理则依赖于"算力"的支撑，计算机处理速度的增强能够提高数据处理效率，进而达到快速训练算法的目的。

遵循古德费洛（I. Goodfellow）等人的在《深度学习》[①]中关于人工智能的概述，可以将人工智能表示为如下样态：

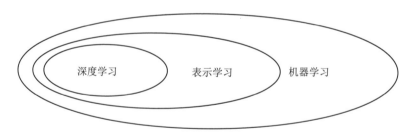

图 1-1　人工智能分类与关系

机器学习是人工智能的一个子集，也成为人工智能算法的代名词。即人工智能使用操作员提供的输入和输出数据，并尝试找到将输入数据映射到输出数据的规则（例如使用逻辑回归），以便对输入数据进行预测。经过"表示学习"的发展，深度学习强势崛起，它使用具有多个层（称为"深度"）的模型，通用术语是"多层感知器"，每个层都有许多数

[①] 参见［美］伊恩·古德费洛等：《深度学习》，赵申剑等译，人民邮电出版社 2016 年版。

学运算，每增加一层，每个运算都增加一层。深度学习通过建立类似于人脑的分层模型结构，对输入数据逐级提取从底层到高层的特征，从而能很好地建立从底层信号到高层语义的映射关系。[①] 机器学习算法、表示学习算法以及深度学习算法从海量数据中学习规则并形成算法模型，算法模型被再次运用于产业中的预测。此时算法自己从数据中通过统计学中的"相关性"分析学习数据分配的规则，习得规则后再对新输入的数据进行预测。

二、概念辨析：人工智能算法与相关概念的界分

（一）计算机程序

计算机软件包括计算机程序和相关文档，文档主要包括表达程序所使用的流程图和说明，程序设计、编程人员和测试人员编辑的文字、符号或图片等，而计算机程序则包括源代码与目标代码。此时，从著作权意义上讲，通常用源代码编写并构成源程序，源代码通常被计算机翻译成机器可读的目标代码并形成目标程序。由于二者是计算机可读之语言，故而也可以被认定为是一种作品。从专利法的角度来讲，计算机程序本体属于一种智力活动的规则和方法，与算法、游戏规则相同，其本身不能构成一种发明，但是如果计算机程序相关发明是为了解决技术问题，使用遵循自然规律的技术手段并获得符合自然规律的技术效果，则可以构成一种"可专利主题"。因此，计算机程序本身兼具文字作品与技术方案的双重属性，有欣赏性与功能性的双重特征。

专利法与著作权法的二元保护模式的形成经历了认知与妥协的过程。随着计算机技术的发展以及商业方法依托计算机的快速发展，各国便将

[①]　余凯、贾磊、陈雨强、徐伟：《深度学习的昨天、今天和明天》，《计算机研究与发展》2013 年第 9 期。

关注的重点从计算机相关发明所使用的手段到发明的结果上来了。因为计算机算法已然超脱了简单的数学计算方法，而算法与软件、硬件的结合已然成为一种手段。所以各国的立法任务便从如何从技术方案中挑出算法并将技术方案排除发展到如何区分算法与智力活动的规则和方法而合理地授予专利权上。起初，计算机软件并不被认为是一种可专利主题，此时也被称为"反专利阶段"。菲律宾为了保护软件之上的投资于1972年将软件认定为是一种作品，后这一立法例被诸多国家效仿。对计算机程序的法律保护本质上是为了保护算法[①]，软件著作权制度仅为表达出来的代码提供保护，而软件存在的重要基础也即算法、软件运行的核心功能即逻辑设计等都不属于著作权保护的对象[②]，是为软件著作权保护模式的致命缺陷。而后，美国通过判例将计算机程序与单纯的数学公式区分开来，美国法官通过 Benson 案明确了单纯数学算法程序不构成可专利主题的基本观点。但法院也强调，因为"阳光下的任何成果"均可构成可专利主题，如果某一发明并非单纯的数学算法程序，则其具有可专利性。在这样的过程中，算法的重要性急剧增强，世界各国最终将计算机程序的保护模式细分为著作权进路与专利权进路的二元并进方式。

对于计算机程序与人工智能算法的区别的分析，应当以计算机程序算法为中介。一般认为，计算机程序与计算机程序算法具有区别。算法是一组指令，由一个处理器来执行一个过程，不取决于是否有数字计算机作为处理器；算法是计算机科学的基础，每一个计算机程序至少是一种算法的表达。一个程序可能包含许多算法，以控制数据流、控制屏幕显示、在需要时将事情分类、完成整体任务等。一个程序的一些算法可能只执行整体功能的很小一部分，而其他的算法可能定义了程序的整个

---

① 曹伟：《计算机软件保护的反思与超越》，法律出版社 2010 年版，第 59—62 页。
② 吴汉东：《计算机软件专利保护问题研究》，《当代法学》2022 年第 3 期。

操作架构。所有这些单独的算法都可以在不同的抽象层次上表达。编写的计算机程序只是其中一个可能的表达方式。[①] 换言之，计算机程序是计算机程序算法的外衣，对于计算机程序的保护本质上是对算法投资的奖励。

从法律属性讲，计算机程序算法与人工智能算法具有本质共通性，二者都是一种"智力活动的规则和方法"，不属于专利客体范畴，在美国专利法中它被界定为"抽象思想"，在欧洲专利法中则被认为是一种数学方法。但是，人工智能算法与计算机所使用的传统算法不同，人工智能算法由专家系统到表示学习、深度学习的发展推动了人工智能的发展，人工智能算法表现出"智能化"的特征，因而展现出单独的客体形态。

首先，计算机程序算法与人工智能算法的自发性不同。计算机程序是固定的，源代码已由编程人员事先设计完成。对于传统计算机程序算法而言，算法是在程序员的指令下指导计算机逐步进行下一步操作的过程，算法的目标是解决程序员设定的问题，其本身是在计算机执行初期任务期间执行的一组指令和代码。可以认为，传统算法的运行方式是程序员输入数据、逻辑，而机器负责输出。而人工智能算法最初是一组模型，它能够在无人干预的情况下从数据和输出中获得逻辑，简单地向其馈送大量结构化数据以完成任务，而无需人为干预即可根据给定训练数据自动分析数据间关系来设计算法 [②]。根据获得的数据，人工智能将通过考虑多种因素来建立假设并提出可能的新结果，辅助人类进行更简单的决策。

其次，计算机程序算法及人工智能算法对数据的依赖性不同。计算

[①]　J. Swinson, "Copyright or Patent or Both: An Algorithmic Approach to Computer Software Protection", *Harv. JL & Tech.*, Vol.5, 1991, p.145.

[②]　魏远山、刘妍:《论人工智能算法专利的披露标准》,《科学学研究》2023 年第 12 期。

机程序与人工智能算法的区别首先体现在数据、规则与答案的关系中。计算机程序使用的算法是"归纳逻辑"指导下的算法，而人工智能算法是"相关性逻辑"指导下的算法。计算机程序本身指的是用程序设计语言编写的计算机代码本身，目的是指导计算机或其他具有信息处理能力装置执行某些命令或作出判断。一旦数据被输入，那么输出便是固定的。但是人工智能算法则从数据中学习规则，随着数据的输入，人工智能算法在最终由控制人员固定之前是不断变化的。可以认为，无数据则无人工智能算法。

图 1-2　计算机程序中人工智能运行中数据、规则与答案之间的关系

图 1-3　人工智能算法中数据、规则与答案之间的关系

再次，计算机程序算法与人工智能算法的可解释程度不同。对计算机程序的解释只需要公开文档并阅读源代码或目标代码即可，有些计算机程序甚至可以通过反向工程进行破解。然而机器学习的可解释性取决于模型的复杂程度和所使用的训练技术，如果一个经过训练的机器学习模型面对相同的（新）数据，它将产生相同的输出。即使输出原则上是确定的和可追踪的，但由于计算的复杂性，特别是在人工神经网络的情况下（"黑匣子"问题），人工智能算法也往往不是人类可以解释的。深度神经网络与计算机不同，即便是将训练用的数据、模型公开，人类也没有能力根据获取的信息了解人工智能算法。机器学习的可解释性是目前的主要研究领域之一。

最后，计算机程序算法与人工智能算法的智力体现不同，保护需求不同。在机器学习中，人类的投入主要体现在选择或开发训练算法，设置超参数（通常涉及试验和错误、研究使用机器学习来定义超参数、数据标记以及开发模型架构）、选择模型架构等。简单来讲，设计人员将实际问题转换为数学问题并设计模型，算法是求解模型的方法。可以把模型理解为计算公式，常见数学定义定理等。算法即计算方法，为求解数学模型而用，也是将模型解出的方法。在计算机程序中，源代码与目标代码是编程人员智力的集中体现，编程人员只需要明确源代码便可以准确表达自己的想法。因此，为了保护计算机程序，企业会倾向于以代码为主的保护方式，而人工智能算法在固定之前都是处于变动中，因而更倾向于以商业秘密的路径进行保护。但是为了解决"阿罗信息悖论"，即需要公开一定的算法以吸引投资并将算法商业化时，计算机程序设计者和算法设计者都会在专利制度"以公开换垄断"的吸引下公布搭载计算机程序或算法的技术方案。

（二）商业方法

我国 2004 年出台的《商业方法相关发明专利申请的审查规则（试行）》曾将商业方法专利解读为"一种特殊性质的专利申请，既具有计算机程序的共性，又具有计算机和网络技术与商业活动和事务结合带来的特殊性"[1]。实际上，商业方法的实用性要求在很长一段时间都是通过与计算机设备相联系而体现出来的。我国《专利审查指南》第二部分第九章新增第 6 节，将包含"算法特征"与包含"商业规则和方法特征"的发明专利相提并论，说明人工智能算法的实现与商业方法的实现难分彼

---

[1] 张玉敏、谢渊：《美国商业方法专利审查的去标准化及对我国的启示》，《知识产权》2014 年第 6 期。

此，只是二者技术应用领域不同，并非技术本质不同。人工智能算法被应用于商业领域也可能是一种商业方法，而商业方法本身可能也是利用人工智能算法而形成的。在欧盟《专利审查指南》中，无论是商业方法还是算法、模型等均被认为是包含"数学方法"的客体，适用统一的规则。在美国《专利审查指南》中，算法、商业方法乃至任何与思想、方法有关的内容都被认为是"抽象思想"相关的内容，只有表现出将这些思想与技术相关联并将这些司法例外整合为具体应用时才被认为是一种技术方案。因此，除在中国之外，商业方法和人工智能算法都被认为是与抽象的数学方法、思想有关的技术方案。而中国虽然没有抽象出一个概念用以形容类似技术方案，却通过列举的方式模糊言明了相关态度。

（三）计算机实施的发明（CII）

人工智能算法发明与计算机实施的发明的区别也是困扰大多数学者的问题。一般而言，"计算机实施的发明"是欧洲专利制度中的一个概念，指的是任何通过计算机实施的技术方案的发明，由于欧洲专利制度对于技术特征的要求较低，只要求和计算机结合即可构成技术特征，故而许多本不被认为具有技术特征的内容如数学公式均与计算机结合以获得客体资格。广义而言，人工智能算法发明既被欧洲专利公约认为是含有数学公式的技术方案（mathematical methods），又被认为是计算机实施的发明（computer-implemented inventions）。但是，我国并没有"计算机实施的发明"这一概念，我国《专利审查指南》第二部分第九章以"关于涉及计算机程序的发明专利申请审查的若干规定"为标题，"包含算法特征或商业规则和方法特征的发明专利申请审查相关规定"的审查规则亦在这一章规定。

第二节　人工智能算法保护路径的分析与选择

人工智能算法的知识产权保护路径呈现出多种法律的"中心辐射"性保护样态。将人工智能算法包含的信息作为秘密可得到商业秘密的保护，将人工智能算法的技术思想应用可以得到专利法的保护，将人工智能算法表达为计算机语言则可以受到著作权法的保护。但是三种保护模式何者最优，有待探讨。

一、包含有秘密信息的商业秘密

在人工智能算法的各种保护模式中，商业秘密模式是最没有争议的。我国2019年修订的《反不正当竞争法》将"商业秘密"的四个要件概括为：不为公众所知悉、具有商业价值、经权利人采取相应保密措施、商业信息。也即商业秘密须符合秘密性、实用性，以及保密性的特征。其中商业秘密可被分为技术信息、经营信息两大类。2020年8月《最高人民法院关于审理侵犯商业秘密民事案件适用法律若干问题的规定》将算法、数据、计算机程序及其有关文档等共同列入了技术信息范畴，进一步明确了算法在我国是受保护的商业秘密之一。算法能够被作为商业秘密受到保护，是商业秘密制度保护范围不断扩张的结果。迫于美国压力，我国的商业秘密制度一度放宽了保护条件，并增设惩罚性赔偿制度，整体上在广度和力度上均强化了商业秘密的保护，因此算法受到商业秘密规则的保护成为可能，其保护力度也趋于增强。[①] 商业秘密较之专利法具有明显的优点，主要体现在保护广度、保护程度以及保护效率上。首先，由于商业秘密的保护范围较为广泛，故而任何信息，只要符

[①]　李晓辉：《算法商业秘密与算法正义》，《比较法研究》2021年第3期。

合商业秘密的秘密性、实用性以及保密性等特征时，便具有了保护的潜在可能性。而商业秘密之保护则以其除法定条件外不被曝光为要务，故而只要权利人采取了必要措施对其信息进行保护，便能够有拒绝任何人接触、获取的权利。诚然，商业秘密的秘密性并非不可打破，在商业秘密制度中规定基于公共利益的强制披露限制是世界各国通行的做法。比如，美国《统一商业秘密法》即明确规定了商业秘密的公共利益抗辩（限制），主要对危害公共安全、国家安全、欺诈、犯罪、违法或侵权，以及影响公众健康、环保或重要福利的商业秘密进行强制披露。但这些披露限制通常具备极其严格的条件，商业秘密必须同时符合违法性、危害性和必要性三大要件 ①，且必须有法律的明文规定才可能触发。商业秘密的保护也更具效率，机器学习行业迭代迅速，算法设计也在几十年间加速发展，商业秘密的获得无需备案或向相关部门申请，仅采取必要措施即可，能够适应人工智能、大数据发展的需要。同时，侵犯商业秘密的行为类型已经扩充，举证责任向权利人倾斜，举证难、赔偿低的现有问题在法律修改中已经做了充分考量，故而是人工智能算法保护的重要路径。

二、表现为机器语言的软件作品

人工智能算法是否可被著作权法保护，须得关注其是一种思想抑或一种表达。著作权法区分思想与表达，为了避免对人类公有领域的过度垄断、遵循法律之保护不得延及思想的精神，著作权法仅保护后者。自古登堡印刷术发展以来，著作权法最初仅以小说、音乐、绘画等文学、艺术领域的艺术作品为保护对象，随后则因信息技术的发展、作品的电

---

① 李晓辉：《算法商业秘密与算法正义》，《比较法研究》2021 年第 3 期。

子化、数字化的技术诉求而将保护范围延伸至既是一种具备经济价值的财产，又具备功能性价值的机能作品如数据库、计算机软件等特殊客体之上。①

将人工智能算法作为计算机软件进行保护可能须得满足"思想 / 表达"二分法、可再现性要件、独创性要件三项基本要求。TRIPs 协议第 9 条也明确规定对著作物的保护"只作为表现及所波及的，而不得波及思想（ideas）、程序、运用方法以及数学概念自身"。欧盟法院在第 C-393/09 号 Bezpečnostní softwarová asociace 案判决中表明，当复制计算机程序将引起计算机程序本身复制，从而能使计算机执行其任务时，即可为计算机程序提供保护。② 计算机软件须是一种表达且具有复制性或可再现性。我国《计算机软件保护条例》第 4 条对此作出了特别的规定："计算机软件必须由开发者独立开发，并已固定在某种有形物体上。"在"乌龙学习软件侵犯著作权罪案"判决书中也曾表明："只要乌龙公司独立开发了软件并已固定在某种有形物体上，不论是否发表，即享有该软件的著作权。"③ 综上可知，计算机软件须有一定程度的创造性且需独立创作，并且可以固定在有形介质上。

人工智能算法可以成为一种表达而非仅仅是思想。在各国计算机软件的相关立法中，论及计算机软件可被著作权保护的思路是计算机软件可以以机器可读的语言表达，这种语言为源代码与目标代码。计算机软件也可以以人类可读的形式展示，如编程语言 C 语言、Java 语言等。通过对交流符号有意或者无意的扩张解释，机器可读的语言也被人们冠以

---

① 王运嘉：《计算机软件整体保护模式之探讨——版权法与专利法之双重视角》，中国政法大学学位论文，2014 年。
② 郑友德：《马普创新与竞争研究所发表〈关于人工智能与知识产权法的立场声明〉》，《电子知识产权》2021 年第 6 期。
③ 参见上海市徐汇区人民法院（2013）徐刑（知）初字第 20 号民事判决书。

语言之名，而可读之语言所形成的外在表达则理所应当被认为是一种作品。尽管机器表达的符号与人们的语言符号不同，在符号这一共性上，通过机器语言表现的内容取得了作品地位。[①] 人类语言与符号语言具有符号共通性，这也使得计算机语言的可读性更易论证，其作为著作权法保护之客体、对象的地位也得以证立。

　　人工智能算法可能具有独创性。广州市天河区人民法院判断独创性的标准有两个：一个是独立完成，一个是刻意选择和创造性技术运用。[②] 涉案程序由大量函数组成，其中有相当部分是公司程序设计人员按任务要求自定义的，其实现的程序段是由这些人员编制，并非来自公有领域，因此具有成为一种表达的可能性。[③] 人工智能算法可能被认为是一种思想，因为算法使用了自然界的法则如加减法的运算规则以及迭代算法等自然界的某些规则，将其融入其中并进行编程，这可能被认为是公有领域的思想，不能被独占。但人工智能算法将上述内容运用到了不同的技术领域则具有可专利性，如将自然界的两性繁殖规则运用到了数据的选择中。两性繁殖规则，可简单理解为采用父母双方各自一半的基因，加上随机变异，产生后代。通过另一半随机选择的基因序列的加入，后代的鲁棒性（robustness）更强。根据上述生物学理论，Dropout 算法被提出。这种算法通过在迭代过程中随机选择部分单元，使得神经网络中的每个隐藏单元都有机会学习与随机选择的其他单元集合进行协作，从而防止过度拟合，提高神经网络的适应能力。[④] 可见，某些人工智能算法的设计虽然从自然界规则中汲取了营养，但是在经过对上述内容的整合、编排、整

①② 王运嘉：《计算机软件整体保护模式之探讨——版权法与专利法之双重视角》，中国政法大学学位论文，2014 年。
③ 参见广东省广州市天河区人民法院（2006）天法知刑初字第 3 号刑事判决书。
④ 狄晓斐：《人工智能算法可专利性探析——从知识生产角度区分抽象概念与具体应用》，《知识产权》2020 年第 6 期。

理后，实现了将抽象思想转化为具体表达的质变过程，体现了人类作者的独创性思维。

人工智能算法能不能够满足"能够以有形形式复制"的要求是其能够成为计算机软件的核心判断要素。"能够以有形形式复制"在学界观点不明，一般认为其是"能够被客观感知的外在表达"，即能够将作者的思想化抽象为具体，能够让人感知、能够传播，才能对文化事业和社会发挥促进作用①，但一般不要求"产生完全相同的内容"或固定在物质载体中。著作权法保护文学艺术领域的作品，着重保护作品中的思想情感，与专利法中要求产品具有实用性可重复量化生产不同，故而产生完全相同的内容不为必要。同时，如果一定要求作品能够固定在物质载体中，则会使得著作权法永远在科技发展的脚步中滞后，也将遗漏口述作品等重要作品类型。美国第二巡回法院针对"固定"的含义发表了意见："尽管游戏者在每一次游戏时，由于路径、速度和准确度的不同，显示在屏幕上的图像和声音系列有所不同，但是这些图像和声音系列的许多方面，在每一次游戏中都是一样的……这表明，该电子游戏的主要图形和声音已经被固定，已经满足了版权法关于音像作品的固定要求。"②

著作权法对于计算机软件的保护看似是一种满足各国所需的完美进路，实际却是一种退而求其次的无奈之举。著作权与工业产权本互相对立，前者以促进文学艺术之发展和保护作者思想情感为己任，而后者则关注创作物的实用性与效率。计算机软件是一种从工业中发展而来，以机器为载体而加快计算机处理效率的技术领域的产品。但由于计算机软件研发所需投资不菲，而制造成本却相对低廉，其侵权成本极低，软件

---

① 金松：《论作品的"可复制性"要件——兼论作品概念条款与作品类型条款的关系》，《知识产权》2019 年第 1 期。
② 王运嘉：《计算机软件整体保护模式之探讨——版权法与专利法之双重视角》，中国政法大学学位论文，2014 年。

模仿在技术上难度不大，亟须财产权之保护。美国曾经尝试过对计算机软件单独立法却无疾而终。一方面，这加重了立法机关的压力，法律部门的增加需要巨额的立法成本和漫长的时间，也可能使得计算机软件的保护不完备性，造成了更大的法律风险。但另辟蹊径、重新立法或许可以找到理想的软件产权形态，可同时也存在风险，因为它可能"导致某种未知的、不受约束的且不可预见的情形，导致丢弃现行知识产权法日益增长的经验以及日益增长的确定性"①。同时，如果美国将计算机软件（程序）进行单独立法，而其他国家并无此项制度时，会不符合国际法上的平等待遇原则。使用商业秘密方法对计算机软件进行保护也并不符合美国对于计算机软件的制度需求。一方面，商业秘密的秘密性使得计算机软件会被过度保护，而计算机行业的更新往往依赖具有更快处理速度、更新处理逻辑的计算机软件，技术的适度披露能够促进行业的发展。另一方面，十分重要的计算机软件，一旦所有人保护不慎会导致泄露风险，而商业秘密的诉讼则面临着举证难、赔偿低的风险。于是，1978年美国成立了由著作权法专家组成的新技术著作权应用工作委员会，并在两年后的12月份正式通过"96-517号公法"，修订了其《著作权法》，在第101条至117条中，增添了对计算机软件程序保护的新规定。②

三、内含有算法特征的技术方案

人工智能算法是计算机程序（软件）的灵魂，其主要有外在和内在两种表现形态。其外在表达以文档、源程序、目标程序为载体，内在表达则依赖设计数学模型或逻辑模型（构思）、运行操作系统和进行信息处

---

① A. R. Miller, "Copyright Protection for Computer Programs, Databases, and Computer-Generated Works: Is Anything New Since CONTU", *Harv. L. Rev.*, Vol.106, 1992, p.977.
② 曹陇华、朱晓力、陶涛：《著作权保护客体的扩张与界限》，《科学·经济·社会》2008年第4期。

理（方法），以实现软件开发目的（功能）。① 人工智能算法的外在表达可被著作权法以"类作品"的方式保护。目标程序基于二进制数字"0"和"1"组成的 0/1 序列的"机器码"，仅能由计算机识别和处理。源程序由编程人员编写，能够为机器阅读。人工智能算法作为其内在形式，是以实现程序功能为目的，以程序的运行效果为评价标准。在专利法中，软件中所具有的技术思想内容可归入抽象算法的"智力活动规则和方法"，或是技术方案的"处理过程、操作方法"等，这些都是著作权的排除对象，能否取得专利授权，取决于可专利主题认定和授权审查的专利法判断。② 将人工智能算法的内在表达作为技术方案或发明进行保护并不与将其作为软件进行保护相违背，申请人可根据所需选择两种模式之一进行保护甚至同时获得两种维度的保护。

美国联邦最高法院拒绝授予计算机软件专利保护的决定包含三个基本误解。首先，法院不恰当地将其算法定义局限于解决数学问题的程序。其次，并非所有的计算机软件算法都等同于不可专利的自然法则。最后，未能意识到软件算法满足其对专利法过程定义的解释。由于美国联邦最高法院这一误解，下级法庭如专利商标局、专利商标局上诉委员会、海关和专利上诉法院在多年的裁判中都体现了对计算机软件技术的错误观点，并创建了一套基于对计算机软件程序不当应用专利原则的判例法。③

作为抽象算法的智力成果并不是在任何情况下都是可专利主题，这中间需要设立一个阈值。可以认为，"抽象算法 / 具体算法技术二分法"提供了可专利主题认定的重要标准。算法被定义为如何实现一个过程的指令集。算法某种程度上因被编码为没有更多技术效果的软件程序而被

---

①② 吴汉东：《计算机软件专利保护问题研究》，《当代法学》2022 年第 3 期。
③ J. S. Goodman, "Policy Implications of Granting Patent Protection to Computer Software: An Economic Analysis", *Vand. L. Rev.*, Vol.37, 1984, p.147.

排除在可专利主题之外。人工智能算法和/或模型只能作为一项发明中的特定技术应用例的元素来申请专利。恰当地适用技术特征要件，意味着在一项独立权利要求中应包括赋予所需技术特征的具体技术应用，且专利保护范围限于该具体应用。

我国《专利审查指南》对专利客体进行了明确的规定，除了科学发现、智力活动的规则和方法、疾病的诊断和治疗方法、动物和植物品种、原子核变换方法以及用原子核变换方法获得的物质、对平面印刷品的图案、色彩或者二者的结合作出的主要起标识作用的设计等因为处于公有领域、人道主义关怀、公共道德以及实用性有限等而不被认可为专利客体。此外，其他技术方案均有被认定为专利客体的可能性。在专利审查指南中，人工智能算法可以被认定为"含有算法和商业方法特征的技术方案"，涉及计算机程序的发明的一种。在欧盟专利审查指南中，含有人工智能算法的技术方案被认为是"与人工智能和机器学习有关的技术方案"，典型的有用于分类、聚类、回归和降维的计算模型和算法，例如神经网络、遗传算法、支持向量机、K-means、核回归和判别分析。因为这种计算模型和算法本身具有抽象的数学性质，可能与数学方法有关，故而欧盟专门指出含有人工智能算法特征的技术方案可以成为专利客体。

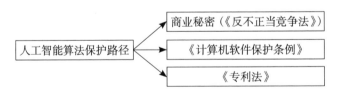

图 1-4　人工智能算法知识产权保护路径

四、人工智能算法发明专利保护模式的选择

人工智能算法作为一种无形财产，与知识产权制度具有天然的关联性与紧密的连结性。历史经验表明，著作权、专利权、商业秘密等都可

成为人工智能算法获权的选择路径，人工智能算法的专利保护模式是使用排除法的选择。使用著作权法保护计算机软件存在实用功能无法保护、权利保护期过长、过宽以及维权难度大的问题。

第一，偏重艺术性而无法兼顾实用功能。计算机软件虽然外表表现为一定的指令序列、文档并体现了编程人员的编程逻辑，但软件的逻辑结构和指令序列并不是为了表达编程人员的情感、思想，其追求的目的是最佳的数据处理速度和最精确的处理结果。尽管在计算机软件运行的过程中体现了编程人员对于计算机软件独特的设计理念和设计方法，但这与著作权人应当通过作品表现出的美学、艺术思想是不同的。同时，软件虽然由编程语言组成，但是并不以文字的可读性、可观赏性为目的，更多是为了逻辑严谨并实现更加高效的运行。

第二，权利体系覆盖过宽。著作权法规定作者享有以复制权为核心的一系列"权利束"，其中包括著作人身权也包括著作财产权，具体而言包括发表权、署名权、修改权等人身权利，也包括复制权、发行权、出租权、信息网络传播权、翻译权等财产权利。发表权、署名权是人身依附性权利，复制权、翻译权是以"复制性"为基础的共生性及演绎性权利，发行权、信息网络传播权是以"传播性"为内核的权利，出租权是以"控制性"为核心的权利，软件著作权人依据创作行为或依据职务发明规则而享有计算机软件权蕴含的以上权利是合理的。但是修改权是指权利人对软件进行增补、删节，或者改变指令、语句顺序的权利。人工智能算法的修改带来的市场竞争并非同质化竞争，而属于动态竞争范畴，有利于计算机软件的更新换代，故将修改权赋予软件开发者显然一定程度妨害了软件市场价值的完全实现。

第三，保护期限过长。自然人的软件作品适用著作权法一般规定，其保护期为自然人终生及其死亡后 50 年，若软件系合作作品，则这一期限截止于最后去世的共同作者死亡后第 50 年。计算机软件的迭代速度十分快，2021 年度全国共登记计算机软件著作权 2280063 件 [1]，较之 2020 年我国所登记的计算机软件（1722904）多出 56 万件 [2]，较 2019 年的登记数量增长近 80 万件，基本延续了自 2017 年以来大幅增长的登记趋势，登记总量连续四年年均增长超过 20 万件。[3] 计算机软件的生命周期实际上只有一年多的时间。例如，随着新版 Windows 系统的推广，旧的 Windows 系统也就停止更新，逐渐被淘汰了，其间也不过数年时间。旧的软件保护期过长不仅浪费了法律资源，也使得交叉软件的权利人难以有效实施权利。

第四，权利的获取方式以及维权方式难以有效保护利益。著作权法以及《计算机软件保护条例》均规定计算机软件的自动取得和登记公示制度，只要计算机软件创作完成权利人即享有权利，所有人到相关部门登记就可以向社会彰显自己的权利状态。计算机软件的"类作品"保护不仅难以识别消极算法和具有危害性的算法，更将重要的程序向社会公开使自己丧失了竞争优势。在维权方面也会出现重大问题，若发明人选择计算机软件模式对算法进行保护，那么侵权之方式则为代码相同或代码被擅自利用，如他人采用不同的计算机语言编写出与原软件完全不同但功能完全相仿的计算机程序，根据著作权法定义，这并不会被认为是一种侵权行为，权利人保护计算机软件背后的人工智能算法的期待将会落空。

使用商业秘密保护模式对算法进行秘密排他性的保护也存在诸多缺点。最核心的就是不合法、不合理的人工智能算法被作为商业秘密进行保护，它们作为医疗工具可以对公民的健康权造成不可知的损害，作为

---

①③　参见国家版权局关于 2021 年全国著作权登记情况的通报。
②　　参见国家版权局关于 2020 年全国著作权登记情况的通报。

推荐商品的算法会损害公民购物的自由选择权，作为量刑工具的人工智能算法更加会阻碍公民正当程序权利的行使。人工智能算法的不透明会加剧违法不正当竞争行为和不合理垄断行为的隐蔽性，算法合谋、算法垄断、算法自我优待等问题会严重干扰社会的经济秩序。

德国马克斯普朗克创新与竞争研究所发表的《关于人工智能与知识产权法的立场声明》中依托欧洲的法律体系认为，算法足可受到诸如商业秘密、反不正当竞争法、合同法和技术措施等知识产权制度以外的保护。在我国，商业秘密主要由《反不正当竞争法》保护，且这一法律通常被认为是知识产权法的组成部分。但不可否认的是，人工智能算法仍然可以通过合同法和技术措施得到保护。但是由于合同的相对性原理也即其只约束合同订立的双方以及有限范围内的第三人，故而此种保护也是有限的；同时，技术措施的保护也只能是对某些人工智能算法进行短暂的保护，故而很难保证发明人的技术不被不适当地窃取与利用。

人工智能算法是人工智能快速进步的核心，虽然它的设计逻辑、运行过程、外观样态与传统计算机人工智能算法相比有区别，却并未超出作为"知识产品"的本质。人工智能算法可在著作权法、专利法、反不正当竞争法中获得保护。其中，著作权法与专利法以保护人工智能算法表达为基本方式，商业秘密保护路径则以保护人工智能算法内核为根本诉求，三种规则利弊互现。人工智能算法的发展有赖于前人技术的公开，国际社会对人工智能算法的发展也提出了可解释性、透明性、可问责制的伦理要求。专利法的"公开发明理论"与人工智能算法的需求相契合，将人工智能算法作为专利法中的技术方案进行保护，在一定程度上能平衡技术权利人与使用人的利益，防止算法黑箱的产生，维护社会的道德与秩序。

第三节　人工智能算法发明客体资格的争议与取舍

一、人工智能算法客体资格的理论争议

针对人工智能算法是否是一种专利客体、是否具有专利性的讨论并不是一成不变的，它和技术发展成正相关，并以人们对计算机以及人工智能的认知为线索。人工智能算法是否能够具有可专利性具有极强的争议，在几十年间经历了由拒绝到接受再到向法律转换的过程。人工智能算法认知的进步与人们对抽象思想与其具体应用的结合的技术方案的判断相关，二者是一个双向互动的结果。

有学者认为人工智能算法是一种数学方法。在韦氏词典中，算法指"解决问题或完成某些目标的逐步过程"。在现代计算环境中，算法可以理解为组成操作的一系列步骤，这些步骤又组成了完成特定任务的特定模块或可执行软件。计算科学是在数学的基础上兴起的一门科学，人工智能算法的形成无有例外均使用数学方法进行运算，故而是一种数学方法。在 Benson 案中，美国法院通过将"算法"定义为"一种解决特定类型的数学问题的程序"来实现这一目标，是"概括性的表述……以解决将一种数字表示形式转换为另一种的数学问题"。

也有学者认为人工智能算法的处理对象缺乏具体性，故而不应该被认为是一种客体。人工智能算法运行于计算机中，对数据进行分类、聚类、分析与选取，输入数据并最终选择数据。数据的技术特征以及技术进步是难以被衡量的，故而其技术特征与技术进步难以判断。

授予人工智能算法专利权会造成公共领域知识的垄断。在 Benson 案中，涉案算法是二进制，其将一种形式的数据转换为另一种形式，法官认为算法可能运用了自然规则、数学方法等，是一种心理步骤。涉案算法所描述和要求的方法不一定是专利法意义上的"过程"，而可能是科学

技术工作的基本工具，因此将其过度垄断将违反专利法的立法宗旨。

二、人工智能算法客体资格的理论取舍

专利法对于不能申请专利的内容有所区分，一种是不适用专利保护的内容，一种是不授予专利权的内容。前者主要包括不具有技术特质的科学发现、智力活动的规则和方法等，后者则主要包括违反公共利益或公共道德而不应当被专利法保护的排除性内容，如疾病的诊断和治疗方法。对于不适用专利保护的内容与适用于专利保护的发明的认定，实践中主要有基础理论与实际应用界分原则、技术领域限定原则、抽象思想与具体领域区分原则，这些原则既是一种门槛，也是不具有技术特质的内容进入专利法的大门。换言之，专利法要区分法律排除的客体本身（例如数学方法、计算机程序、商业方法等）和利用被排除客体的可专利发明。

人工智能算法是实际应用而非仅仅是基础理论。专利法遵循基础理论与实际应用界分原则[①]，专利法激励能够运用于商业领域的技术方案，而某些基础理论虽然具有极高的价值，却不适宜在专利法中进行保护或激励。如质能方程 $E = mc^2$ 主要用来解释核变反应中的质量亏损和计算高能物理中粒子的能量，推动了德布罗意波和波动力学的诞生。这一方程的价值不可谓不重要，但是对于类似方程的发现有赖于国家、公共科研基金对于基础研究的激励，而不应当将其置于专利法中。某些人工智能算法本身虽然具有普适性和建构性，但仍然是使用诸多数学定理或抽象生物学定律所获得，缺乏绝对基础性，无法产生学科与理论上的颠覆。此外，从专利法保护客体的历史进程上看，若计算机程序的技术应用可

---

① 张吉豫：《智能时代算法专利适格性的理论证成》，《当代法学》2021 年第 3 期。

以被授予专利权，那么与计算机程序有关的人工智能算法则根据经验不会被认为仅仅是一种基础理论。综合多方面的考量，可认为人工智能算法并非仅仅是基础理论层面的内容，可被运用于商业领域。

人工智能算法能够将融合技术特征，运用于具体技术领域。专利法遵循技术领域限制原则，具有技术特征的方案才具有专利客体资格。我国 2020 年《专利审查指南》认为"卷积神经网络模型的训练方法"明确了模型训练方法的各步骤中处理的数据均为图像数据以及各步骤如何处理图像数据，体现出"神经网络训练算法与图像信息处理密切相关"是可专利的。2024 年国家知识产权局公布的《人工智能相关发明专利申请指引（征求意见稿）》指出，人工智能算法或模型，即高级的统计和数学模型形式，包括机器学习、深度学习、神经网络、模糊逻辑、遗传算法等。若算法被运用于硬件环境，可对图像数据进行处理和分类，该硬件、对图像的处理属于专利法所指的技术特征，人工智能算法则超过了单纯的智力活动的规则和方法，不再属于智力活动的规则和方法。2019 年欧盟专利审查指南也明确指出，数字图像、视频、音频或语音信号的分类是分类算法的进一步典型技术应用，具有技术特征。

人工智能算法是抽象概念的具体应用，人工智能算法能够将人类思维以及自然规律等抽象内容转化为具体化的技术。专利法遵循抽象概念与具体应用区分原则，只有运用于具体领域的抽象思想才能够被认定为专利客体。例如，在抽象思想方面，战胜人类高手的 AlphaGo 算法模拟了围棋思维也即运算规则。在自然规律表征方面，人类可以通过数学公式对其进行表达（如质能方程 $E = mc^2$），也可以通过人工智能深度学习挖掘难以用简单数学公式表征的自然规律（如图像识别）。如卷积神经是一种前馈神经网络，它的人工神经元可以响应一部分覆盖范围内的周围单元，对于大型图像处理有出色表现。卷积神经网络由一个或多个卷积层和顶端的全连通层（对应经典的神经网络）组成，同时也包括关联权重和池化层（pooling layer）。卷积神经网络模型则模仿卷积神经处理图像的方式，不仅模仿大脑视觉皮层模型，就连其最基本的卷积层和池化层也分别涉及卷积运算和池化操作。卷积运算本身是数学运算，但是其正是通过数学运算的方法模拟视觉皮层的功能，最终得到了卷积神经网络模型 LeNet。[①]

学者与法官不断地从含有抽象思想的技术方案中剥离抽象思想与技术特征，并整合出了"Alice/Mayo 二步测试法"。最初，他们将人工智能算法看作是与自然界中作为自然现象、规则以及数学方法的算法无二的算法，被认为不具有专利性。其后，人工智能算法因为处理计算机中的数据并带来了技术效果而被认可。

三、人工智能算法发明的外在表征

2019 年世界知识产权组织（WIPO）发表 *Technology Trends 2019: Artificial Intelligence* 报告将人工智能算法以及相关的发明分为"人工智能底层实现技术""人工智能功能性应用技术""人工智能产业应用技术"。底层实现技术指人工智能中以算法为核心的各类底层算法、模型，其中包含机器学习、模糊逻辑、概率推理等。机器学习则可分为深度学习、神经网络、分类和回归树等算法，机器学习按照是否需要监督分为有监督学习、无监督学习等。功能性应用技术是指底层算法所能够实现的功能领域，其中包括计算机视觉、自然语言处理、语音处理、机器人技术等。产业应用技术指将底层算法或者功能性应用运用于各个产业领域，进行商业化。据统计，近年来的应用技术主要包括交通运输、通信以及

[①] 狄晓斐：《人工智能算法可专利性探析——从知识生产角度区分抽象概念与具体应用》，《知识产权》2020 年第 6 期。

生物医药。自动驾驶以及车辆识别可谓是算法在交通运输领域的重要应用，计算机网络、通信网络主要是通信领域的算法应用，在生物医药领域，生理参数监测、医学影像以及疾病诊断等。从底层算法到产业性应用再到商业化的产业性应用体现了从抽象算法到具体算法的"算法具体化过程"，也是算法从逻辑层面到具体应用层面的"算法商业化过程"。

目前，实务界人士将人工智能算法的相关发明主要分为三个大类：第一，利用现有底层算法实现特定的功能性应用或者产业应用。这类发明往往利用底层算法实现特定的功能性应用或者特定的产业应用，并实现特定功能或者解决特定场景中的技术问题。第二，将具体的某底层算法模型应用于产业场景。这类发明赋予算法中的具体参数以与产业场景相关的物理含义，将参数与具体场景中的问题结合起来以解决技术问题。其中不仅包括从算法已知的较好使用场景中挑选其中之一进行应用，也包括将某一场景中的算法适用于另外一个场景，当然更多的是将多种算法适用于不同的场景。第三，通过对算法特征的运算逻辑改进实现功能性应用或者产业场景应用。其中包括通过对底层算法运算逻辑的开发以实现以往无法达到的技术效果，以及利用单一算法实现多功能行产业应用场景融合。[①]

特定算法发明与通用算法发明的区别也值得关注。用户协同过滤、知识图谱、社区网络等特定算法或模型通常用于解决特定场景下的特定问题，其自身能体现用户间、信息内容间或用户与信息内容间的语义关系与其他关联关系。这类算法或模型与分类聚类、神经网络等抽象程度高的通用算法在技术本质上有一定区别。[②]特定算法发明的技术特征较容

[①] 牛晓佳：《人工智能领域算法相关专利申请的创造性分析策略》，《中国发明与专利》2022年第6期。

[②] 刘佳、赵小宁：《从中外专利客体保护水平差异浅谈大数据领域客体审查规则调整》，《专利代理》2022年第2期。

易被发现、被表达、被专利审查部门认可，而通用算法发明的通用性越强，在客体审查时越容易被拒绝。但是在价值上，一个通用算法发明的实现能够使人工智能行业乃至所有领域都受益，而特定算法发明的价值却达不到如此。通用算法发明的通用性与专利法中的技术性要求目前出现了难以弥合的差距。

表 1-1　人工智能算法专利的分类

人工智能算法专利	以算法层级划分	底层实现技术专利——卷积神经网络算法
		功能性应用专利——计算机视觉
		产业型应用专利——智能驾驶
	以算法用途划分	特定算法发明
		通用算法发明

本章小结

在"强人工智能时代终将到来"这种"老虎来了"一般的预警下，人工智能算法的研究出现了过于担心未来技术对法律系统的冲击而忽略当下技术的法律应对之现象。现今的人工智能还是人类创造的智能，远未达到"强人工智能"，人工智能算法仍然只是一种技术方案，尽管在某些图像识别、语音识别领域出现了精准度超越人类的情况，但在综合水平上还与人类思维相差甚远。但是作为辅助机器学习的算法却与自然过程中的算法完全不同，它不是一种智力活动的规则和方法、抽象思想，也并非是数学方法本身，而是一种根据相关性逻辑所建立起来的技术方案。算法可被作为商业秘密进行保护，可作为计算机软件被著作权法保护，也可通过合同法保护，但总体来说还是作为技术方案被专利法保护最为适宜。专利法能够使得算法的技术思想内核受到保护，也享有法定的垄断期限而不惧怕被他人揭秘或被反向工程所破解，最重要的是能够在一定程度上帮助解决因人工智能算法的不可解释性所带来的算法歧视、算法锁定、算法侵害基本权利等问题。人工智能算法发明可分为"人工智能底层实现技术""人工智能功能性应用技术""人工智能产业应用技术"，也即核心算法发明、算法的功能性应用发明、算法的产业应用发明，也可以分为特定算法发明与通用算法发明。我国在进行相关规制时应该区分算法的特征进行审查。算法发明与计算机实施发明、商业方法发明也具有相似性甚至在某些领域是重合的，但是仍然具有一些区别，只有在商业方法也是通过计算机实现且内嵌算法的情况下二者是重合的，而在商业方法缺乏算法内嵌而只是使用计算机进行实施的时候，二者可以分离。

第二章 人工智能算法发明专利保护制度的现实挑战

随着人工智能算法专利不断在美国、欧盟、中国等地被认可，其数量不断增加，诸多问题也涌现出来。一方面，可专利主题的标准较之机械时代降低，大量底层人工智能算法被授予专利，阻碍后续创新；另一方面，人工智能算法本身从数据中学习的能力也使得专利的新颖性、创造性、实用认定标准出现了一定的程序审查、算法公开上的制度失灵。对于人工智能算法发明所导致的问题应该以识别相关风险为前提。

第一节 客体资格认定的两极效应

一、底层算法获取权形成"卡脖子"困境

底层算法指在不同计算机系统中均可使用的算法，或指处理相似事务时均可使用的算法。底层算法专利主要有几个特征：一是通用性。底层算法应用场景广泛，能够被运用于各个人工智能的应用层，达到使机器更加智能的效果。如深度神经网络可运用于视觉人工智能之中，最终运用于智能手机、物联网领域的各应用以及智能驾驶场景中。二是延展性。底层算法虽然是人工智能的灵魂，但是最终要体现在终端产品中。人工智能可分为基础层、技术层和应用层。基础层中含有研发硬件及软件，如 AI 芯片、数据资源、云计算平台等，技术层含有框架层如 iOS 操

作系统等，算法层则有诸如深度神经算法等人工智能算法。而技术层中的算法最终要延展进入应用层，服务于实际应用。底层算法是任何人工智能产品都必须具备的技术，但也是竞争极为激烈的领域，一方面有企业试图垄断专利或至少拥有专利以威胁其他企业，另一方面也有企业试图申请专利以防御其他企业的诉讼。

SIFT（Scale-invariant feature transform）是图像识别领域的底层算法，大卫·洛威（David G. Lowe）对其之专利垄断于 2020 年到期。SIFT 即尺度不变特征变换，是用于图像处理领域的一种描述。这种描述可在图像中检测出关键点，是一种局部特征描述子。SIFT 算法虽然具有一定的稳定性，但实时性不高，并且对于边缘光滑目标的特征点提取能力较弱，SURF（Speeded Up Robust Features，加速稳健特征）算法改进了特征的提取和描述方式，用一种更为高效的方式完成特征的提取和描述。[1]SURF专利的取得曾经令图像识别领域的编程人员恐慌，因为这一基础专利如果在视觉领域被垄断，像 OpenCV 这样的开源库就难以运作。因版本库（repo）未包含"不免费（Nonfree）"模块，所以用户要从源代码开始自己搭建，浪费时间和精力。因此诸多企业已经尝试对底层算法申请专利，如谷歌已经拥有了对 Dropout（丢弃法）的专利权。

来自美国专利商标局（USPTO）的数据库显示，Facebook 在 2016 年提交了与机器学习或神经网络有关专利 55 件，2010 年时为 0。IBM 在 2017 年获得 1400 项与 AI 有关的专利。其中申请量最大的就是机器学习和基础算法。浙江大学应用数学研究所所长孔德兴呼吁：如果缺少核心算法，当碰到关键性问题时，还是会被人"卡脖子"。开源代码是可以拿过来使用，但专业性、针对性不够，效果往往不能满足具体任务的实际

---

① 参见虾米龟儿：《SIFT 与 SURF 算法》，载 CSDN 社区，2020 年 9 月 22 日。

要求。是否掌握核心代码将决定未来的人工智能"智力大比拼"中是否拥有胜算。

首先，基础技术专利化会掣肘后续发明之产出。人工智能中的基础性技术如 Dropout 算法可以解决神经网络训练中的过拟合问题，而卷积神经网络可以运用于自然语言处理、图像识别等领域，这些算法的应用又可以应用于智慧城市、自动驾驶领域，也可用于辅助医学影像诊断。深度神经网络、强化学习等是人工智能最核心的技术，也是应用范围最广的技术，处于累积性发明的前期阶段，是研发阶段的产出，发展阶段的必要积淀。如果基础专利被垄断，尽管时间可能很短（如 Dropout 算法的保护期只有 15 年），但是后续的发明也难以具有创新性。

其次，基础技术专利将会成为企业的议价优势。拥有 Dropout 专利的谷歌公司初获专利权之时引发了产业中程序人员的恐慌，他们认为如此基础的专利被谷歌拥有，那么日后别人将难以使用。谷歌解释称，将基础层技术申请专利并不意味着会主动向任何所用者提起诉讼，Dropout 仅仅为防御性专利。但是这一专利却为谷歌收购、并购行为提供了竞争优势和支撑，如有公司使用 Dropout 专利，那么其在进行资产评估时的作价将会比其他公司低。一旦发生法律纠纷，谷歌可以起诉或使用这些专利作为谈判筹码，这种风险会劝退许多"资本"，至少也会影响公司的估值。

最重要的是，随着科技的发展，国力竞争已经延伸至尖端技术领域。人工智能作为 21 世纪最重要的技术，是各个国家的必争之地。2014年 4 月 15 日，习近平总书记在中央国家安全委员会第一次会议上提出总体国家安全观，涵盖政治、军事、国土甚至是人工智能、数据等诸多领域。① 全世界拥有人工智能专利最多的公司是美国，2016 年到 2020

---

① 金歆：《全面贯彻落实总体国家安全观》，《人民日报》2022 年 9 月 20 日。

年，世界人工智能专利研发活跃度前 5 名中英特尔公司、谷歌公司、美国国际商用机器公司（IBM）分列第 2、3、5 位。前 15 名中，美国独占 5 个名额。我国专利申请量排名前 10 的企业或机构只有百度公司能够在前 15 名中获得一个席位。美国的大型企业如谷歌、微软等正在进行专利布局，尝试申请了诸多底层算法专利，如公开号为 US20160098632A1、US20170076196A1 的保护训练神经网络的算法模型专利。微软也曾经为一种 CNN 图形训练方法申请专利。从中国与美国的战略看，如果美国公司掌握了底层专利，便是抓住了中国科技发展的命脉，企业与国家都将面临"卡脖子"的困境。

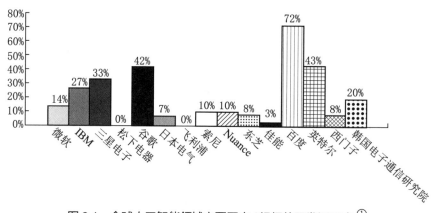

图 2-1　全球人工智能领域主要国家 / 组织的研发活跃度 ①

二、基础算法获权诱发"专利丛林"

"专利丛林"是一种市场现象，即多个发明人或相关人对某一技术或该技术的某一部分均享有专利权的情形，主体间均无法独立行使权利而相互掣肘的状态。"专利丛林"现象强调现有权利在保护范围上的重合性，它描述了不同专利之间因平行重叠而产生的问题。"专利丛

---

① 高楠、傅俊英、赵蕴华：《人工智能技术全球专利布局与竞争态势》，《科技管理研究》2020 年第 8 期。

林"困境一般出现在"复合型产品产业"中，复合型产品技术复杂度高，因此专利密度高，是专利密集型产品，更容易出现"专利丛林"问题。

"专利丛林"产生的原因之一即可专利主题范围的扩张。在 20 世纪 90 年代之前，软件很难被授予专利，此后，成千上万的软件被授予专利权。随后，美国判例法把可专利性主题范围扩展到生物体、基因、计算机软件和商业方法。例如，Diamond 案判决生物体具有可专利性，State Street Bank 案裁定一种实用的计算系统具有可专利性。[①] 在美国从事计算机微处理器的研发，涉及的专利就达 9 万多件，而这些专利又分别由 1 万多个权利人掌握。除计算机技术领域外，微电子半导体技术、信息通信技术、纳米技术、芯片技术、软件技术等高科技领域的专利丛林问题也很明显。软件专利、商业方法专利泛滥，专利的界限模糊不清，造成了大量的专利问题。[②]

人工智能科学的累积性以及人工智能技术的扩展性加剧了"专利丛林"问题。[③] 人工智能相关产品的最终商业化往往并不完全依赖单一技术，需要多种技术的结合，如小 i 机器人是基于多语种自然语言处理、深度语义交互、语音识别和机器学习等人工智能核心技术而打造的，小 i 的诞生需多种算法的加入，如自然语言的底层算法、自然语言处理的算法，其中不免使用了朴素贝叶斯、解决数据训练过拟合的算法、分类算法、聚类算法等。如果每一种专利都被单一的发明人享有专利权，那么小 i 机器人功能的问世将会遇见极大的障碍。

---

① 和育东：《"专利丛林"问题与美国专利政策的转折》，《知识产权》2008 年第 1 期。
② 刘银良：《美国商业方法专利的十年扩张与轮回：从道富案到 Bilski 案的历史考察》，《知识产权》2010 年第 6 期。
③ 姚叶：《人工智能算法专利的技术、理论、问题与中国之应对》，《科技进步与对策》2022 年第 16 期。

此时正是人工智能关键技术的发展机会，关键技术的快速发展能够刺激某一领域的专利发明人的发明积极性，技术机会的减少加剧了专利竞争，加剧了专利申请，而当技术机会多时，专利申请将会减少。[①]Graevenitz 发现，技术机会对受专利丛林影响的高技术领域的专利活动产生强烈影响。[②] 人工智能正处于飞速发展的阶段，十几年内，人工智能专利申请的数量和份额普遍增加。2002—2018 年，美国人工智能专利的年申请量较 2002 年之前的数量增加了 1 倍。虽然在此期间，美国专利商标局的所有专利申请都有所增加，但人工智能专利占同期全部专利的份额增长更显著，其占比从 2002 年的 9% 增长到了 2018 年的近16%[③]，这其中有大量的人工智能算法专利。人工智能相关产业正处于发展的关键时期，根据以往经验，各企业为了打赢人工智能专利战，为了追求更高的利润或为了自我防御，在人工智能算法战略性地布置专利。

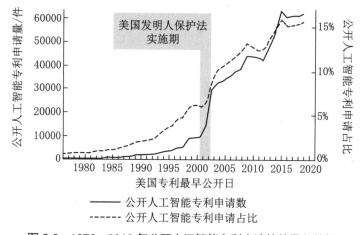

图 2-2　1976—2018 年公开人工智能专利申请的数量和份额

①　曹新明：《美日知识产权战略对我国的启示》，《中国高新区》2009 年第 3 期。

②　G. von Graevenitz, C. Greenhalgh, C. Helmers, et al., *Trade Mark Cluttering: An Exploratory Report*, Intellectual Property Office UK, 2012.

③　姚叶、张容：《美国人工智能专利现状分析及其对中国的启示——以〈人工智能发明：追踪美国人工智能专利扩散报告〉为基础》，《创新科技》2021 年第 6 期。

战略专利有时也称为专利开采①、专利组合竞赛②和防御专利，这些术语都指专利系统的战略使用，其目的超出了对个人创新或创新产品的保护。

"专利丛林"在各国专利法发展的历史上影响巨大，其关涉各国专利法的激励制度是否有效，关涉各行业的审查政策的具体实效。美国为应对"专利丛林"问题采取了两种政策：一是提高专利转入门槛来减少改进专利的申请，即"釜底抽薪"；二是降低侵权救济来削弱专利权利，即"扬汤止沸"。③在算法专利的政策制定中，我国也应当具有长远意识，意识到"专利丛林"制度的问题，采取措施以及时预防。

首先，"专利丛林"导致获得许可的谈判漫长且成本高昂，这将造成技术障碍，进而延迟并降低本领域内新技术的产生。④当通过"专利丛林"测量应用发现某一产品中的某几个核心技术之间专利引用最密集时，那么可以判定这一技术区域存在高侵权风险，为了使产品顺利完成，需要与各专利权人达成协议，获得许可或者获得强制许可。如果这一产品的创新价值或商业价值高，那么在先发明人授予专利许可的意愿将会降低或索取高额专利费。在专利构成关键技术之时，新的产品在谈判并获得许可的阶段将会花费相当高的时间成本和物质成本。

其次，"专利丛林"使得基础专利利用不足，造成资源浪费，形成"反公地悲剧"。⑤在经济学中，"公地悲剧"是指"有权使用而无权排他"的公地财产权，而"有权排他而无权使用"则形成"反公地悲剧"。前者

---

① C. Shapiro, "Navigating the Patent Thicket: Cross Licenses, Patent Pools, and Standard Setting", *Innovation Policy and the Economy*, Vol.1, 2000, pp.119—150.

② B. H. Hall, R. H. Ziedonis, "The Patent Paradox Revisited: An Empirical Study of Patenting in the US Semiconductor Industry, 1979—1995", *RAND Journal of Economics*, Vol.32, No.1, 2001, pp.101—128.

③ 和育东：《"专利丛林"问题与美国专利政策的转折》，《知识产权》2008 年第 1 期。

④⑤ D. Kim, R. Hilty, E. Hofmeister, et al. "CRISPR/Cas Technology and Innovation: Mapping Patent Law Issues", *Max Planck Institute for Innovation & Competition Research Paper*, No.22-06, 2022.

会导致自然资源、环境等被过度使用，后者则会导致资源利用不足和浪费的问题。在专利法中，"公地悲剧"指在"专利丛林"中关键专利的周围围绕着一些交叉专利，这些专利有些是关键技术，有些则是企业所申请的防御专利，最终出现垃圾专利、休眠专利等共存的现象，真正有使用专利意愿的人难以获得授权，而掌握基础专利的人则形成了垄断，社会资源被严重浪费。对上游专利创新成果利用不足和基础研究被闲置的反公地悲剧，这也是很多国家专利转化率不高的一个重要原因。①

最后，专利制度滥用，诱发不正当竞争。技术下游的发明人在基础专利被垄断、授权后，为了获得使用技术的机会，会利用专利申请反向对上游专利形成包围之势，以此获得与初期专利谈判的优势，上游专利权人为了避免创新受限，有时也会签订不平等的许可条件。下游专利权人的不正当竞争使初期的上游专利权人获得很少的许可使用费和继续开发的空间，已经构成了不正当竞争并获得了利益。②

三、技术创新缺乏造成专利质量低下

根据国家工业信息安全发展研究中心 2019 年 12 月发布的《人工智能中国专利技术分析报告》可以看出，11% 的深度学习技术领域专利、26% 的语音识别领域专利、20% 自然语言处理领域专利、22% 计算机视觉技术领域专利、20% 智能驾驶技术领域专利、16% 云计算技术领域专利、20% 智能机器人技术领域专利处于撤回、权利终止、驳回、放弃的失效状态。据斯坦福大学以人为本人工智能研究所（Human-Centered AI Institute，HAI）发 布 的《2022 年 人 工 智 能 指 数 报 告 》（*Artificial*

① 高洁、陆健华：《专利丛林引发的反公地悲剧及对专利政策的思考》，《科技进步与对策》2007 年第 6 期。
② 张米尔、国伟、李海鹏：《专利申请与专利诉讼相互作用的实证研究》，《科学学研究》2016 年第 5 期。

Intelligence Index Report 2022），中国人工专利专利申请量居世界第一，在
2021 年占全球专利申请量的 52%，并获得了约 6% 的授权。同时，根据
国家知识产权局规划发展司 2018 年 10 月发布的《2017 我国人工智能领
域专利主要统计数据报告》，人工智能发明主要被分为基础算法专利、基
础硬件专利、垂直应用占比，三者申请量共计 38658 件，授权量为 5846
件。其中基础算法申请数量为 6640 件，占总专利申请量的 14.4%，基础
算法专利授权量占总授权量的 7.9%。[①] 可见，随着我国对算法专利的客
体审查标准的降低，我国人工智能尤其是基础算法申请量在国内外不断
增加，但是授权量难以与申请量相匹配，我国算法专利的质量不高，呈
现出专利低质量的趋势。

　　低质量专利申请质量较低，达不到激励技术创新的法律目的，也不
符合专利保护的宗旨，劣质专利、问题专利、恶意专利与垃圾专利以及
以非正常申请专利等形式进行的专利申请，最终会导致专利质量过低或
者几乎无实际作用。在软件专利发展的历史中，因为美国专利审查政策
的变化，人工智能算法专利曾经一度被认为是低质量专利。起初，美国
在某段时间对软件专利一直保持缩紧的政策，美国法院和美国专利商标
局几乎将与软件相关的任何发明都认定为是不具有专利适格性的对象。
在 Bilski 案和 State Street Bank 案后，计算机与商业方法专利申请与授权
呈现快速增长态势，State Street Bank 案激发了商业技术业界申请商业方
法专利的意识和激情，为商业方法专利“打开了泄洪闸门”，让人们对商
业方法专利产生“淘金心态”。[②] 这其中不免出现了诸多臭名昭著的案例，
如亚马逊公司的“一次点击”专利。这一专利是为了提升用户体验，方

① 《百度、OPPO、大疆积极布局 AI 专利：国家知识产权局发布人工智能领域发明专利
　 主要统计数据报告》，载乐知新创，2018 年 11 月 6 日。
② D. L. Price, "Assessing the Patentability of Financial Services and Products", *J. High Tech. L.*,
　 No.3, 2004, p.141.

便购买的一种方法，如果用户在网站上曾经有过购物，填写过支付方式和地址等信息，那么再次购物时只需要点击一次便可立刻下单，而无需再重复提交这些信息。这一专利甚至不具有一定的技术含量，成为专利发明实在荒唐和荒谬。

人工智能算法专利容易产生低质量专利。主要原因之一在于专利权属不清、保护范围宽泛，甚至二者兼具。人工智能算法专利申请书往往需要用语言描述这一技术方案，而由于计算机程序本身的抽象性和功能的模糊性，申请人被授予的专利权很容易具有十分宽泛的保护范围。甚至不同的专利授权人会对同一技术或同一技术的部分技术方面拥有专利权。除去行业技术导致固有语言描述存在不准确性外，人工智能、计算机的快速发展本身也十分迅速、日新月异，企业在开发新产品前去检索相关专利是不现实的，因为很多技术方案都是刚刚递交了申请，尚未获得授权，且授权专利的更新速度更是迅速，可能已经不再使用，开发产品前检索更是对本就稀缺的人力资源的浪费。另一个十分重要的原因是软件开发的复杂性和短周期性都使得专利检索不具可行性，因此审查人员很难评估授予技术方案的新颖性和创造性。

低质量专利的主要问题也表现为浪费国家审查资源。国务院专利行政部门负责审查工作，而专利审查人员则充当着"掌握本领域内一般技术知识的人"这一角色。由于专利申请所涉领域十分丰富且数量巨大，对于审查人员的知识背景要求较高，也对审查员队伍的数量有要求。仅2022年北京、福建、江苏、广东、河南、湖北、天津、四川招聘的专利审查人员便有1500人。低质量专利浪费了国家专利审查资源，挤占了正常专利的申请审查机会和时间。

低质量专利还会浪费诉讼资源。1991年，与软件有关的专利还只占美国专利商标局全年签发专利数的四分之一不到；而2011年，软件专利数目就已经占据了全年签发专利数目的大多数。专利诉讼案中的被告数目在 2007 到 2011 的五年间增加了 129%，其中涉及软件专利诉讼案的被告数目则占到 89%。美国在 2000 年左右的很多专利诉讼都与低质量的人工智能算法专利有关。由于人工智能算法在语言表述上存在模糊性，专利的实现也需要数据等无体物质的介入而具有抽象性，甚至由于人工智能正处于发展初期，专利的技术性更加不明显，因此许多专利都是防御专利甚至是虚假专利。所以可以预见在一段时间内，如果可专利主题持续扩张，人工智能算法专利质量必定会降低，企业之间的诉讼一定会增加。

低质量专利的另外一个问题是导致专利成果转化率低下。专利转化率直接反映专利与工业生产的联系程度，发明专利数量标志着被国家层面认可且具有实用性的创造性发明的多少，发明专利的转化率则从另一方面说明真正运用到生产中的发明专利的数量。[①] 发明专利的转化率是标志着专利数量到专利质量转型的重要指标，而一旦人工智能算法专利数量持续增加，为了在人工智能的风口获得更强大的专利累积优势，必定有许多企业试图产出低质量专利，混淆视听。

四、技术领域限定导致中层算法获权困难

人工智能算法可分为两类：一是专注于模拟或者再现智能的通用算法，二是驱动创新性产品或者服务运行的应用算法。前者是通用人工智能所使用的算法，而通用人工智能是人工智能发展的终极目的，因此通用算法具有极强的普遍适用性。后者则是运用于具体领域，以提高技术效果为目的的算法。由于我国专利审查部门对"智力活动的规则和方法"

---

① 林琪云、米学娇：《浅析发明专利高数量与低转化率的矛盾——以国家知识产权战略实施五年为视角》，《现代商业》2014 年第 14 期。

及其"技术性应用"采取"二分"保护模式，对可专利主题的认定标准设定"技术领域"限定的要求，使得底层算法受到的法律激励不足。

首先，对抽象思想及其之应用区别保护仅仅能够对人工智能算法中的技术创新提供有限的保护。我国《专利审查指南》中对人工智能算法本身并不予以保护，而主要保护被应用于场景内的人工智能算法。人工智能算法创新有的是针对某一既有算法的场景应用创新，而更多的人工智能算法技术方案针对的是算法本身技术性能的改进。如果仅仅保护被应用于各个场景的算法，则只会对人工智能算法三层发明中的第二层应用即功能性算法，以及第三层应用即应用于产业的人工智能算法有效，这与激励人工智能算法之创新的本质目的是不符的。

其次，对人工智能算法相关发明之审查施加"技术领域"要求会使底层算法产出无力。优质的人工智能算法是能够运用于各个领域，对人工智能的发展起到迭代式技术改进的算法。算法工程师总是希望能够提供一种基础算法，以期自身构建的训练方法能够不限于单一的技术领域，而在其他技术领域也能够表现出不俗的处理效果，此种模型被称为通用模型。提高模型的通用性一直是算法工程师追求的目标[①]，而越是具有通用性的算法则越难以被认定为属于技术领域，进而难以符合知识产权审查指南中的技术性要求，无法获得专利权。

从人工智能发展的历程看，人工智能算法的三次起伏都与底层基础算法的发展休戚相关。人工智能的第一次浪潮开始于20世纪80年代，主要是基于规则的专家系统的研究与开发；第二次浪潮始于21世纪，其表现特征是机器学习的崛起，更准确地说是深度学习算法的兴起。但是前两个浪潮关注的是"狭义人工智能"，在算力和硬件的助力下，人工智

---

① 邱福恩：《人工智能算法创新可专利性问题探讨》，《人工智能》2020年第4期。

能领域现处于第三次浪潮的初始阶段，更加注重解释性和通用人工智能技术。[①] 澳大利亚国立大学脑意识研究中心主任、哲学教授大卫·查默斯（David Chalmers）认为，只要找到正确的算法就可以实现人工智能奇点。[②] 根据摩尔定律，当人工智能技术呈指数级发展，发展到某个点便会引起质变或突变，这个点就是奇点，此时人工智能将超过人类智能。[③] 因此，我国创新相关制度供给的终极目标是发展通用人工智能算法。尽管人工智能将超越人类智能可能是对于人工智能发展方向的过度预测，也可能只是一个噱头，但是发展人工智能算法并使其不断接近人类智能至少是一种发展趋势，也是人工智能技术创新的关键点。

因此，对于底层算法保护不足会有诸多的弊端。人工智能算法尤其是底层算法研究周期太长，回报率低，许多企业不愿涉足，如果专利法将人工智能算法保护拒之门外，人工智能算法可能会大量进入公有领域的技术，严重影响技术创新的延续性。[④] 在生态学家哈定（G. Hardin）的公地悲剧理论中，一个理性放牧人在一块无所有权的草场上放牧时，为了实现自身利益的最大化，必然会罔顾草场的最大承载能力，最终导致土地承载力不足而沙化。公地悲剧可归因于：每个使用主体都对物享有非排他性权利，无法约束其他人的使用，从而导致资源过度使用。[⑤] 相反，如果每个理性放牧人都对同一块草场具有不同的但不完整的权利，那么过度碎片化的产权配置将会使每个理性放牧人都会因为权利不完整

① 熊辉：《人工智能发展到哪个阶段了》，《人民论坛》2018 年第 2 期。
② ［美］查默斯：《有意识的心灵》，朱建平译，中国人民大学出版社 2013 年版，第 13 页。
③ 程承坪：《人工智能：工具或主体？——兼论人工智能奇点》，《上海师范大学学报（哲学社会科学版）》2021 年第 6 期。
④ 王翀：《人工智能算法可专利性研究》，《政治与法律》2020 年第 11 期。
⑤ 李晓宇：《人工智能生成数据权利配置的学理证成与出路》，《宁夏社会科学》2021 年第 6 期。

而难以将草场资源最大化使用，每个碎片化的权利重叠将导致每个人为了使用资源都需要极高的交易成本。人工智能算法的授权现状便是如此，基础算法由于缺乏技术领域的限定，难以解决具体问题并产生技术结果，故而难以被认定为专利客体。但是如果基础算法与技术领域结合，构成对基础算法的功能性使用如语音识别、视觉控制等功能性应用，或直接将基础算法运用于产业，在诸如自动驾驶、智慧城市、智慧医疗等场景中进行产业性使用，就可以被授予专利权。举例而言，卷积神经网络算法本身由于是基础层的算法，故而难以具有技术性特征，但将卷积神经网络嵌入语音识别系统，那么二者的结合如果满足新颖性、创造性以及实用性就会被授予专利权。如一种基于双通道文本卷积神经网络的带噪非法短文本识别方法 [1]，因被用于自然语言处理的功能性应用，故可以被授权。同样是卷积神经网络算法，如果将其运用于智慧医疗场景用于监测颅内压的方法 [2]、一种基于卷积神经网络的牙周炎智能检测方法及系统 [3]，这种结合也因为具有技术性而被认定为专利客体。同样是卷积神经网络底层算法，其在功能层与应用层均结合不同的技术特征而被授予给不同的主体，也就容易出现权利重叠、权利碎片化的问题。一方面，针对同一底层人工智能算法的碎片化配置会导致众多利益主体协同行动困难而导致市场失灵问题；另一方面，片面海量碎片化地赋予不同专利权人对同一人工智能算法的产权，会严重制约他人，减低底层专利使用效率，诱发反公地悲剧。[4]

---

[1] 参见名为"一种基于双通道文本卷积神经网络的带噪非法短文本识别方法"的专利（申请号：CN201811446969.6）。

[2] 参见名为"一种基于卷积神经网络算法监测颅内压的方法"的专利（申请号：CN201610830420.1）。

[3] 参见名为"一种基于卷积神经网络的牙周炎智能检测方法及系统"的专利（申请号：CN202010966941.6）。

[4] 李晓宇：《人工智能生成数据权利配置的学理证成与出路》，《宁夏社会科学》2021年第6期。

第二节　"专利三性"标准的制度失灵

实用性是专利审查人员进行专利审查时的首要考虑要素，若技术方案之实用性审查存疑则后续新颖性、创造性审查便无必要。然而，新颖性、创造性与实用性却也不是完全割裂的，三者在审查时相辅相成，从而挑选出能够应用于产业的，具有积极贡献的新的技术。

一、新颖性：妨害后续发明

新颖性审查要求所申请的技术方案不属于现有技术，且没有任何单位或个人就同样的发明或者实用性在申请日以前向专利局提出过申请。一般而言，新颖性的审查都通过将技术方案与"现有技术"比较来判断，具体操作方法是相同领域的技术人员对现有技术检索并比对，判断二者的技术特征是否相同。① 新颖性的审查与技术本身的新颖性、现有技术的范围、本领域技术人员的标准、现有的检索技术息息相关。

（一）技术方案本身新颖性缺失

专利审查人员往往被某些仅仅看似具有新颖性的技术方案迷惑，人工智能算法依靠关键词替换技术完全有可能生成与原算法本质上一致的算法，依靠反义词、相关词替换生成围绕既有专利的看似新颖的技术方案。对审查人员而言，这完全具有新颖性，但这些技术对人类社会无所增益。目前人工智能算法发明主要有三类：一种是算法作为核心人工智能技术的发明，一种是算法运用于功能性技术的发明，一种是算法被运用于特定的技术领域所获得的发明。换言之，算法的种类是有限的，但

---

① 孜里米拉·艾尼瓦尔、姚叶：《人工智能技术对专利制度的挑战与应对》，《电子知识产权》2020 年第 4 期。

是算法与算法的结合使用，算法与不同的功能性技术结合的使用，算法与不同应用领域结合的使用都会获得不同的技术方案或称发明。它们看似完全新颖，本质上却是随机组合的概率事件。这种发明极容易被作为防御性专利，也即在自己的专利获得批准后，申请一些使用同技术特征但不同领域的发明以巩固自己专利的有效性。发明也可被用作不正当交易的工具，如"专利蟑螂"会通过对技术方案进行申请而使得那些对技术方案有切实需要的发明人向其付费并购买专利。

（二）公开出版物指数增长

现有技术指申请日以前在国内外为公众所知的技术，"公众所知"只强调公开的状态，意味着该项技术已经脱离了秘密状态，即不论获得知识的具体人数，只要其具有知道的能力和方式即可。现有技术的来源包括公开的出版物，如专利文献、科技刊物、科技著作、学术论文等，也包括公开行为导致公众了解了技术的基本知识，如将新开发的产品投放市场和使用行为导致公众了解技术内容，以及以口头方式、广播方式、电视方式或者网络传播方式等将内容公之于众。人工智能大规模生产的、由人工智能产生的现有技术使本有价值且有潜力获得的发明最终无法获得专利。有几个企业或组织利用暴力计算能力，通过算法生成涵盖潜在新颖发明的披露信息。一些实体，如 Cloem 公司，将人工智能生成的现有技术作为一项服务出售给其他组织，以达到竞争的目的，如抢占竞争对手的专利，并在该组织自己的专利周围创造经营自由。其他组织，如 All Prior Art（APA），无私地使用人工智能生成的现有技术，"使想法民主化，为专利制度的变革提供动力，并阻止专利蟑螂"。虽然目前试图使用人工智能生成现有技术的企业或组织有不同的目的，但其行为有许多相似之处。首先，这些技术使用"语言处理"技术，将现有专利的文本改变为涵盖潜在的新颖发明的披露，随后这些技术将会在网上出现。这种发明的方法与人类完全相反。人类首先会构思一个想法，然后将这个想法转化为页面上的文字。与此相反，这些人工智能技术从页面上的文字开始学习，然后，使用语言操作来创造最终产品——更多页面上的文字。关键的区别在于，人工智能从未将描述转化为页面上的文字以外的东西。在某种意义上，人工智能创造了对一项发明的描述，而没有真正"思考"它所描述的想法或结构，这极大地降低了这些人工智能生成的披露质量。其次，这些技术只能在某些技术领域有效地产生披露信息。Cloem 的技术对软件和机械发明最为有效，而 APA 产生的是关于数据处理系统的披露。此外，人工智能产生且披露的方案与技术使用的基本专利语言在句法上没有区别。最后，这些技术大多产生无意义的技术效果，尽管在语法上是正确的。具体而言，人工智能生成的现有技术减少了研究人员通过专利制度披露有价值的知识的动机，而没有提供这种知识的充分替代来源。①

（三）检索能力不济

专利审查部门在进行新颖性判断时往往将"在先技术"与特定技术领域内的"现有技术"进行比对，从其技术领域、所解决的技术问题、技术方案和预期效果等方面来说明。那么技术人员在进行比对时需要在数据库内检索关键词、关键技术特征、关键技术领域等。新颖性审查需要专利审查部门将数据库与检索方式相结合。此时，关键词替换技术如同义词、反义词替换，甚至是主要技术特征替换、技术领域替换等都能够实现旧技术向新技术的快速转换，人工智能算法的算力与数据存储量

---

① L. R. Yordy, "The Library of Babel for Prior Art: Using Artificial Intelligence to Mass Produce Prior Art in Patent Law", *Vand. L. Rev.*, Vol.74, 2021, p.521.

使得其完全有能力避开审查人员数据库或检索方式，从而"欺骗"审查机构①。现实上，专利审查人员在审查时本身已经出现审查能力不足、技术方案过多的问题。一方面，审查资源不足导致审查粗糙。有实证研究表明，审查员花在一件专利上的时间惊人地少，平均每件只有 18 小时。② 由于人工智能算法专利的疯狂增长，加上人工智能算法专利与其他领域的交叉问题，审查资源不足是严重的问题。另一方面，现有技术信息公开不足也使得检索能力不足。为了确定一项技术方案是否具有新颖性、创造性，各国专利局需要检索现有技术进行对比，但是检索用的信息本身就不完整，因为大量公开使用方式和以其他方式存在的现有技术以及部分非专利文献都存在于专利局的信息资源之外。③ 即便是公开的可得现有技术信息，也有部分是非专利文献，而非专利文献的认定需要更多的时间和精力。④ 多种因素叠加使得专利的新颖性审查呈现出了捉襟见肘的问题，有必要及时应对。

二、创造性：产生消极效果

技术方案只有拥有实质性特点和显著性进步时才能通过创造性测试。实质性特点针对本领域一般技术，发明相对于现有技术而言其实质性特点并非显而易见；显著性进步指发明与现有技术相比能够产生有益的技术效果。在面对人工智能算法技术方案时，专利法的创造性审查机制出现了困难。

---

① 姚叶：《人工智能算法的可专利性问题研究》，《创新科技》2021 年第 9 期。
② John R. Allison, Mark A. Lemley, "The Growing Complexity of the United States Patent System", *B. U. L. Rev.*, Vol.82, 2002, pp.77—135.
③ 袁晓东、刘珍兰：《专利质量问题及其应对策略研究》，《科技管理研究》2011 年第 9 期。
④ John R. Thomas, "Collusion and Collective Action in the Patent System: A Proposal for Patent Bounties", *U. ILL. L. Rev.*, Vol.305, pp.305—353.

　　首先，确定技术领域存在困难。技术领域有基本稳定的范围，那就是与解决技术问题密切相关的领域。① 人工智能算法适用的领域十分广泛，在智慧医疗领域，人工智能算法是重要的研究工具，人工智能算法可被用作技术方案的组成部分也被用作研发手段开发药品等医疗领域的其他发明。对人工智能分布的国际专利分类（IPC）中的 IPC 小类进行统计、分析，可以发现，G11B 和 C12N 是应用人工智能算法最多的前沿技术，前者是基于记录载体和换能器之间的相对运动而实现的信息存储，后者是微生物或酶及其组合物。G06N 及 G10L 是人工智能的次要领域，前者为基于特定计算模型的计算机系统，后者为语音分析或合成、语音识别、语音或声音处理、语音或音频编码或解码。② 可见，人工智能算法可以广泛应用于生物领域、医学领域、自动驾驶领域等。在医疗领域，IGS（Image Guide System）智能移动介入机器人——DiscoveryIGS730，配合不同的临床解决方案及复合手术室整体解决方案进行训练，可以在心脏、神经、血管、肿瘤等多个领域介入应用。③ 某些通用算法甚至可以在多个技术领域分别加以利用。例如，聚类算法可以在"低压配电网拓扑自动识别""康复机器人""滚动轴承故障预测"等领域得到应用。④

　　随着人工智能算法的进一步发展，人类多模式的思维方式应该成为未来人工智能的发展方向。⑤ 美国宇宙学家泰格马克（M. Tegmark）提出生命的 3.0 形式，超越了软件和硬件均不能够更新的生命 1.0 形式、软件系统可更新而硬件不可更新的 2.0 形式，人工智能的软件系统和硬件系统

① 李彦涛：《人工智能技术对专利制度的挑战与应对》，《东方法学》2019 年第 1 期。
② 刘嘉龙、丁晟春：《产业领域前沿专利技术识别方法研究——以人工智能领域为例》，《信息资源管理学报》2021 年第 6 期。
③ 秦勉：《"他们"是高智能医疗"傻瓜机器人"》，《北京科技报》2014 年 3 月 31 日。
④ 刘强：《人工智能算法发明可专利性问题研究》，《时代法学》2019 年第 4 期。
⑤ 孙培福、付卓然：《"弱"法律人工智能研究的逻辑起点》，《社会科学家》2020 年第 11 期。

均可更新，是生命的 3.0 形态。泰格马克认为人类、动物的躯体可以与计算机的硬件系统类比，人类和动物的认知可以与计算机的软件系统进行类比，人工智能是软件和硬件都优于人类的形态，终将统治人类。泰格马克这一观点有制造噱头之嫌，人工智能能够在低层次认知超越人类，但在高层次层面确实完全不可实现。人类心智的层级从神经认知开始，经历心理认知、语言认知、思维认知，并最终达到文化认知。心理认知与神经认知属于低阶认知，人类与动物均享有，在低阶认知层面上，人工智能完全可以超越人类。但是对于高阶认知即语言认知、思维认知和文化认知而言，人工智能与人类心智还有很大的差距。① 换言之，人工智能不能够自动地认知自我、体验自我，并产生对主体自身、外部世界的情感意识及价值行为。②

可见，未来人工智能的发展目标是与人类更相似，而其本质则是让人工智能搭载的人工智能算法的运行逻辑与人类思维相似。而人类思维是抽象的，人类解决问题的关键不在于解决具体问题，更重要的是通过推理、归纳、演绎、类比等普适性的方式去应对各个领域的问题。经研究表明，大脑实际上是一台"万用学习机器"，同样的学习机制可以用于完全不同的应用。③ 同理，如果人工智能发展的重点是类似人类的思维，那么它处理问题的方式也更加抽象而不局限于具体领域，那么专利法中对具体领域的限制则与人工智能算法的发展需求不相符。人工智能算法越强大，越可能横跨某一或某些领域，确定人工智能算法技术领域就越困难，毕竟人脑思维是不具有领域限制的，进而会导致确定"所属技术领域的技术人员"拟制标准也成为难题。比如人工智能算法能够通过化学知识的输入而获知"葡萄糖与苯肼反应得到苯腙"——这是 19 世纪化

---

① 蔡曙山：《从思维认知看人工智能》，《求索》2021 年第 1 期。
②③ 李彦涛：《人工智能技术对专利制度的挑战与应对》，《东方法学》2019 年第 1 期。

学家费歇尔（H. Fischer）耗时多年发现的；同样的算法也可以被用于分析股票趋势；向人工智能算法中输入生物学的知识，也可以获得"四个基因"的假设。很多人工智能技术核心发明点在于算法方面的创新，但是现实情况是单独应用于一个技术领域的技术方案较之能够适用于人工智能中多个领域的算法并获得专利授权的可能性更大，使得算法的创造性难以解释。

对技术人员的技术领域进行设定并规定专利应当按照技术领域进行申请的目的在于尽量降低主观因素对创造性客观化的影响。[①] 人工智能算法的跨领域性体现在它不仅属于《国际专利分类表》中的某一或某几类，还会涉及相关的计算机知识。人工智能算法所被输入并用于训练的数据"知识"如同人类的习得技艺，而人工智能算法的设计者或发明者在制造人工智能算法时，并不会有意地自我限定人工智能的知识范围，而是根据需要，为人工智能算法提供相关的知识。这些综合了多种种类、跨学科知识的人工智能算法打破了技术方案发明领域的限制。而专利法所规定之"所属技术领域的技术人员"只是一种拟制的人，这种人掌握的知识如何最终由审查人员、法官决定。对人工智能算法进行审查的技术人员如果缺乏跨领域的相关知识，则难以有效地审查人工智能算法的创造性。

其次，判断技术方案是否具有积极进步性存在困难。创造性判断与实用性判断都需要对人工智能算法的积极效果进行评价，但二者的侧重点是不同的。专利制度的核心功能在于鼓励发明创造，推动社会技术之进步。专利法所授予的发明应该是对人类社会有积极效果的，能够帮助人类改变生产力或生产方式、增进人类知识、为人类创造福祉的技术。

---

① 张洋：《论人工智能发明可专利性的法律标准》，《法商研究》2020 年第 6 期。

不具有积极效果的技术方案缺乏价值，更不能够被授予专利权。人工智能算法的技术具有复杂性，算法的整个生命周期从任务定义开始，首先进行数据收集和训练，然后选择模型并训练模型。人工智能算法作为技术手段，其排序、分类、关联、过滤的标准负载着设计者的知识背景、社会文化与价值判断，因而内在地关涉算法的积极性。人工智能算法依赖数据的输入，数据素养也会影响算法的效果。国家间由于经济发展、数字基础设施、数字产品购买力以及素质教育的不同，而出现的数字化程度的巨大差异也即"数字鸿沟"[1]，企业间由于对市场的控制力不同获得的数据也呈现差异化。因为数据质量而导致的算法缺陷和瑕疵难以被本领域技术人员发现，故而人工智能算法的积极性很难确定。算法设计的各个阶段会关涉计算机知识、数学知识，且人工智能算法训练的过程也会有诸多步骤，因此技术的复杂性也会加剧算法不透明性。

人工智能算法本身的技术复杂度、不透明性使得专利的积极性很难被确定，而审查人员本身的检索能力也是技术方案积极性判断的标准之一。人工智能算法搭配强大算力呈现出优秀的数据库检索和整合能力，有时使用同义词替换，有时使用反义词替换，甚至技术方案中具有创新性的切换技术领域申请专利。基于现有技术审查标准和数据库，通过计算机无脑替换的所谓技术方案极容易被认为具有创造性。[2] 人工智能获取知识数量巨大，与人类个体所能掌握的完全不在一个数量级，量变引起质变，对于知识的处理，能够产生超出人类显性知识之外的结论。[3] 一个典型的例子是，人工智能算法通过对近 4000 次不同反应条件下合成晶体实验的数据进行学习，从而精准预测到新的有机模板化无机产品的形成

① 李晓华：《数字时代的算法困境与治理路径》，《人民论坛》2022 年第 Z1 期。
② 姚叶：《人工智能算法的可专利性问题研究》，《创新科技》2021 年第 9 期。
③ 李彦涛：《人工智能技术对专利制度的挑战与应对》，《东方法学》2019 年第 1 期。

条件。① 而本领域的研究人员所代表的是行业的普通水平，原则上所拥有的知识水准与计算机是无法比拟的，审查人员往往通过经验和数据库中相似技术而对技术方案的创造性进行分析，而一旦技术方案产出了审查人员无法预测的无论是有技术进步的还是对社会有害的技术，他们都缺乏能力对其进行判断。

创造性的判断是高度抽象的，也涉及价值取向问题，而现阶段审查的本领域技术人员并不具备这种价值分析的经验。② 实践中，算法的负面影响主要源于算法数据和功能的应用缺乏必要的限制而带来的数字问题、竞争失衡等社会风险③，以及算法偏见、算法黑箱、非法内容审核等。人工智能算法所出现的这些问题在以往的技术方案中是极少的。以往的技术方案中设计人员的偏见是显而易见的，如对残疾人不友好的镜子和椅子能够及时被发现，但是人工智能算法的功能却难以预见，其技术的复杂性、隐藏性让审查人员很难依据已有经验评判。

三、实用性：阻滞产业应用

在传统技术领域，一项发明是否具有实用性往往是显而易见的，因此实用性标准长期以来并未得到其应有的重视。然而近年来，随着生物化学、基因工程等高新技术领域的快速发展，基础研究成果与实用技术的界限逐渐模糊，一些技术领跑者不断试图将仅具有科学研究价值的发明申请专利，意图垄断基础知识、限制技术竞争。在此背景下，专利实

---

① Paul Raccuglia, et al., "Machine Learning Assisted Materials Discovery Using Failed Experiments", *Nature*, Vol.533, No.5, 2016, pp.73—76.
② 陈全真、徐棣枫：《论人工智能生成发明的可专利性及权利归属》，《科技进步与对策》2022 年第 9 期。
③ 王倩影：《专利视角下对人工智能算法的保护与限制——基于算法特质的分析》，《郑州航空工业管理学院学报（社会科学版）》2021 年第 7 期。

用性的重要性日益凸显。① 我国《专利法》第一条规定专利法之目的在于鼓励发明创造且推动发明创造的应用，如发明创造缺乏实用性则难以应用于产业层面，遑论提高我国创新能力，促进科学技术、经济社会的发展。《专利审查指南（2010）》第二部分第五章仅仅规定了不满足实用性的情形，缺乏对实用性审查标准的正面释疑。有学者将"实用性"标准细化为"能够实现""达到实用程度""有积极效果"。② 也有学者将"可再现性""可实施性""能够产生积极的社会效果"作为"实用性"标准中的3 个必要条件，这是我国的通说。我国《专利审查指南》中对"可再现性"的要求是本领域内技术人员能够不依赖任何随机因素而重复实施技术方案并且产生相同结果。"可实施性"指专利权利要求中的方案能够实际实施，产生申请人所披露的效果（用途）。"达到实用程度"指给社会公众带来直接的功用，能够在产业上制造或者使用。

但是人工智能算法通过"实用性"检测存在三点困难：第一，人工智能算法的可再现性不明，导致其很难通过专利法中的实用性测试。对于以往的程序而言，程序人员为计算机软件创造其应当遵循的规则，对机器的决定进行事先安排，一旦特定情形发生，则计算机会根据编程人员的代码而执行特定操作，因此计算机程序的可再现性并不会成为计算机程序专利的门槛。但是对于新发展而来的人工智能算法而言，计算机从数据材料中学习并生成自己的规则，新的数据被输入，计算机就会产生新的人工智能算法。有观点认为，人工智能算法从数据中学习，根据数据间相关性产生决策，并可能采取多种算法结合的方式形成某一特定算法，而随机算法选择和数据集的微小偏差都会使其产生不同决策。另一种观点认为，即便人工智能算法使用了随机算法，算法所生成的内容

---

① 马睿：《专利的实用性研究》，中国社会科学院研究生院学位论文，2017 年。
② 崔国斌：《专利法原理与案例》，北京大学出版社 2016 年版，第 152—153 页。

也是在预测的范围内，不能认为其可再现性不明。尽管人工智能算法在构建成为模型之前要从数据中学习逻辑和规则，但其建立也需要诸多算法的参与如线性回归、逻辑回归、决策树算法，随机算法等。然而，随机算法并不等于人工智能算法的产出结果是随机的。在具有非确定性行为的人工智能算法中，为在遗传算法中模拟神经网络和进化，经常需要随机数据。在人工智能算法尚未被固定为模型之前，随着输入数据的不同，算法的变化也会不同，这可能无法满足不依赖任何随机的因素即可产生同样技术方案的要求。

第二，人工智能算法可实施性有待考证。《专利审查指南》中对于不符合"可实施性"条件的专利有两个规律遵循：其一，专利不符合公理、缺少再次实验的环境而无法实施；其二，专利所必需的实验对人体或动物的生命安全有威胁。审查指南有如下举例：违背自然规律的发明、利用特定的自然条件建造的自始至终都是不可移动的唯一产品、以有生命的人或者动物为实施对象的非治疗目的的外科手术方法、测量人体或者动物体在极限情况下的生理参数的方法等均不符合可实施性。例如，采取人工智能算法的软件 Colem 能够自动生成专利文本，其原理在于词汇替换功能，使用此软件的技术人员在进行专利文本的创造时完全依赖了随机性原理，而并不对软件所生成的技术方案是否真的符合公理，是否违背自然规律等进行深层次的探究，也不会对所生成方案的新颖性、创造性、实用性进行考量，故而这种算法是否具有可实施性值得怀疑。这种为了生成专利文本而生成专利文本的行为本身为专利审查部门增加了负担。

第三，人工智能算法是否产生积极社会效果也需要考量。我国《专利审查指南》规定发明应当能够产生预期的积极效果，反之明显无益、脱离社会需要的发明不应当被授予专利权。积极社会效果在美国法中被称为"有益实用性"。人工智能算法技术方案第一重隐忧是其可能产生有偏见、歧视性、错误的决策，其专利算法决策反映程序员设计之初的价值观和使用算法的环境与手段。① 建立风险评估算法过程中存在许多人为选择，若被部署，则该算法可能产生一种抽象的种族差异测量，而与司法自由裁量权相结合时，可能产生完全不同的测量。② 一个经典的案例是COMPAS 软件，这一软件被美国威斯康星州某法庭用作量刑软件，但美国最高法院最近拒绝认定该审判法庭的决定，并重申应当在庭审中保护被告的正当程序权利。与计算机领域盛行的 GIGO（Garbage in, Garbage out，"垃圾进，垃圾出"）定律相对应，在算法领域，同样存在 "Bias in, Bias out"（简称 "BIBO"，也即 "偏见进，偏见出"）的表述。③ 由于人工智能算法的训练需要数据的参与，而数据的选择则是算法设计人员的自主性行为，如果程序人员将带有偏见的数据输入到算法中，那么算法所习得的则是偏见。例如，尼康某型号相机每次拍下微笑的亚洲用户时，便会询问是否有人眨眼。只有当亚洲用户不自然地睁大眼睛摆姿势时才可顺利拍照。该相机此时所涉及的便是具有 "种族主义" 的面部识别系统，其背后的原因则是尼康公司所使用的数据是缺乏多样化的甚至是偏向于少数种族的数据。

第二重隐忧是算法产生决策的理由可能是社会所不能接受的，甚至非法的。算法产生的决策可能基于相关性，如算法可能会发现一个人的还贷可能性与鞋子的颜色产生关联，但是评价是否应该放贷给某个人应该基于收入水平、工作、个人信用等因素，显然基于这样的相关性来判

---

① J. M. Eaglin, "Constructing Recidivism Risk", *Emory LJ*, Vol.67, 2017, p.59.

② M. Ananny, K. Crawford, "Seeing Without Knowing: Limitations of the Transparency Ideal and its Application to Algorithmic Accountability", *New Media & Society*, Vol.20, No.3, 2018, pp.973—989.

③ 赵迟迟、刘森：《大数据时代算法歧视的法律规制研究》，《互联网天地》2022 年第 8 期。

断是否贷款给某个人是不科学的。目前算法所作出的决策虽然看似是在仿照人脑进行逻辑推理，但实际上仍然是根据数据的相关性进行预测，而这种相关性基础的预测则难以向公众解释，因为人工智能算法的相关性、权重、参数等是一种数字评价，相关性预测也代表着不完全性，因此算法的预测必然存在着推理和以偏概全的假设，而这些真正被运用于产业，必然会出现有人的行为与预测相背离的现象，那么算法的决策结果必然是不可接受的。从另一个角度说，颜色与人的支付能力，颜色与还贷意愿，鞋子与贷款数额等关联虽可能是合理的，但是这种可能性所得到的推断却无法运用于对现实人的评价，因为根据公众的认知，这完全是风马牛不相及的两件事。

第三节　专利公开机制的应对迟滞

人工智能算法发明的不可解释性使人们对其积极效果产生疑问，给技术人员申请专利、获得相同技术方案带来困难。同时，人工智能算法公开规则难以制定，其公开规则的迟滞一方面会导致公开的激励不足，另一方面也会因为公开规则的模糊而导致算法发明过度披露，这些问题有待解决。

一、算法"不可解释性"特质

首先，人工智能算法的生成逻辑从原有的刚性逻辑变为经验逻辑，这导致了算法的不可解释性。早期人工智能算法的形成以程序人员对代码的编写和算法的选择为基础。程序员们识别目标需求，用 C/C++、Java、Python 之类的编程语言编写程序，给计算机以明确的指令，让计算机完成某些特定的行为。运行时程序会按照既定的步骤处理接收到的输入数据，产生运算结果，也即"算法＋数据结构＝程序"。当今人工智能领域中所说的"算法"，是指在已知的大量数据的基础上，按照预先设定的架构，由计算机运行，以创建学习"模型"的过程。人工智能领域的"模型"指基于已有数据集，运行机器学习算法后所得到的输出。模型是后期用于推理预测的基础，是一套推理"规则"，由数据和利用数据进行预测的过程组成。这个过程可以说是"模型＝模型数据＋预测算法"。在经典的程序设计中，设计人员向系统中输入规则构建程序，将数据与程序相匹配而获得计算机系统根据规则所得到的答案。在人工智能尤其是机器学习中，人们输入的是数据和从这些数据中学习而得到的答案，系统输出的是规则。这些规则随后可应用于新的数据，并使计算机自主生成答案。一般来说，机器学习的可解释性取决于模型的复杂程度和所使用的训练技术。换言之，人工智能研究的主流不得不偏离刚性逻辑和经验性知识推理的老方向，转入完全不依赖逻辑和经验知识支撑，仅仅依靠数据统计的神经网络、计算智能、多 Agent 和统计机器学习的新方向。[①]

其次，神经网络算法的运用使得人工智能算法隐藏层难以识别和理解。即使输出原则上是确定的和可追踪的，但由于计算的复杂性，特别是在人工神经网络的情况下（"黑匣子"问题），它往往不是人类可以解释的。深度神经网络与计算机不同，人类没有能力处理这样的大量的数据。在深度学习领域，基于人工神经网络结构的复杂层级，在人工智能深度学习模型的输入数据和输出结果之间，存在着人们无法洞悉的"隐层"，深埋于这些结构底下的零碎数据和模型参数，蕴含着大量对人类而言都难以理解的代码和数值，这使得人工智能的工作原理难以解释。

再次，人工智能算法设计中使用集合算法使得算法难以解释。第一，

---

① 刘艳红、龚善要：《网络服务提供者对 AI 决策的刑事归责研究》，《广西大学学报（哲学社会科学版）》2022 年第 3 期。

人类对自己设计的算法有时并不能理解，更不用说具体描述。例如，由于其发布的人工智能广告程序歪曲信息，Facebook 工程师紧急关闭了相关程序。① 第二，人工智能算法的集合性使用加剧算法的理解障碍。人工智能算法不一定单独使用，相反，为了便于将给定的数据集成在不同的工业应用，集成算法的应用范围更加广泛。多个算法被用于分析一个数据集以用来确定最佳解决方案或解释，如人们的信用评分或网飞公司的剧作排名。②

最后，人工智能算法与数据在技术上的步骤关联性使得人工智能算法难以理解。人工智能算法的不可知性不仅体现在"算法结构"的复杂性中，更体现在算法在大数据环境下的"结构性"位置。人工智能算法不是独立运行的，而是作为大数据分析系统的一部分，执行部分分析功能。前一环节产生的数据或信息结果被作为后一环节的输入内容。从这一角度而言，对人工智能算法内容本身的研究只能说明后一环节中人工智能算法所应用的逻辑，而不能解释前一环节所应用的逻辑。因此，人工智能算法的可解释性进程不仅需要检查算法或代码本身的内容，还需要检查人工智能算法在大数据系统中的地位，执行的任务的内容。③

二、技术方案公开内容不足

对于一个理性的专利申请人而言，对一个技术方案的公开应该是恰

---

① Par Morgane Tual, "Au-delàdes Fantasmes, Quels Sont les Problèmes Concrets que Pose L'intelligence Artificielle?", *Le Monde: Pixels*, Aug.3, 2017; Hubert Guillaud & Rémi Sussan, "L'intelligence Artificielle Va-t-elle Rester Impénétrable?", *Le Monde:Blogs*, Oct.30, 2016.

② E. Siegel, *Predictive Analytics: The Power to Predict who will Click, Buy, Lie, or Die*, John Wiley & Sons, 2013; R. Kitchin, "Big Data, New Epistemologies and Paradigm Shifts", *Big Data & Society*, Vol.1, No.1, 2014.

③ R. Kitchin, "Thinking Critically about and Researching Algorithms", *Information, Communication & Society*, Vol.20, No.1, 2017, pp.14—29.

当的, 一方面应该披露足够的细节使得专利审查人员能够根据足够的细节和实例, 以不过度实验的方法获得权利要求的技术方案。另一方面, 为了使专利获得更大的授权范围, 专利申请人也并不愿意披露更多的细节, 语言的模糊性赋予了专利说明书和权利要求解释的空间。面对人工智能算法相关专利, 专利法仍然使用针对机械时代发明的相关公开规则, 而难以应对数据生成的人工智能算法发明, 以及原理逐渐复杂的算法发明等当下问题, 算法发明公开规则的模糊性对于算法相关专利的公开也缺乏相关的指引, 目前所存在的问题是公开不足的操作问题。

在 DABUS 案例中, Thaler 向美国专利商标局、英国知识产权局、欧洲专利局和许多国家的专利局 (如德国) 提交的两份申请, 一份是 "食品容器", 另一份是 "吸引注意力的设备和方法"。一台机器 (DABUS) 是发明人, 他是机器的所有者, 该机器将发明转让给他。目前来看, 大多数国家的专利审查局都拒绝了 Thaler 的申请, 理由一方面在于对 DABUS 创造资格的否认, 另一方面专利审查委员会认为, 专利申请团队提供的关于该系统实际运作情况的信息以及算法不足以验证系统是否具有自我发明能力。[①] 在我国的 "小 i 机器人案" 中也是如此, 小 i 机器人可以让使用人通过即时通信平台与聊天机器人对话, 该聊天机器人的另一端连接游戏服务器, 根据聊天机器人识别的对话内容, 用户就可以利用游戏服务器实现以文字互动为基础的游戏功能。北京市高级人民法院认为, 说明书仅仅记载了具有一个游戏服务器以及提到实现互动游戏的设想, 而对于游戏服务器与聊天机器人的其他部件如何连接完全没有记载, 因此无法满足法律规定的披露要求。[②]

---

① 胡光、王雨平:《人工智能生成发明专利公开问题研究——以 DABUS 案为例》,《中国发明与专利》2021 年第 7 期。
② 张晓都:《从 "小 i 机器人" 案论说明书的充分公开》,《知识产权研究》2019 年第 1 期。

　　人工智能算法发明公开的不足会导致许多产业上的应用问题以及人工智能算法的评价问题。首先，发明的公开是发明通过"实用性"审查的要求，人工智能算法发明的公开不足会使其难以通过专利性的考察。由于新兴发明的多样化、快速化，创造性审查、新颖性审查已经难以适应现行的发明，实用性审查已经是新兴发明可否授予专利权的主要"过滤器"，故人工智能算法发明的实用性是专利审查的主要检验点。如果人工智能算法发明公开不足，会导致人工智能算法的产业应用性不明，难以通过专利法的检验，进而被拒绝授予专利资格。哪怕某人工智能算法发明侥幸获得了专利资格，阅读专利公开文本的人也难以通过发明人公开的训练实例、训练方法、技术特征等获得同样的发明，那么发明对于产业而言也是没有积极效果的，对创新亦没有正向的激励效果，反而浪费了审查资源，阻碍了社会的创新。

　　如果人工智能算法发明没能充分公开，人工智能算法是否具有积极的社会影响，是否危害到国家利益、社会利益、公民个人利益则无法评价。在人工智能算法社会，公民的消费记录、信用状况、衣食住行等时刻处于被记录和被分析的状态，并经由人工智能算法的运行与决策，可能对公民的信贷消费、求职应聘等产生潜在不利影响，如出现同物不同价等现象和问题，进而引发对人工智能算法权力之歧视风险及平等威胁的深刻担忧。[①] 也有学者认为行政机关使用人工智能算法造成人工智能算法进行行政决策导致"算法暴政"，司法机关使用算法量刑导致人工智能算法侵害司法秩序和公民权利。人工智能算法的公平性、可问责性成为人工智能算法发明被授权的重要衡量因素，其不透明和非充分公开不仅会成为上述问题的成因，更会加剧上述问题的消极影响。

---

① 李锦、刘雷：《论算法差异性影响及评价机制的构建》，《湘潭大学学报（哲学社会科学版）》2022 年第 5 期。

三、训练数据侵犯多重法益

人工智能算法所使用训练数据可能违反国家利益、公共利益。我国《数据安全法》在第三章"数据安全制度"中规定：关系国家安全、国民经济命脉、重要民生、重大公共利益等数据属于国家核心数据，实行更加严格的管理制度。一个典型的例子是智能驾驶产业中的相关发明。汽车的智能驾驶需要对行驶数据进行学习，训练算法，通过部分数据还原现实场景。这些数据中既包括地图数据，也可能包括军事目标、关键敏感目标等地理坐标数据。事实证明，在俄乌冲突中，双方的军事攻击很多由无人机进行，那么对于地理数据、关键基础设施数据的掌握则关乎作战目标的成败。同时，专利申请人有时会通过《专利合作条约》（Patent Cooperation Treaty, PCT）向他国递送跨国申请，那么对于训练数据的公开，可能会危害国家安全、公共利益。以小米汽车科技有限公司"自动驾驶系统及自动驾驶控制方法、装置、车辆、设备"发明申请公开为例，其摘要显示，本公开涉及自动驾驶领域，该系统包括：智能驾驶域控制器 ADD、智能座舱域控制器 DCD、与 ADD 电性连接的摄像组件。其中，摄像组件用于采集初始驾驶舱图像，并将初始驾驶舱图像分别提供至智能驾驶域控制器 ADD 和智能座舱域控制器 DCD；智能驾驶域控制器 ADD，用于从摄像组件接收初始驾驶舱图像，并输出图像处理结果；智能座舱域控制器 DCD，用于输出图像识别结果，其中，图像处理结果和图像识别结果共同用于自动驾驶控制。可见，发明涉及对于图像处理的步骤，那么如何实现图像的处理很有可能会涉及公开部分行驶数据。根据我国《测绘法》，对相关信息数据进行采集、存储、传输和处理的行为，都属于测绘活动。如果违法公开这些数据或在其他国家公开这些关乎国家安全的数据，便会对国家利益、公共利益造成侵犯。

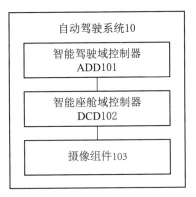

图 2-3 自动驾驶系统及自动驾驶控制方法、装置、车辆、设备

　　我国《反不正当竞争法》(以下简称《反法》) 第 9 条对商业秘密的定义是一种技术信息和经营信息，构成要件是不为公众所知悉、具有商业价值并经权利人采取相应保密措施。明确规定算法是一种技术信息的当属最高人民法院 2020 年发布的《关于审理侵犯商业秘密民事案件适用法律若干问题的规定》，它认为算法、数据、计算机程序及其有关文档等信息构成《反法》中的技术信息。安德鲁（Andrew）认为，任何形式的算法透明都会涉及对商业秘密的侵犯。[①] 对数据的公开一定涉及对商业秘密的侵犯，一方面企业对数据的保护符合《反法》中规定的要件，同时也在实践中被权利人作为诉由提出，如在新浪微博诉脉脉案中，原告就以用户数据系商业秘密作为诉由向被告发起诉讼。[②] 算法被看作是商业秘密的案件也并不罕见。COMPAS 是一款用于量刑的软件，美国威斯康星州使用这一软件中的量刑算法对罪犯的社会危害性风险进行评估并量刑，原告 Loomis 作为刑事被告人向美国法院上诉称法院没有向其公开量刑的过程和原因，违反了正当程序原则。权重、参数、算法设计的逻辑以及

----

① A. D. Selbst, "Disparate Impact in Big Data Policing", *Ga. L. Rev.*, Vol.52, 2017, p.109.
② 参见北京市海淀区人民法院（2015）海民（知）初字第 12602 号民事判决；北京知识产权法院（2016）京 73 民终 588 号民事判决。

模型等也符合《反法》对于商业秘密的规定，但是由于其本身更具有技术性，非专业人士对其关注度低且它们相对较复杂且描述困难，即便是被侵犯也可能无益于侵犯人自身的利益，故而纠纷较少。2017年《最高人民法院、最高人民检察院关于办理侵犯公民个人信息刑事案件适用法律若干问题的解释》认为，"公民个人信息"是指以电子或者其他方式记录的能够单独或者与其他信息结合识别特定自然人身份或者反映特定自然人活动情况的各种信息。[1] "数字孪生"概念提出后，任何信息包括个人信息都可能被复制到互联网上，为企业所应用。个人数据是算法优化的重要原料，企业通过对个人的偏好信息进行分析提供定价、推荐等服务。如果企业想将自己通过个人数据训练后获得的人工智能算法公开就可能涉及将训练数据部分公开。尽管企业在以数据训练人工智能算法时可能将数据脱敏、标记以进行监督或非监督学习，单个数据集的公开可能也难以还原到个人本身，但是数据集之间信息的结合与推论仍可能还原一个消费者诸多隐私信息。如可通过个人的指纹信息、声音信息还原一个消费者的画像，并进而通过数据整合获得其虹膜信息。

人工智能算法发明与其他技术信息相同，既可因为符合专利法的要求而被授予专利权，也可作为技术信息而被作为商业秘密进行保护。商业秘密制度是对专利制度的补充，当发明者认为专利保护相对于其发明价值来说过于昂贵或者其从专利制度中获得的收益会低于其发明的收益时，会选择将技术方案作为商业秘密。发明人选择商业秘密一方面是由于该发明不可申请专利，另一方面可能是因为专利保护期间或其他措施的激励不足。[2] 商业秘密的保护范围也超出专利制度的保护范围。任何类

---

[1] 金元浦：《大数据时代个人隐私数据泄露的调研与分析报告》，《清华大学学报（哲学社会科学版）》2021年第1期。

[2] D. D. Friedman, W. M. Landes, R. A. Posner, "Some Economics of Trade Secret Law", *Journal of Economic Perspectives*, Vol.5, No.1, 1991, pp.61—72.

别的具有可专利性的发明都可以构成商业秘密。① 不仅如此，商业秘密可以保护技术和非技术信息及想法甚至事实，例如客户清单上的姓名和电话号码、公共数据、源代码、示意图、图标和客户列表的汇编及许多其他信息。《专利法》要求技术方案须得具有新颖性、创造性与实用性才得被授予专利权。② 而如果企业决定将技术方案作为商业秘密进行保护，只需要对非公知的信息采取适当的保密手段即可，至于其保护之信息是否有价值都是在诉讼阶段才需要予以考量的因素。人工智能技术方案之价值是不确定的，因此，只有企业明确知晓某一专利是高价值时才会申请专利，如谷歌将 Dropout 申请为专利。不仅如此，人工智能技术方案之迭代一般也是迅速的，发明的价值在短时期内会断崖式下跌，那么申请所需要的固定成本一定超出了企业能够从专利中获得的许可收益或商业化收益。同时，由于申请专利的公示期过长，对于瞬息万变的人工智能行业而言，无异于将辛苦劳动获得的成果拱手让人。因此，大多数人工智能技术方案的申请人都会选择商业秘密制度以保护其发明。

第四节　专利审查的伦理关照不足

专利技术性审查与伦理性审查是专利审查的必要步骤，二者具有同等的重要性。但是实践中由于产业政策与产业呼吁诉求的不断渗入，专利伦理审查日渐式微，生物发明、人工智能发明的创造更加压缩伦理审查的应用空间。人工智能算法的场景性应用使得专利审查的差异化风险无法精准审查，人工智能算法生成发明则会冲击现有的自然人主体发明制度，算法不透明性使得专利公开规则难以为继。在现行审查规则下，

---

① K. F. Jorda, "Patent and Trade Secret Complementariness: An Unsuspected Synergy", *Washburn LJ*, Vol.48, 2008, p.1.
② 姚叶:《多维度解读与选择: 人工智能算法知识产权保护路径探析》,《科技与法律（中英文）》2022 年第 1 期。

专利的人文主义缺失, 创新被技术主义操控, 人类福祉终将减损。

一、技术中立原则的倡导与反驳

专利法被认为是技术之法, 专利法之立法目的在于促进技术创新。科学技术既是一种实现特定目的的方法也是理论知识。技术的发展使得技术呈现出对于利益关系平衡的打破和重塑的趋势, 而技术发展对社会发展带来好的影响之外也带来了消极的效果, 如对一部分群体利益的损害, 比如与既有价值观不匹配的新的技术产品, 甚至是对于人类尊严和人的主体性的突破, 也即对"主客二分法"的冲击。基于利益的二重性, 在面临责任承担时则出现了"技术中立"的免责论调和严格的法律责任适用争议。

(一)技术中立原则的理论提出

知识产权法中最著名的"技术中立"论证始于 1984 年"索尼案", 美国联邦法院认为: 若被告提供的某种商品同时具有合法和非法用途, 则可以免除其侵权责任, 这被称为"实质性非侵权用途"。[①] 在国内, "快播案"也掀起了风波, 该司法案件引发了"菜刀理论"之争, 也即如菜刀般既具有合法用途如切菜和非法用途如伤人的商品可免负侵权法律责任。[②] 在专利法中, "技术中立原则"体现得更加明显, 由于基因编辑和辅助生殖技术的发展, 许多"三亲婴儿"出生, 利用 CRISPR 系统基因编辑工具对人体生殖细胞进行编辑的案件已经出现, CRISPR 系统基因编辑工具在原核细胞和真核细胞中进行应用也已经在美国获得了专利。诸

---

① 梁志文:《云计算、技术中立与版权责任》,《法学》2011 年第 3 期。
② 张今:《版权法上"技术中立"的反思与评析》,《知识产权》2008 年第 1 期; 梁志文:《云计算、技术中立与版权责任》,《法学》2011 年第 3 期。

多发明家呼吁,对于基因治疗技术而言,在合乎伦理道德界限内存在的科学研究和技术发展风险,应采取包容的监管策略,在技术中立、价值无涉之下,给予技术发展的空间。[①] 也有学者进一步认为,专利法应保持单纯的技术色彩,而伦理判断却是抽象的,对于伦理的理解因为伦理本身的复杂性、地域区分和伦理观的动态变化而难以达成共识,如果立法没有对于某一生物技术可专利主题的排除,应避免在执法和司法过程中以主观的道德判断认定某一专利申请是不合格的专利主题。[②]

(二)技术中立原则的价值负载

"技术中立"属工具理性的范畴,一则强调功能中立,二则强调责任中立。功能中立即技术在发挥作用的过程中遵循自身机制及原理,那么便实现了自身使命。责任中立则意味着技术无须为自身的负面效果承担责任。[③] 但是无论是功能中立还是责任中立,其核心都是价值中立。世间万物,只要为人所创造,则无不在人类的价值观之中维持运行,自始便不存在所谓的"中立"。技术的产生是发明者意志作用于客观世界的产物,而这一技术则是为了实现使用者的意志,技术是价值负载的,服务于人的目的理性活动。这意味着,它在诞生前就已经被概念化和谨慎思考过。每一个新的创造都是为了满足需求、实现目的。[④] 技术价值体现为技术的"工具价值"和"目的价值"。技术的工具价值是其客体价值,而技术的目的价值则是客体价值的主体呈现,是特定主体使用特定技术满

[①] 靳雨露:《基因编辑的类型化分析与法律规制进路》,《人权》2022年第5期。
[②] 杜珍媛:《生物技术专利法律原则的伦理分析进路——以罗尔斯的正义论为视角》,《山东科技大学学报(社会科学版)》2016年第18期。
[③] 李瑞雪:《技术伦理下智能投顾算法治理问题研究》,《大连理工大学学报(社会科学版)》2020年第5期。
[④] 陈根:《人工智能时代,技术不中立》,载澎湃新闻,2021年1月11日。

足其主体需求时所呈现的价值。① "技术中立"在实践上的虚伪性和理论上都存在漏洞，因此不可能存在绝对的中立，无论是在哪个法律系统内，都应以适当的方式对技术发展进行干预。

在技术发展引领浪潮的今天，技术的发展虽为人类带来了诸多便利，但是技术发展所引发的消极内容也应当被重视。技术中立本身就是一种技术理性，需要价值理性的匡正，应以技术伦理矫正工具价值。专利法要求专利客体不得违反法律、公共利益和道德，这在一定程度上矫正了技术至上和以技术创新推动经济发展的盲从行为。破坏环境的技术方案，以及对人类自由、平等权益损害等技术方案都需要被排除。同时，专利法也规定了专利无效制度，在事后层面为公众提供了将违背伦理的发明无效化的渠道。经过了制度矫正，负载价值的专利制度已经初现雏形。

二、传统专利伦理审查的困境与诱因

（一）传统专利伦理审查的触发原因

我国《专利法》对专利的伦理考量主要在第 5 条和第 25 条，前者规定，授予专利权的发明不得违反法律、社会公德或者妨害公共利益，后者排除疾病的诊断和治疗方法的专利客体资格以保护病人的平等受治疗权。这两条法律规定宏观上对专利审查过程中必须坚守的伦理或道德尺度作了规范，亦即提出了"伦理审查"的基本要求和指引规范。以专利制度运行伦理准则为依据的伦理评价是对专利授权及确权的特殊性要求。而专利新颖性、创造性及实用性法律标准则是对于技术方面专利适格性的一种证明性的技术评判，其只是专利授权及确权的一般性要求。② 从

---

① 刁佳星：《知识产权领域技术中立论的解构》,《西安电子科技大学学报（社会科学版）》, 2017 年第 3 期。
② 刘鑫：《论专利伦理》,《自然辩证法研究》2020 年第 12 期。

法律条文看，全国人民代表大会制定并通过的法律是为《专利法》所指的法律，包括但不限于《环境保护法》《食品安全法》等，但是《专利法》中所指的社会公德与公共利益则较为模糊。从专利伦理审查的触发原因看，主要有如下体现：

首先，对公众身体健康造成损伤的技术专利。欧洲专利审查局曾经受理了一种采矿方法，但是在使用中发现这是一种"杀伤性采矿"方法，属于引发暴乱或公共秩序混乱或导致犯罪或其他侵略性行为的发明。① 其次，由食品安全所引发的专利伦理检验，三聚氰胺、苏丹红、陈化粮、染色馒头、瘦肉精、膨大剂等公共食品安全事件的频发，直接威胁到公众的生命健康，在社会上引起恐慌。② 专利审查部门曾经授权一个"皮革制造食用明胶的技术"以专利权，这不仅违反了公众对于食品安全的期待，也使得多家媒体质疑专利审查是否应该有相应的审查程序以使公众参与，在技术方案审查时增加伦理审查程序。最后，关于生物发明的专利往往存在诸多争议，譬如器官移植、安乐死、辅助生殖技术。最具有争议的是人类胚胎干细胞发明是否具有可专利性。2011 年 10 月 18 日，欧盟法院对 Brustle 案作出判决，此案已经审理了 7 年，宣告为了排除不尊重人类尊严的发明，胚胎干细胞相关的发明在欧盟境内不具有可专利性。③

（二）传统专利伦理审查困境的诱发因素

深入挖掘上述案件和趋势，可以发现对于专利的伦理审查判断存在着诸多难点，除了伦理判断的不稳定性和抽象性外，还有专利审查人员

---

①② 朱家群、赵永辉：《从明胶事件看专利审查中的安全性与伦理问题》，《中国发明与专利》2012 年第 6 期。
③ 卢凌霄：《基因问题可专利性的再探讨——以欧洲法为视角》，《生物技术世界》2016 年第 4 期。

的知识不足以及法律衔接的问题。

首先是伦理判断的不稳定性。在欧洲，法院倾向于将不稳定性的判断交与公众，以群体的伦理观判断技术之伦理问题。如果一项发明疑似违反公共秩序或犯罪，就采用"公正性试验"（a fair test）原则，以普通公众的善恶观为基准对发明是否可进行授权进行判断，如果普通公众对该发明非常憎恶，则该发明不应被授予专利权。"公正性试验"（a fair test）需要压倒性的合意（overwhelming consensus），也即如果大多数人都认为这一发明是不应被授予专利客体的，则专利审查部门应该排除其客体资格。虽然如此，伦理的判断仍然是模糊的，即使求助于公众，对于公众的选择也仍然存在主观的挑选过程。在我国，实务界的审查人员也对伦理的不稳定性存在担忧，可能有时一种技术发明被认为是不道德的，但是随着技术的发展和人类看待事物的眼光的变化，这种不道德性随之消除。英国专利审查部门一度认为人类胚胎干细胞技术不应被授予专利，即便胚胎干细胞没有如婴儿般具有人体形体和意识，但是它具有发展成为人的潜力，不能够像对待普通物一样进行处置并被垄断，如此威胁到人类的尊严的发明不应被授予专利权。但是随着对胚胎干细胞技术的认知以及对于生命体与非生命体界限的划分，非全能干细胞开始被允许在一定范围内获得专利授权。

其次是审查人员知识储备不足的难题。专利审查虽然是专利法中一个较为客观的制度，但是无论审查规则多么细化，专利审查总是存在着不可避免的主观性问题，如新颖性和创造性审查中需要以"现有技术"为参照，以"本领域技术人员"为评价标准，现有技术本身是一个依靠检索技术而划定的范围，而很多"本领域技术人员"本身就是一个拟制的人。而所谓"主观性问题"的来源主要是现实生活中的专利审查员，因为专利审查直接和审查人员的个人素养和理解程度挂钩。"伦理审查"

更是一个复杂的领域，每个人的伦理认知不同，对于法律、社会常识的理解不同，每个人都存在知识盲点，不能穷尽海量信息，因此伦理审查存在着主观性偏差。另外，专利审查部门的知识储备主要在于技术层面，因此对伦理、道德和法律的理解欠缺。同时，专利审查技术人员的工作量本身已经十分大，如果要求专利审查员再进行专利伦理审查不免有些强人所难。

最后是社会伦理审查机制衔接不畅。专利伦理审查在技术伦理审查范围内并非是独立的环节，而仅仅是法律层面授权环节的一种价值判断过程。在现代的技术产生模式看，技术的制造呈现集群性和资本支持特征，技术被申请专利前，可能是从科研实验室中被创造，接受实验而最终产生的"完美"技术。但是在实验室中缺乏相应恰当伦理审查机制，且科研伦理审查机制与专利审查机制也缺乏有效的衔接制度。科研审查往往通过自律和自治的机制控制伦理风险，如阿西洛马会议被认为是成功的风险治理范例，但是一些人仍然认为其具有一些消极方面。不仅如此，在实验室内部的伦理审查结果也并不会向专利审查部门所提交，导致专利审查部门需要重新审查，一旦审查结果不一致，也会出现诸多争议。为此我国也发布了诸多的法律、法规如《药物临床试验质量管理规范》对药品的合伦理性进行规制，《人胚胎干细胞研究伦理指导原则》对人胚胎干细胞的实验行为进行指导，《中华人民共和国人类遗传资源管理条例》对利用人类遗传资源的科研行为进行管理。但是即便某些发明涉嫌违背伦理、违背公序良俗或者是一种使用人体干细胞的发明，专利审查机构却对于其是否违背上述法律一无所知。由于专业性的缺乏，审查部门很容易授予一种违背上述规范、条例和原则的技术发明以专利权，这扩大了技术对于社会的负面影响。

三、人工智能算法对传统专利伦理的冲击

传统专利审查所出现的审查标准不稳定、审查人员知识不足以及专利审查机制与相关法律的衔接不畅不仅会导致重复审查并浪费审查资源，也可能造成审查结果不一致的后果。这种审查困境在人工智能相关发明出现后更为加剧。当人们开始探索生命的奥秘时，基因技术等生物技术的出现，开启了能否给予生物体组成物质、基因编辑技术以专利保护的伦理诘问。在人类开始探索以机器模拟人脑的过程中，模仿人类学习逻辑的算法是否可以仍然被认为是可专利主题、人工智能是否可以成为专利权人等问题也拷问着社会的伦理观。可以认为，对技术的探索和对生命的研究使得专利法正在经历"不能承受之重"，专利审查制度亟需变革。

人工智能算法对传统专利伦理的冲击首先体现在主体方面，也即人工智能算法发明被认为是发明主体。如前文论及的 DABUS 案，申请人 Thaler 在发明人一栏标为"由人工智能生成的发明"，在申请人一栏将自己列为发明申请人，提交指定 DABUS 为发明人的专利申请。尽管这一申请在澳大利亚、新西兰、美国等地已经被拒绝，但是南非已经授予了 DABUS 以专利权。许多学者在探讨 DABUS 不应为发明人时，主要从专利法中的主体应具有意志要素，或者更进一步地从劳动理论出发认定发明应该是人类主体所作出的智力劳动。实际上少有人关注到，尽管 Thaler 将之称为是一种类"人"的主体，并呼吁获得一种类"人"的专利权，但是 DABUS 本质上是一种人工智能算法与技术所结合而形成的人工智能算法发明。南非将其作为一种发明主体，本身就是授予一种客体以主体资格。将专利权授予自然人以外的实体，将会摧毁以自然人为核心的现代道德主体、伦理主体及法律主体制度，给现有的社会主体构造提出严峻挑战，会造成专利法主体资格的混乱。是否授予一种算法发明以主

体资格的争议并不是任何技术都会触发的讨论，人工智能算法本身模拟人类的技术特质导致了目前这些理论与现实的乱象。

人工智能算法发明的伦理问题并不体现在已经形成的算法发明技术中，而体现在算法发明的上一阶段也即算法设计、训练的过程中，或下一阶段也即算法发明的具体应用中。即便是本身无害的算法，在实际运用中也可能被利用而违背法律或伦理。由于算法发明已经形成，提交到审查部门的一般已经是一些流程图或表以显示算法的运作机理以及算法的运用场景，最多可能会提及本发明使用了某些类型的数据，而并无具体的实施事例，专利审查部门根据图表或者运用背景无从判断算法是否具有歧视性、是否侵犯他人的隐私等诸多伦理问题。在欧盟 T016/18 案件中，所涉发明是一种根据动脉血压曲线确定心输出量的方法，其中使用了卷积神经网络，说明书中也表明输入的数据应涵盖不同年龄、性别、体质类型、健康状况等广泛的患者信息。但是其权利要求中只有一个该发明的功能图示，法院在综合考量后认为，该申请没有公开哪些输入数据适合于训练本发明的人工神经网络，或者至少没有公开适合解决底层技术问题的数据记录。

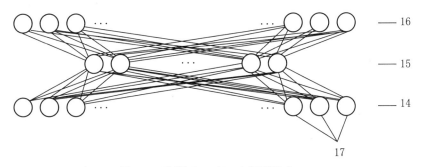

图 2-4 欧盟 T016/18 中权利要求一

人工智能算法相关发明的伦理问题也具有隐蔽性。一方面，设计者本身可能并没有意识到自己在设计算法之时存在偏见，设计师本身是掌据专业技术知识多于伦理知识和法律常识的自然人，在特殊情况下某些人才虽然缺乏自我认知能力但是仍然能够产出一些技术方案。另一方面，人工智能算法技术过于复杂，其运算过程甚至是不可理解的，因此不可避免地会存在一些隐蔽且难以发现的问题。

人工智能算法发明的伦理考虑会延伸至专利市场之中。发明曾经是一时一刻灵感的闪现，后被资本注入而成为实验室里的革命。专利的生命在于实践，只有能够被运用于产业之中并进行商业性转化的技术方案才具有生命力。发明制度是对创新性技术的一种奖赏，发明人在专利契约的约束下向社会公开其技术，但发明人也期待通过技术的市场化生产、销售而收回成本。如果将具有伦理忧虑的技术方案投入至市场中，则伦理的忧虑会转变为市场的风险。生成式人工智能的出现使得分析式人工智能的伦理风险忧虑升级。ChatGPT 是 OpenAI 发布的对话机器人模型，能够根据喂养的数据按照指令生成内容，但是对于生成内容的重复度不作保证。它以通用型人工智能为目的，根据人类的语言输出逻辑生成，使人类看不出破绽。以 ChatGPT 生成的技术方案为例，如果有使用人将生成式人工智能所生成的技术方案作为自己的技术方案以申请专利，如果专利审查部门缺乏详细的主体审查，那么人工智能所生成的技术方案将会掀起一波专利"淘金热"，也即使用生成式人工智能所生成的技术方案不断尝试申请专利，这将冲垮专利制度，拉低发明的质量并严重阻碍技术人员的审查效率。

一旦将与伦理不符的人工智能发明运用于市场，将会形成社会的普遍困扰。专利权是一种私权，由私人享有，私人使用，私人收益。但是私权之使用不能以妨害公共利益为前提，如物权法中的相邻权允许邻居通过自己控制下的领地、著作权法中的公有领域则是要求应该保留思想、不具有独创性的内容给其他人进行创作。二者都是立法对私人权利与公共利益的平衡之举。专利法是技术之法、创新之法，人类文明的进步由技术发展所推动，蒸汽机的发现推动了第一次工业革命，印刷术发明则使得人类文明得以有效记录。专利法所保护的技术最终要服务于人类福祉和文明的进步，技术方案不仅要将纯粹的发现留给公有领域，也要排除违背社会公德或者妨害公共利益的发明创造以保护公共利益。蕴含伦理问题的技术方案一旦在市场中销售和使用，那么伦理风险会具化为个人承担，一旦规制不力，甚至会产生数量巨大且影响广泛的、远远超过个人所能理解和掌控范围、严重威胁健康与安全的公共风险。[①] 以人工智能算法治疗工具专利为例，如果将使用错误训练数据、数据标注错误的医疗发明专利投放在市场上运行，则技术方案中的错误将会放大到整个医疗场景中，引发生命健康危险。又如，一个技术方案中如果使用了未清洗的或清洗不彻底的含有他人隐私信息的数据如基因数据、个人的病情数据，那么技术方案的实施可能会将输入端的不端行为进一步带入输出端，导致个人生活领域被侵犯。

可见，人工智能算法发明是否具有积极效果难以进行"一锤定音"式的审查，从审查流程上看，我国专利审查部门应该在进行新颖性、创造性、实用性的实质性技术审查时，对技术方案的实现方式、操作效果、预期伦理风险进行进一步的伦理审核，通过常态化的伦理考察环节与专门化的道德衡量机构确保专利授权发明经过了充分的审查，具有技术效果和积极的伦理效果。同时，也应当关注人工智能算法专利在产业运行中存在的伦理问题，改善现有的技术性反馈渠道。

[①]　刘鑫：《专利授权伦理审查的制度重构——从"科技向善"到"专利向善"的法律安排》，《法学评论》2023 年第 3 期。

本章小结

人工智能算法发明的特质会导致客体资格审查、专利三性审查以及专利公开规则一定程度的失灵。一方面，客体资格审查的放宽将可能导致底层算法获得专利的概率大大增加，进而诱发"卡脖子"困境。另一方面，基础技术的专利化也会掣肘后续发明之产出，尽管企业可能声明对基础技术发明申请专利只是为了自保，且不会因他人使用专利而维权，这种做法却是市场控制力的彰显，并且也会成为此企业在其他领域的议价优势。从总体国家安全观与全球的科技发展战略、布局看，如果国外公司掌握了底层专利，便是抓住了中国科技发展的命脉，中国企业将会面临被频繁诉讼，国家安全将会受到威胁。同时，简单放宽客体准入资格也会导致专利质量低下，国家审查资源和诉讼资源的浪费，使得社会整体福利减损。基础算法广泛获权将会诱发"专利丛林"，从而使得技术许可的谈判漫长且成本高昂，这将造成技术障碍，进而延迟并降低本领域内新技术的产生。同时，基础专利的使用、利用不足使得技术资源被浪费，可能导致"反公地悲剧"现象产生，专利制度将会被市场主体滥用，不正当竞争频发。

人工智能算法发明也会使发明的新颖性不足，如人工智能算法的关键词替换模式会产生诸多低质算法，令审查出现困难。人工智能算法发明的积极效果难以认定，发明的实施效果难以证成，使得审查人员难以判断技术领域以及其是否具有积极的技术效果。人工智能算法发明也会使现有技术疯狂增长，导致真正有用的技术在专利法中难以获得授权。尤为突出的是，深度神经等复杂算法的使用、数据的大规模使用会加剧算法本身的神秘性，技术方案公开不足将导致人工智能算法的产业实施受限、算法评价缺乏基础，而数据的过度公开则会侵犯国家利益、商业秘密、个人隐私等公共利益或私人利益。

　　人工智能是新兴科技，不仅产生算法歧视、算法黑箱等伦理问题，将人工智能发明作为发明人申请专利也冲击着社会的伦理观。专利制度长期重视经济价值而忽略伦理考量，导致伦理审查规范不足，流程不完善，人工智能相关发明的增长加剧了专利伦理审查机制的问题。专利的生命力在于实施，将缺乏伦理审查的技术方案在市场上销售并利用在各个场景中会导致技术方案的伦理忧虑进一步畸变为伦理风险，因此有必要在实质性技术审查中进行伦理审查以解决技术考量过多而伦理关照不足导致的专利制度为资本所裹挟的问题。

第三章　人工智能算法发明专利授权机制调适的理论基础

《论语·先进》:"子曰:'过犹不及。'"专利问题的解决既是"是"与"非"的正义抉择问题,也是一个激励的"度"的问题,还是一个制度经济学中产业政策选择问题。专利法目的在于鼓励发明的产生,推动发明的应用,也在于为社会提供不损害公共利益、个人健康、社会环境、社会伦理的发明,最终目的是提高促进科学技术进步和经济社会发展。制度经济学为如何提高创新效率和增加知识创新和促进制度创新提供了解答,这些问题可以通过对专利客体资格的审查标准、专利三性审查标准来调整。但是专利制度也承载着功利论中的"正义"价值,以应对人工智能算法对专利法带来的诸多伦理问题。为此,应该以科学的理论进行指导,调整、平衡规制和激励的"正义"与"效率"。

第一节　创新理论:人工智能算法技术创新的制度调适

一、"倒 U 形曲线"的最优市场结构:
垄断创新与竞争创新的平衡

"前景理论"(Prospect theory)是埃德蒙·凯奇(Edmund Kitch)最先提出的,重视在先发明人与后续发明人的利益安排。通过有效的许可证交易由在先发明人垄断专利,并通过许可的方式向在后发明人进行授权

许可避免浪费性的重复工作，也即专利制度的功能是鼓励在产权获得后对技术前景进行投资。[①]"前景理论"是将知识产权理论与不动产权利的法律和经济学相结合的新尝试，凯奇将专利比作对矿物资源开采权。这种强有力的产权分配鼓励权利持有人以有效的方式将其"资源"商业化，而不用担心竞争对手会窃取他的劳动成果，也即"协调发展比竞争发展更好"的观点。凯奇依靠许多体现著名的"公地悲剧"的类比来确立他的观点。如渔业通过将捕鱼权集中在一个行为者或机构中避免过度捕捞，从而避免了造成公地悲剧的外部性问题。当某一方将渔业的全部价值内部化时，它就有动力有效地将这一资源商业化。[②]

　　由于在这个问题上采取了相反的立场，两位著名经济学家约瑟夫·熊彼特（Joseph Schumpeter）与肯尼斯·阿罗（Kenneth Arrow）的相反观点被称为"阿罗—熊彼特"辩论。熊彼特肯定了凯奇提出的垄断促进创新的理论，而阿罗提出的竞争性创新理论反对前景理论，认为竞争而不是垄断最能刺激创新[③]。熊彼特提出了非常具有影响力的"创造性破坏"理论，他抛弃了新古典主义关于资本主义和有效市场的思维方式，新古典主义认为完美的竞争状态是稳定的。熊彼特认为"创新以及由此造成的对现状的破坏"是资本主义的一个突出特征，也即创新在不断地毁灭既有经济结构中创造新的经济结构，内部的经济结构革新是创新的本质，而动态的竞争关系才是资本主义的运作方式。因此，垄断将促进创新，因为它不仅提供了有效的手段，创造性破坏的过程将确保垄断不会停滞不前，因此无论市场是否垄断，未来一定会有一些进步取代现状。[④]阿罗与熊彼特的观点截然相反，他认为缺乏竞争会使垄断者的创

---

① J. F. Duffy, "Rethinking the Prospect Theory of Patents", *The University of Chicago Law Review*, Vol.71, No.2, 2004, pp.439—510.

②③④　E. Hovenkamp, "Patent Prospect Theory and Competitive Innovation", April 15, 2016.

新动力减弱，而竞争才能导致创新。一个在竞争的环境中生存的公司有更大的创新动力，因为它面临着创新失败所带来的更大机会成本。反之，垄断者已经在赚取垄断租金，因此即使无法创新，也将保持巨额收益。而如果存在有效的资本市场，即有竞争力的公司可以获得贷款或投资以资助创新，有竞争力的企业将倾向于产生更多的创新。也就是说，与熊彼特（以及凯奇）的观点形成直接对比的是，阿罗的观点是，随着市场变得更具竞争力，市场将更具创新性。

总而言之，阿罗和熊彼特的争论集中在两种对立的力量上，这两种力量塑造了竞争与创新之间的关系。熊彼特关注竞争如何通过限制可用于研发的租金来削弱发明能力。阿罗关注的是缺乏竞争如何使垄断者的创新动力减弱。这导致两人对创新活动最大化所需的市场结构得出相反的结论，前者建议垄断，后者建议完全竞争。[①]

但是过度的竞争和过度的垄断都不能够达到最优的激励创新效果。凯奇的假设是一种"单调性假设"，即一个市场内的总体创新（整个市场）随着竞争程度增长是单调递减的。前景理论设想的是企业在获得专利后的总的（整个市场）的竞争，这些企业都在争相销售同类技术的替代性（即可替代性）变体。为了澄清这一点，竞争性创新的倒 U 形理论假设了竞争与创新之间的以下关系：从垄断开始，竞争的有利效应（更强烈的创新激励）首先优于其不利效应（创新资源减少）。随着竞争程度的增加，创新水平也将不断增长。然而，随着市场竞争日益激烈，竞争的不利影响将会更强，因此随着竞争水平的进一步增强，创新开始下降。因此，总体创新曲线呈"倒 U 形"，倒 U 形的峰值是使整体创新最大化的市场结构。

---

① E. Hovenkamp, "Patent Prospect Theory and Competitive Innovation", April 15, 2016.

二、累积创新：人工智能算法技术发展对既有创新成果的依赖

专利权固然很重要，但不应在其上赋予无限独占权，因为给予在先发明人独占控制权是没有效率的[①]，毕竟通过在先发明人授予在后发明人许可进行权利流转需要耗费时间与精力。累积创新描述了一种技术发展的现象：一种技术的进步需要许多发明家的贡献，每个人对这一技术的贡献都不是单独的，而是建立在他人的工作之上。事实上，没有任何一个在先发明人能够完美地确定和协调所有其他技术改进者，因为改进者的技术更加优越且在不同时期处于不同状态。因此，法律必须区分每个发明人所享有的财产范围与样态，以激励在技术改进的过程中的每个参与者。这是与"离散创新"观念不同的创新理念，其摆脱了以往从静态角度关注创新与竞争、社会福利的关系，更多的是寻求离散创新专利保护的动态效率和静态损失的平衡。[②]

学者们最先进行了"两阶段创新"假设。Scotchmer 认为先期创新对后续创新存在正外部性：在先的创新或起到缩短再创新时间成本和降低再创新经济成本的效果，进而对后续创新起到了基础性作用。这即是所谓的"站在巨人肩膀上"的创新。进而，平衡在先与后续创新者的创新收益以起到激励效果最大化则成为关键。在这样一种分段式创新的模型中，如将产权毫无保留地配置于先期创新主体，则后续创新无疑构成侵权，在后创新者则必须缴纳足额的许可使用金给权利人才能合法地实现其创新成果的商业化。假设厂商为取得一种商业上有价值的产品，需要经历研究（research）和开发（development）两个阶段。研究为第一

---

① Dan Burk and Mark Lemley, "Policy levers in patent law", *Virginia Law Review*, Vol.89, No.7, Nov.2003.

② David Encaoua, Dominique Guellec and Catalina, Martinez, "Patent Systems for Encouraging Innovation: Lessons from Economic Analysis", *Research Policy*, No.35, 2006.

阶段，开发为第二阶段，第一阶段的产出可以申请专利，也可以不申请专利。累积创新之"累积"在于第一阶段对于第二阶段的累积性，只有经历了前一阶段的开发，才能进行第二阶段的开发，第一阶段的技术方案往往具有前沿性和基础性。累积性的"累积"也在于第一阶段的技术方案最终会被运用于第二阶段的产品中，而不会孤立地存在。发明人员是否有意愿将研究工具披露与专利制度的"宽度"与"长度"有关。宽度主要是指专利的保护范围，可具体化为专利主题的范围确定以及专利性——新颖性、创造性、实用性测试以及专利书面描述的范围等具体标准。长度主要指专利的保护期限。一般而言，在累积创新竞赛中，厂商是否披露开发阶段的中间结果由专利保护宽度和先占优势决定，如果专利保护宽度小，第一阶段的创新专利并不能带来多少收入，则发明人倾向于独占专利并防止知识溢出，如果专利保护宽度很大，则发明人倾向于将技术方案披露并申请专利。①Scotchmer 还发现，专利保护范围较广将压抑在后创新主体的积极性，反之则可能使在先创造主体丧失公开的能动性，转而寻求商业秘密保护，进而阻碍创新信息的流动。Green 和Scotchmer 将上述保护范围称之为专利的宽度，将专利寿命称为专利长度，并进一步指出，专利具备长宽互补的特性：专利长度决定合作收益，专利宽度决定收益分配。② 因此，在设计累积创新框架下最优知识产权保护制度时，必须考虑到在先创新者与在后创新者之间的利益平衡，但也要使社会福利最大化。③ 以研究工具为例，它是指科学研究人员在进行研发活动中使用的工具，它可以在药物研发、基因编辑等活动中使用，一

---

① ③ 董雪兵、史晋川：《累积创新框架下的知识产权保护研究》，《经济研究》2006 年第
　　 5 期。

② Jerry Green and Suzanne Scotchmer, "On the Division of Profit in Sequential Innovation",
　　 The RAND Journal of Economics, Vol.5, No.1, 1991.

般可以是必要的、基础性的物质、装置或方法。① 研究工具属于第一阶段的产出，符合专利性要件的研究工具可以获得专利权。第二阶段主要产出药物或医疗方法，获得任何药物或方法都要依靠药品研发初期所使用的相应的药物研究工具。以单克隆抗体技术为例，基于这一技术的技术改进和药物发明不断产生，2014 年已有 14 种基于该研究工具的药物被成功批准上市，且数量在不断上升。

"两阶段理论"虽然具有一定的科学性，将专利的研究模型带到竞争的动态研究中，但是单一创新和两阶段累积创新都难以准确的描述创新的"连续状态"。毕竟两阶段的创新者可能为同一主体，故而对于专利创新的研究发展出"连续创新理论"，它关注专利法如何实现每个创新者激励最大化。在累积性创新的过程中，在先发明人与在后发明人的专利权分配会导致二者利益分配的直接差距，最终间接影响专利法的激励效果。不同行业的知识溢出和最低研发成本不同，因此在先发明授权给在后发明人的意愿不尽相同。经过研究，Donoghue 等人认为专利政策应当采取精细化的激励政策，以不同产业的创新频率为依据采取差异化创新促进政策，针对投入高但产出低的创新频率偏低的产业，应当延长专利期限，增加其竞争优势。而对于创新速率高的产业，应采取专利宽度增加的方式来促进专利收益的合理分配，以保证各行业、各阶段创新者的收益。②

之所以当下前沿技术产业能够维持较大的产业活力，保证较快的技术迭代频次和较高的技术创新效率，先期创新主体功不可没。例如，生物医药产业中新药品、互联网产业中新的计算机软件，均极大地受到在

---

① 周围：《研究工具的可专利性探析——以美国法例为借镜》，《法学评论》2014 年第 6 期。

② Ted O'Donoghue, Suzanne Scotchmer and Jacques-Francois Thisse, "Patent Breadth, Patent Life, And the Pace of Technological Progress", *Journal of Economics & Management Strategy*, Vol.7, No.1, 1998.

先创新的纵向溢出和同业竞争中的横向溢出影响。①

三、人工智能算法发展阶段以及创新政策选择

人工智能算法是人工智能的"灵魂"，任何人工智能技术的发展都需要有更高级的算法提供数据处理的更简洁、高效的处理方案。可以说，人工智能算法的创造发明正处于累积性创新的积累性阶段，也是基础性、开创性阶段。软件创新的核心在于算法设计，算法是"各种信息技术有机结合、广泛运用和创造丰富多彩的无限价值的关键"②。Stokes 将科研体系分为四个象限：Bohr 象限代表了纯理论研究，Edison 象限代表纯应用研究，Pasteur 象限代表应用驱动的可转化型基础研究，该领域的研究具有对事物基本规律探求的一面，同时考虑它的应用，具有科学与技术的双重属性。人工智能算法是以应用为导向的基础研究，属于 Pasteur 象限。③ 人工智能算法是将纯理论研究的内容转化为纯应用研究过程中所产生的阶段性发明，它不同于基础性的数学运算与方法或认知和生物学理论，而是从其中抽象出来的基础性应用。但人工智能算法未经商业开发，也无法成为有用性发明，难以应用于产品中，仍然处于累积性发明最终获得产品的前一阶段。有学者将人工智能相关专利进行分类：第一类是人工智能算法，指人工智能所采用的核心技术，第二类是人工智能算法的功能性应用，第三类是人工智能算法的行业应用。④

我国人工智能算法产业处于初期发展阶段，关键技术发展竞争力相对不足，特别是核心算法以及关键设备、高端芯片、操作系统、基础材

---

① 董雪兵、史晋川：《累积创新框架下的知识产权保护研究》，《经济研究》2006 年第 5 期。
② 张文显：《构建智能社会的法律秩序》，《东方法学》2020 年第 5 期。
③④ 狄晓斐：《人工智能算法可专利性探析——从知识生产角度区分抽象概念与具体应用》，《知识产权》2020 年第 6 期。

料等方面较发达国家仍存在一定差距。[①] 在美国《人工智能发明：追踪美国人工智能专利扩散报告》中，人工智能硬件（处理器／芯片）、机器学习技术、自然语言处理和计算机视觉技术是美国人工智能创新的主导领域，依赖基础深度学习算法。根据人工智能产业层面及产业领域的划分，美国人工智能发展的区域主要在基础层与技术层。与美国相比，我国在基础层、技术层的人工智能发展水平滞后，但是在应用层发展迅速。[②]

表 3-1　人工智能产业层面及产业领域 [③]

序号	分布层面	关键领域
1	基础层	处理器／芯片、机器学习、深度学习
2	技术层	语音识别技术、计算机视觉技术、自然语言处理技术
3	应用层	自然语言处理产品、知识图谱产品、计算机视觉产品、特征识别产品、智能运载、智能机器人、智能设备

基础层的关键技术具有高投入、长周期、高竞争、知识密集等特点，在我国的产业竞争环境中，政策的制定应该以激励基础层的发明为首要任务。党的十九届五中全会提出要打好关键核心技术攻坚战，加强基础研究、注重原始创新。较之于在某具体领域的应用创新，人工智能算法中基础算法的创新显然更具产业价值。激励关键核心技术创新，提高专利质量，是我国当前知识产权发展的重点。[④] 从我国创新的大环境以及产业发展的阶段状况看，进行人工智能算法审查时应该采取较为宽松的审查政策。

---

① 袁野、吴超楠、陶于祥、李晶莹：《关键技术的后发追赶与动态比较——基于人工智能技术生命周期的实证分析》，《中国科技论坛》2022 年第 6 期。
② 姚叶、张容：《美国人工智能专利现状分析及其对中国的启示——以〈人工智能发明：追踪美国人工智能专利扩散报告〉为基础》，《创新科技》2021 年第 6 期。
③ 聂洪光、范海荣：《基于专利数据的中美人工智能创新能力比较研究》，《中国科技论坛》2020 年第 5 期。
④ 邱福恩：《人工智能算法创新可专利性问题探讨》，《人工智能》2020 年第 4 期。

第二节　精准激励：人工智能算法专利规制的政策杠杆

从 20 世纪 70 年代的机械发明到 20 世纪末期的生物科学发明、计算机发明、电力通信发明到当今的人工智能发明，专利法的保护对象随着技术的发展以及人类认知水平和科学水平的发展而不断扩大，这导致单一僵硬的专利法难以适应日益复杂的行业环境和行业需求。为了精准激励不同行业的发展，进行差异化的发明授权，美国学者提出了"政策杠杆"理论。不同的工业领域在创造性成果的产出方式、技术创新的必要成本和对创新成果持续性成长潜力的需求上均是截然不同的。就发明创造而言，不存在"以不变应万变"的方法。知识产权的逻辑以及其他激励制度必须以产业作为考量的基础。[①]

一、专利法政策杠杆的理论演进和适用典范

"杠杆"在经济学中指的是一种调节手段，如税收杠杆指国家依据税法，通过调整税收征纳关系及纳税人之间利益分配，来调节社会经济生活的功能。"政策"指的是调节手段，如国家通过对起税点、税率、免税、退税政策的设定而弥补市场交易的缺陷。将"政策杠杆"运用到专利制度中就是专利法在面对不同的行业时，采取不同的审查、授权政策以满足不同行业的不同人群对于权利状态的需求，精准激励行业的创造积极性。

Samuelson 与 Scotchmer 首次在知识产权领域将"杠杆"与"政策"两词进行组合，提出"政策杠杆"（policy lever）的概念，用以指代知识产权制度中能够对工业背景与技术领域保持敏感，调节不同行业创新激

---

① ［美］丹·L.伯克、马克·A.莱姆利：《专利危机与应对之道》，马宁、余俊译，中国政法大学出版社 2013 年版，第 50 页。

励机制，从而避免对创新者奖励过高或者过低的制度设计。反向工程促进了公开和授权的基本专利政策，确保专利不会被利用来保护软件中不受保护的部分，维护知识产权制度作为一个整体所追求的平衡，并帮助专利权人行使他们的权利。①

专利政策杠杆理论主要由丹·伯克（Dan Burk）和马克·莱姆利（Mark Lemley）提出，二人从法律和经济的角度对专利制度中的行业差异进行了深入的评论，认为法院通过使用"政策杠杆"来调整名义上的单一专利制度以适应不同行业的需求。法院有时会意外地或隐含地使用政策杠杆来实现政策目标。伯克和莱姆利在《专利危机和法院如何解决》一书中从观察当今世界专利的特点是各行业、各部门之间的创新和专利模式不同开始，认为创新不是一个一以贯之的概念，创新模式和研发支出可能因行业而异。② 这些差异使得各行业参与者在专利法的地位是不同的，申请专利或授权专利的模式可能因行业而异。公司获得专利的倾向在不同部门之间有所不同，一些行业比其他行业更依赖专利。③ 专利起诉程序因行业而异，在某些行业获得专利比在其他行业更快、更便宜、更容易④，价值分配本身也具有行业特殊性。⑤ 专利政策杠杆主要分为宏观杠杆与微观杠杆，宏观政策杠杆主要针对整个行业，明确区分行业进行调控，达到最佳的刺激创新以及权属分配效果，微观政策杠杆则作用于个案层面，在不明确考虑行业的情况下，将某些发明与其他发明区别对

① Pamela Samuelson and Suzanne Scotchmer, "The Law and Economics of Reverse Engineering", *Yale Law Journal*, Vol.111, 2001.
② Stephen M. McJohn, "Leverage. Review of Dan L. Burk & Mark A. Lemley-The Patent Crisis and How the Courts Can Solve It", https://ssrn.com/abstract=1933872, September 27, 2011.
③ Dan L. Burk and Mark A. Lemley, *The Patent Crisis and How the Courts Can Solve It*, Chicago: University of Chicago Press, 2009, p.49.
④ Ibid., p.41.
⑤ Ibid., p.52.

待，整体上对不同行业产生预期的影响。① 美国法院中常见的政策杠杆主要包括抽象思想例外原则、实用性判断规则、实验性使用规则、本领域内普通技术人员的标准、非显而易见性的次要考虑因素、书面描述公开规则、合理的可互换性测试、开创性专利原则、反向等同原则、有效性推定原则、非显而易见性的新次要考虑因素、禁止专利权滥用原则②。也有学者指出禁令救济标准、等同原则、专利权利要求解释规则、可专利客体原则等也属于常见的政策杠杆。③

以"抽象思想例外原则"这一宏观政策为例。该规则源于 O'Reilly 诉 Morse 一案，该案涉及 Samuel Morse 的电报专利。Morse 作为一项利用电磁学在电报线上产生可识别信号的工艺获得广泛专利。Morse 的第八项权利要求为，在任何距离中使用"电磁学"标记或打印可理解的字符、标志或字母。反对为抽象概念申请专利的规则，虽然是以可专利的主题为托词，但实际上是为了限制专利的授权范围并将专利保护集中于终端产品的一种司法努力。首先，它可以防止专利权覆盖抽象概念本身，而将其限制在特定的实现方式上。这为在后创新者提供了发明空间，使他们能够摆脱专利侵权责任的枷锁，将抽象概念加入新的技术特征。其次，抽象思想理论防止那些发现抽象思想或自然规则的人主张对整个思想的控制权，而不是对该思想的具体实施，防止过度侵占公有领域。在生物技术领域，这一政策杠杆具有重要意义，因为上游研究的想法和工具的专利有可能会扼杀下游的创新。

以"反向等同原则"这一微观政策为例，反向等同原则允许被指控的侵权者通过证明该设备虽然在权利要求的字面范围内，但与专利发明在原理上有很大的不同，而逃避字面上的侵权行为。侵权者可以通过证

---

①②③　张迩瀚：《专利权保护如何精准激励创新——以美国专利法中政策杠杆理论为切入点》，《科技进步与对策》2022 年第 12 期。

明该设备虽然在权利要求的范围内，但在原理上与专利发明相差甚远，提出因此让侵权者承担责任是不公平的。美国专利法一般而言主要适用"等同原则"判断专利是否侵权，也即如果专利之间的文字表达顺序等具有实质性相似，则判断两专利构成雷同。加之美国实行先申请原则，故而在后申请人如未获得在先申请人的授权、未获得强制许可或通过专利池获得交叉许可，则构成对他人专利的侵权。反向等同原则最早出现在 Boyden Power-Brake Co. 诉 Westinghouse 一案中，美国联邦最高法院在 1898 年对此案进行受理和裁判。在案件中，Boyden 所做出的改进工作能较之原专利以最简单的方式立即解决汽车快速制动问题，Boyden 的专利比 Westinghouse 的专利具有更完美的刹车效果。虽然二者专利申请书的字面表述相似，但由于被告专利与原告之技术方案在技术原理上具有明显不同，因而美国最高法院认为 Boyden 不构成对原告专利权的侵犯。[①]

　　不同行业为了获得对技术的短暂垄断权，大部分会选择申请专利以保护自己的技术方案不被非法使用。由于在先专利与在后专利的关联性，在后专利若想要获得专利权，必须取得在先专利人的许可，或者通过强制许可而从前权利人的权利范围内圈出自己专利权的范围。在后专利的创造性越强，经济价值越高，在先专利人越不易向后人授权，以期通过侵权诉讼分享后发明人的经济效益。

　　反向等同原则通过激励在后发明人，将其从在先发明人的权利枷锁中剥离开来，能够平衡专利权人与改进者的利益。尽管这可能减少了对在先发明人的激励，但是从社会福利的总数看，专利法实施此政策能够鼓励重大改进技术，对社会公共利益作出更大贡献。行业不同，发明的改进方式不同，彻底的改进在某些行业出现的概率更高。例如，软件发

---

① Dan Burk and Mark Lemley, "Policy Levers in Patent Law", *Virginia Law Review*, Vol.89, No.7, Nov.2003.

明不太可能成为符合反向等同原则的那种根本性改进。① 相反，全面的技术改进在如生物医药等行业则并不罕见，反向等同原则的适用则具备保护较为珍贵的技术改进的作用，进而促进医药产业技术持续创新。

又如，专利法中要求申请人在申请文件中对技术方案进行充分的描述，这是一种宏观政策杠杆。这种政策杠杆不仅在不同的时期有不同的作用，也会因为调整不同的行业而产生不同的效果。美国专利法案第112节中要求专利权人应提供充分的"书面描述""实施要件"以及"最佳实施例"。书面描述要求应当教会本领域内的技术人员学会如何制造以及使用发明，实施要件则要求说明书应将使用及制造之方法或步骤，以完整、清晰、精简、明确之用语描述，使该发明所属技术领域中具有通常知识者亦能制造和使用。书面描述所起到的作用是：界定专利所保护的技术，并让公众注意到界定侵权的界限。它主要在专利申请过程中被应用于禁止专利人在诉讼期间改变其权利要求，以将以前没有想到的竞争者的产品纳入自己的专利权范围内。"实施要件"在不同的行业有不同的效果。在生物技术领域，该原则被用作为一种"超级据以实施要件"（super enablement），迫使生物技术专利人列出特定的基因序列，以获得涵盖这些序列的专利。其效果是大大缩小了生物技术专利或至少是 DNA 专利的范围。而在软件等行业，由于书面"实施"要求很容易得到满足，因此在限制权利要求范围方面几乎没有发挥任何作用。

"专利政策杠杆理论"的本质是实现精准激励的政策目标，这种激励的主要实施人是司法人员，但是专利审查人员也正在不断加入，专利审查政策的不断调整也是在践行差异化的政策杠杆理论。这种激励的政策不是一成不变的，要根据不同行业的需求而变化。我们所确定的政策杠

---

① Dan Burk and Mark Lemley, "Policy Levers in Patent Law", *Virginia Law Review*, Vol.89, No.7, Nov.2003.

杆并不是规避或颠覆法规的方法，恰恰相反，它们是在法律中有意建立的自由裁量权。这种自由裁量权是专利制度的固有部分，它存在于一些基本的诸如非显而易见性、专利滥用和可专利主题等基本理论和原则。专利法从根本上说是一部法规，它包含的标准多于规则，正是审查人员或法官在个案裁量时将自己对法律的见解与自己的经验结合，才将标准细化为规则。多数情况下，这些政策选择是在无意中做出的，它的制定影响了专利权人和被控侵权人，却没有考虑这些规则将产生的政策后果。创新因行业而异，不同行业的创新是不同的，而专利制度对不同行业的影响也是不同的，制定一个统一的规则并不能解决问题。各行业有不同的特点，而一个名义上统一的"规则"会对它们产生不同的影响，审查人员与法官要制定明智的政策必须考虑到这些行业的需求。

二、人工智能算法与一般专利客体的异质性

发明创造依其所属的产业领域不同具有不同的形成机制，而导致这种形成机制的原因具体体现为研发成本、公司规模、专用性的差别、专利制度的替代可能性、创新的溢出效应、创新的累积性特质、创新的风险等。① 为了判断算法发明是否需要特别的政策杠杆，应该首先判断其是否具有不同的产业特点，并使得发明过程具有不同的形成机制，以作为专利法政策的考量。

人工智能算法与计算机程序所处行业具有相似性，但二者前期专利积累不同。人工智能算法发明主要可以分为底层发明与进阶发明。底层发明的出现加快了人工智能算法对于数据的处理速度、处理效率和处理精度。进阶发明则是依据底层发明进行改进，训练数据进行学习。在一

---

① ［美］丹·L.伯克、马克·A.莱姆利：《专利危机与应对之道》，马宁、余俊译，中国政法大学出版社2013年版，第51—58页。

人工智能基础知识网站 Easyai 上给出的例子中，卷积神经算法的出现使模仿人脑处理数据的方式成为可能：卷积层负责提取图像中的局部特征，池化层用来大幅降低参数量级（降维），全连接层类似传统神经网络的部分，用来输出想要的结果。卷积神经网络能够将复杂问题简化，把大量参数降维成少量参数，再由机器处理。基于卷积神经网络的已授权专利便是在卷积神经网络这一技术的基础上进行进一步的创新，如给予卷积神经网络的车辆检测方法在检测阶段采用先进行特征提取再扫描窗口的策略避免了重复计算特征，提高了系统检测速度。①

　　人工智能算法专利与半导体行业的专利不同。发明一种半导体技术如同生产药品一样复杂，两种行业需要大量时间和极多的资金投入和实验去设计电路布局、改善材料、改变包装以重新设计制造过程。在过去十年中，开发新一代微处理器意味着建立一个使用不同制造过程的全新工厂，耗资数十亿美元。但与药品专利不同的是，半导体芯片研发成功后无法获得极强的专利保护范围。由于电路设计、材料、封装和制造过程中所涉及的技术均由不同专利主体享有，半导体公司可能只对其技术改进部分享有专利，甚至可能只享有占整个芯片一小部分的组件的专利。同时，不同半导体公司都在尝试使芯片更小更快，故而半导体行业的竞争十分激烈，在大约同一时间，不同公司往往会取得类似的具有重叠请求权的发明专利。尽管人工智能算法行业近几年竞争激烈，但人工智能算法专利的发展空间极大，人工智能算法技术方案虽然更新换代快，但整个行业往往是充斥着低层次专利且主要是处于应用层，基础层专利较少。后人技术方案的设计不仅不需要投入巨大的精力和时间，有时仅仅通过人工智能对同义词或反义词的替换即可获得新的人工智能算法，与

---

① 参见名为"一种基于卷积神经网络的车辆检测方法的专利"的专利（申请号：CN201410299644.5）。

半导体行业对于发明人的激励需求完全不同。

　　人工智能算法行业与药品行业不同。第一，药品行业需要巨大的资金投入，往往是拥有雄厚资金的制药公司投资，通过雇佣关系获得其所雇佣的劳动者所发明的药品的专利。第二，药品的发明往往关系到生命的有无、身体的健康，不是一蹴而就的，需要动物实验、生物实验或临床试验获得大量的数据且经过上市审批才能够上市。因此，许多药品方案可能多年在实验室测试而难以公开。第三，药品行业的高成本还有一个不确定的因素，即制药行业的额外成本来自不确定性的研发努力。制药公司可能尝试数以百计的化合物，然后找出一个可能的药物，且他们可能多年来并不知道是否选择了一个正确的进行测试。由于药品专利上市之前存在的诸多步骤，故而专利法的政策杠杆倾向于为"实验室使用"提供侵权抗辩理由而免除使用人的侵权责任。根据行业的特点，制药行业的专利药品也出现很多特点：第一，关于专利保护，由于专利战略在制药行业中已经确立，故该行业严重依赖专利保护，并且是专利制度的主要"用户"之一。① 但是人工智能算法行业对于专利制度的依赖性较低，其另一条主要的保护路径是商业秘密路径。第二，关于价值分布，制药行业的专利价值持久②，而人工智能算法行业的专利呈现短、频、快的特征，意即即便专利的授权期很长，但专利的有效生命周期很短。第三，关于范围，制药业专利的特点是专利与产品相对应，其中单一专利通常涵盖单一产品或该药品的新用途。③ 人工智能算法行业会出现某些非常底层的专利，如 Dropout 专利、卷积神经网络专利。任何人工智能设备，只要想从数据中挖掘和学习，必定要使用这两个专利，故而任何本领域

---

① ②　Geertrui Van Overwalle, "Policy Levers Tailoring Patent Law to Biotechnology: Comparing US and European Approaches", *UC Irvine Law Review*, Vol.1, No.2, 2011.

③　Robert Merges, "Intellectual Property in Higher Life Forms: The Patent System and Controversial Technologies", *Maryland Law Review*, Vol.47, No.4, 1987.

的技术方案的进一步发展，都需要在两个专利的基础上进行累积性创新。第四，在以专利与产品对应为特征的制药等行业，专利组合很少：制药公司可能会寻求涵盖同一药品的少数专利，从而为配方、缓释制剂、对映体或使用过程申请专利。① 这些专利通常用于延长专利寿命：它们不是围绕复杂的产品创造专利的"灌木丛"，而是围绕一种产品或技术创造专利"集群"，以变相延长最初的优质专利的保护期并持续获得收入。② 人工智能算法专利的保护期实际上大于人工智能算法专利需要进行密集保护的时段，人工智能算法的更新迭代十分之快，故而并不会围绕同一技术采取"专利丛林"战略，更多的是在比原来专利更好的基础上追求更优质的技术创新。

人工智能算法与传统制造行业的技术发明不同。人工智能算法行业存在大量的无价值且不被授权的技术，技术密度低、价值量低不仅是软件行业更是通信行业等产业的通用问题，有学者直言人工智能算法技术方案不应该被授权。软件专利对于技术创新的积极效果是难以评价的。美国在20世纪由于过度地向软件授予专利权而导致本国专利授权数量激增，大量垃圾专利横生。而制造业行业的专利价值密度大，实用性更强，很容易被应用于生产中。尽管制造业行业中有低技术制造业与高技术制造业之分，但是总体来讲其应用于产业的机会更多，转化为物质生产力的可能性更大。

人工智能算法与计算机程序的发展阶段和状态不同。计算机程序自20世纪软件和硬件的不断发展开始便不断地迭代式创新。在计算机软件

---

① Geertrui Van Overwalle, "Biotechnology Patents in Europe: From Law to Ethics", https://papers.ssrn.com/sol3/papers.cfm?abstract_id=1721066, December 7, 2010.

② European Commission, "Final Report of the Pharmaceutical Sector Inquiry Report", http://ec.europa.eu/competition/sectors/pharmaceuticals/inquiry/communication_en.pdf., July 8, 2009.

行业中，先期专利的数量必定要多于人工智能算法的专利。而人工智能算法专利的发展主要依赖卷积神经网络、Dropout 算法的发展而最近才开始显露苗头，甚至 Dropout 算法这一基础技术是否应当被授予专利仍是2019 年至今的讨论热点。可见，计算机程序与人工智能算法处于不同的发展阶段，那么对于在先权利人与在后权利人的权属分配以及激励，将采取不同的策略，也即采取差异性的政策杠杆。

人工智能算法与计算机程序的发展目标不同。人工智能算法的目标是使计算机更加通用，人工智能算法越通用越可以实现在不同技术领域的适用，越可以模仿人脑处理各种事物的逻辑。可以说，未来的人工智能是更加通用型的，且在感知能力的基础上具备像人类一样的认知智能。计算机程序的目标是使计算机的处理速度更快，更能够实现编程人员的既定目标。计算机程序目标的实现过程是从一个编程目标开始到代码编写到最终解决问题的实现过程。因此，对于人工智能算法而言，如何激励相关人员开发更为抽象，更通用的算法是专利法的目标。

人工智能算法与计算机程序所应当激励的主体不同。连接主义人工智能通过在简单甚至统一单元（如人工神经元）相互连接的网络中学习规则，产生智能行为。在连接人工智能主义中，计算机可以从材料中学习并生成自己的规则，特别是从大型数据集中学习并生成对数据的理解。简单来讲，计算机软件是符号或经典人工智能的产物，其产生逻辑是匹配既有规则与特定情形并产出结果，而深度学习算法、机器学习算法则是从数据中学习规则。因此，对于人工智能算法这一客体的激励不仅应当激励算法设计人员，也应当适当考虑数据提供商的数据提供意愿。例如，在世界知识产权组织（WIPO）公布的关于人工智能的典型案例中，2020 年发生的欧盟 T0161/18 号案例对专利申请人提出了要求，要求申请人公布训练算法的数据。如何通过专利法的制度调适来达到精准激发人工智能算法形成的各流程人员的积极性，是值得探究的。

人工智能算法本身即具有技术特征，而计算机程序本身不具有技术特征。对于计算机软件而言，其取得专利权的前提条件是在某一技术领域内对现有技术的改进与进步。一般而言，专利审查人员要求计算机软件必须与硬件结合起来，将软件的运算与控制过程描述成或者表达成技术手段的实现过程。而人工智能算法无需与任何技术领域结合，其本身就可能被认为是一种专利。如 Dropout 算法是解决神经网络过拟合的系统和方法，在基本的两层全连接网络每一次更新时都可能随机去除不同的单元，从而组成不同的架构。因为每次更新时关注的神经元都不相同，重点更新的权重也不相同，因此最后集成在一起就能达到正则化的效果。神经网络的拟合能力过于强大，极其容易出现过拟合的情况，因此不论是循环还是卷积，根据过拟合调整丢弃概率十分重要，由于 Dropout 解决了过拟合这一技术问题，产生了技术效果，故具有技术贡献，而被认为是一种专利，它无需与计算机硬件结合。

三、人工智能算法创新激励的政策需求

创新在不同产业的运转方式不同，专利对创新发挥的作用也因产业的不同而显示出巨大的差异。[①] 算法发明的问题体现在两个方面，其一是基础发明创新不足，其二是算法产业中发明专利数量过高而转化率不足。专利制度作为一种政策杠杆，需要通过专利审查规则的制定进行调节。

（一）鼓励资本投资基础算法研究

当社会资本尚未进入发明领域时，专利法奖励的是一人一时美妙的

---

① ［美］丹·L. 伯克、马克·A. 莱姆利：《专利危机与应对之道》，马宁、余俊译，中国政法大学出版社 2013 年版，第 4 页。

灵感火花。随着技术复杂程度的增加，技术研发对于商业资本的需求增加，二者深度融合，现代专利技术的发明过程已经是有计划、有步骤的试验和群体性劳动。① 激励创新在现代专利技术的发明中的内涵发生了变化，也即从激励发明转变为激励发明与投资，激励的对象从发明人转变为投资人与具体发明人，甚至可以说只是投资人。况且，专利法不仅要激励发明的产出，更要关注发明的商业化转化，而资本市场能够将技术最大程度地运用于产业之中，使得创新产生切实的经济价值和实用价值。总的来说，投资主义原则的兴起与发明主义原则的式微在工业化和生产精细化、复杂化的专利生产过程中已然是一种不可逆转的趋势，尤其是对那些前期投资量大的资金密集型行业的发明而言，从发明原则过渡到投资原则是市场的发展趋势。人工智能算法发明是现代高新、尖端技术的代表之一，产业内部研发资本主要由巨型企业提供。从谷歌对人工智能专利之布局可见一斑，谷歌近些年来专利申请的领域主要集中在计算机应用与软件工程、计算机接口、图像通信、计算机模式体系架构、电子商务和管理系统 5 个领域，主要是依靠职务发明取得发明人的专利申请权，具体体现为发明人与专利申请人的分离。人工智能算法发明的投资时间长，技术复杂度高，回报率难以估计，鼓励基础发明的创新，前提是物质基础的重心转移，也即鼓励资本进入基础领域。鼓励人工智能算法行业社会资本的注入能够减少发明人本身的收益不足与投资不足的风险，能够为长期的累积性发明提供发明激励，促进人工智能算法发明的商业化，因此，应当成为政策调适的目标之一。

---

① 和育东：《专利政策目标的一元化》，《科学学研究》2011 年第 8 期。

（二）人工智能算法发明价值阶段激励与层次分布

区分人工智能算法的发展阶段，才能对不同阶段的专利给予不同的激励。对于人工智能算法的发展阶段，计算机科学领域区分了萌芽阶段、成长阶段、成熟阶段、衰退阶段等。中国人工智能关键核心技术生命周期拟合结果见表3-2，萌芽期为2012—2020年，成长期为2020—2029年，成熟期为2029—2038年，衰退期为2038—2046年。目前中国人工智能关键技术正处于成长期，未来的30年将经历"成熟—衰退"的漫长过程。[①] 我国人工智能乃至算法行业处于发展初期，应当给予在先申请人更多的激励，以促进更多新的知识的扩散和传播，为后续人工智能的发展提供养料。而美国、日本、德国，由于各国的关键核心技术都处于成熟阶段，更应该考虑在先发明人与在后发明人利益的平衡，在政策调控上更倾向于激励在后发明人。

表3-2　中美日德核心人工智能关键核心技术生命周期拟合结果

国家	K	t_m	$T_{0.1—0.9}$	r	R^2	萌芽期	成长期	成熟期	衰退期	阶段
中国	296000	2029	16.4	0.268	0.999	2012—2020	2020—2029	2029—2038	2038—2046	成长期
美国	13000	2016	33.8	0.130	0.995	1981—1999	1999—2016	2016—2034	2034—2052	成熟期
日本	2470	2015	36.6	0.120	0.865	1977—1996	1996—2015	2015—2035	2035—2054	成熟期
德国	1050	2012	45.8	0.096	0.958	1964—1988	1988—2012	2012—2036	2036—2060	成熟期

应区分人工智能算法的层次，对于不同层次的人工智能算法给予不同的激励。诸多学者将人工智能相关专利进行分类：第一类是人工智能

[①] 袁野、吴超楠、陶于祥、李晶莹：《关键技术的后发追赶与动态比较——基于人工智能技术生命周期的实证分析》，《中国科技论坛》2022年第6期。

算法，是指人工智能所采用的核心技术；第二类是人工智能算法的功能性应用；第三类是人工智能算法的行业应用。[①] 人工智能算法又被分为三层：第一层被称为底层算法，第二层则被称为中间层次的算法，第三层被称为应用算法。对于底层算法而言，其是算法发明乃至人工智能发明的核心，但由于其与人类思维过于接近，是学习人类思维逻辑所得到的技术结果，因此在判断时应该考虑如何区分不可被专利的客体及其具体应用、商业应用。同时，由于底层算法具有更强的技术发展驱动力，因此对于底层算法的激励政策应该更明确，力度更大。对于中层算法而言，其技术特征主要体现为对数据的控制，数据的变动一般并非机械效果，识别技术特征更难，需要审查人员更客观的评价。对于应用算法而言，这是我国专利数最多的发明，由于算法的应用更多地考虑行业的特征，许多投机者会涌入此领域申请专利，而不考虑去开发核心算法，以获得政府补贴或者扮演专利蟑螂的角色，赚取利益。对于这一层次的算法，则应严格控制审查标准。

（三）过滤问题专利，提高专利转化率

人工智能算法行业与通信行业形似，问题专利的产生成本相对较低，故而专利数量较高，但随之而来的问题是专利转化率较低。据美国哈佛大学对全球人工智能相关专利数量的统计发现，美国的专利数量少于中国，但是转化率却居于全球首位。保护专利是为了促进发明创造推广应用，促进科技进步和创新，这一目的必然要求一项发明可被应用于实践。[②] 低质量专利、劣质专利与问题专利的形成原因其一是实用性审查的缺失，如实

---

① 狄晓斐：《人工智能算法可专利性探析——从知识生产角度区分抽象概念与具体应用》，《知识产权》2020 年第 6 期。
② 张今：《知识产权法》，中国人民大学出版社 2011 年版，第 124 页。

用性审查中的"实质实用性"审查缺位 ① 或对现有技术明显忽略而授权 ②。其二是权利要求的主题不符合客体资格的要求但仍然取得授权 ③，以及授予权利要求范围宽于实际的权利要求范围而本质上部分无效的专利 ④。低质量专利会产生非必要的社会成本，挫伤申请人积极性，也会导致司法资源的浪费。从长远的产业发展来看，低质量专利会导致产业发展受限，成果转化率过低，甚至动摇专利权基础，诱发专利制度"合理性危机"。对于低质量专利的控制，专利法中有多种渠道和杠杆进行调适。如传统机械行业的实用性对于专利审查人员而言是显而易见的，因此在实践中出现了"实用性审查"虚无的趋势。而人工智能算法行业算法的实用性则十分不明确，甚至有学者认为实用性标准是调节人工智能生成技术方案专利化的安全阀 ⑤。促进技术的进步和社会经济的发展是专利权这一法定财产权所创设的目的，它要求专利在个体意义上具有技术实用性，以及在整体意义上具有经济实用性，也就成为实现该目的不可或缺的手段 ⑥，故而对人工智能算法的实用性审查则更应予以关注和重视。与实用性有关的则是专利的公开描述性，一般对于机械发明而言，专利法要求申请人公开机械发明的使用方法，使得本领域的技术人员能够产出同样的发明，而不一定要求申请人提供十分细微的参数、技术数据等内容。但是对于人工智能算法发明而言，世界范围内已经有诸多国家或地区的法院要求深度学习算法发明

---

① ⑥ 杨德桥：《论实用性在专利合理性危机克服中的价值》，《北京化工大学学报（社会科学版）》2017 年第 1 期。

② Robert Merges, "As Many as Six Impossible Patents before Breakfast: Property Rights for Business Concepts and Patent System Reform", *Berkeley Technology Law Journal*, Vol.14, 1999.

③ Jay Kesan and Andres Gallo, "Why Bad Patents Survive in the Market and How Should We Change? ——The Private and Social Costs of Patents", *Emory Law Journal*, Vol.55, 2006.

④ 袁晓东、刘珍兰：《专利质量问题及其应对策略研究》，《科技管理研究》2011 年第 31 卷第 9 期。

⑤ 李享：《人工智能生成技术方案"三性"审查标准同一性证成》，《大连理工大学学报（社会科学版）》2022 年第 5 期。

人提供至少一个有用的数据集以证明算法有用。除此之外，人工智能算法的适用领域十分宽泛，为了应对垃圾专利浪费审查资源的问题并过度侵占公有领域造成社会福利的减损，对于现有技术的充分检索和了解也是解决方案。由于人工智能算法发明可能是机器学习而来，也意味着一项发明的背后可能是多种技术方案的结合，这就使得审查人员对于现有技术范围的搜寻变得异常艰难。技术领域互相交叉、大量的公开与非公开的信息、专利文献和非专利文献的增加加重了审查人员的负担，可能让许多低质量专利成为漏网之鱼。对于现有技术的范围确定以及激励申请人、第三方公开现有相关技术都是重要的政策杠杆。当然，尽管无效宣告程序存在诸多问题、侵权审查程序有时被侵权人作为专利蟑螂的工具，但它们在当下仍然是不可放弃的专利法调节工具。

第三节　道德考量：制度伦理学对专利技术性审查的指引

一、产权实用主义的片面价值指引

从熊彼特 1934 年提出"创造性破坏"的单一创新阶段论证开始，经历了阿罗对竞争创新与垄断创新的讨论后，诺德豪斯提出了单阶段孤立创新模型，随后诸多经济学家如舍雷尔、洛瑞等都在孤立创新的框架下进行研究，直到近些年墨杰斯、纳尔逊、斯科奇姆等提出并完善了累积创新理论，他们认为对在先阶段创新的强保护会阻碍在后创新。从各位经济学家的论述中，不难看出他们对制度的评价主要源于"效率、效益、效用、成本与收益、理性人"等要素。他们在对行动主体的"理性"给予重视的同时，将"效率"作为衡量行动、规则的标准，通过比较各种方案的"成本—收益"做出取舍。[①] 这也即是法经济学的成本、收益分

---

① 周泽夏：《知识产权法经济分析的理论基础——基于〈知识产权法的经济结构〉的讨论》，《政法论坛》2018 年第 4 期。

析所固有的认知困境。专利制度经济学研究将法律与政策的规则设计作为一种手段，在法律与政策的运行中寻找最为适宜的制度框架。[①] 英国人 Belper 将专利权诠释为一种政府干预行为而非一种天然存在的垄断权，是政府为了公共效益的目的而采取的审慎的激励创新政策。[②] 法经济学注重效率、效用、价值，无论是单阶段创新还是两段式创新抑或是累计创新，创新的效率，创新对于经济增长的作用，创新的功能性等问题才是制度经济学乃至是经济学的根基。法经济学学者波斯纳提出应当通过科学的方法来代替道德说教："当法律实证主义对某个法律争议无法得出令人满意的结论时，法律是应从哲学还是应从科学获得指导。……回答是'应从科学获取指导'。事实和后果战胜人类的道德直觉。"

但法的传统价值（如正义）不应当让位于法经济学家所坚持的资源配置最优，或称效率和效益的最大化。资源配置强调社会福利的最大化，让最大多数人感受到幸福，这无疑是一种正向的价值观和伦理观，是道义上的好和善。但是经济法中的资源配置最优效率往往会忽视人类对于正义的要求。人类有共同的需求，这些需要中有一些是基本需要和首要需要[③]。尽管效率被某些法学家认可是一种法律的价值，但法律在进行效率考虑时，必须为人类的基本需求留有余地，这些需求关乎人之为人所需的最基本的生存、安全和自由。除此之外，尊重法律整体的秩序、自由与正义价值，并维护各法律系统的基本价值如维护公平秩序和良好风俗，维护社会的诚实信用，遵循平等的交易原则，不违背行政合法、合

---

① 毛昊：《中国专利制度经济学：从学科融合到科学决策》，《科学学研究》2020 年第 11 期。
② ［美］丹·L.伯克、马克·A.莱姆利：《专利危机与应对之道》，马宁、余俊译，中国政法大学出版社 2013 年版，第 48 页。
③ ［美］E.博登海默：《法理学——法哲学与法律方法》，中国政法大学出版社 1999 年版，第 270—271 页。

理、正当原则等都是经济效率需要秉持的基本底线，公平、正义及其延伸的伦理价值都是倍受传统法学重视的基本价值，也是法经济学需要予以尊重的制度目标。

经济学的实用主义目标也会损害某些人的正当价值追求。以经济效率为评价标准、提倡损害具有相互性的观点自然会遭到法学家的质疑。例如法经济学专家尼尔·杜斯柏瑞举例说：天黑以后在公共场合对妇女的性侵犯是一个多发事件，如果按照科斯原理，为了以最小成本解决这一问题，应该鼓励妇女在夜里自觉地待在家里。但这对于妇女来说是不公平的，因此是不被支持的方案。[①] 同理，不能因为想要火车准时到达终点、火车工作人员承载的义务变少而规定司机对出现在铁轨上的人不管不顾，或者规定火车有权拒绝有特殊疾病和需求的人搭乘火车。又如，不能规定供电公司可以对只有小部分业主缴纳电费的楼栋停止供电。成本、收益的考量远远不能替代对人类基本权利的保障和保护，不能侵犯人类的正当追求。

除此之外，法经济学的"科学性"也值得怀疑。波斯纳将法经济学称为与伦理直觉、道德直觉、道德说教所对应的科学。法经济学能够将客观事实和后果量化，得到可以解释的、量化的、客观的"道理"。但是法经济学的量化过程存在困难，在抽象的模型和数字的选取上，经济学的因素无法与人类生活中的各类事实——对应，如一个人对另一人的情感。如果简单地使用模型对单一的要素进行分析，那么分析的结果将谬以千里。另一个问题是，无论再客观的学说、方法总是不自觉地掺入主观的因素，譬如人们在购买物品时所实际支出的货币与货币的实际价值存在一个差额，这就是主观意愿与客观实际的偏差。即便是人工智能系

---

① 周泽夏：《知识产权法经济分析的理论基础——基于〈知识产权法的经济结构〉的讨论》，《政法论坛》2018年第4期。

统从数据中学习，但是数据结构的选取、数据内容的选择也将不可避免影响输入和输出的内容。科学与主观是难以区分的，我们只能缩小它们之间的偏差。

二、专利人本主义的价值导向回归

自然权利论自从诞生以来就备受吹捧，其秉持着财产权利由人类自身的尊严和人类劳动而来，被认为是财产权正当性的来源。随后，财产原本的有形内涵被引申至无形层面中，洛克的劳动理论和黑格尔的人格精神理论成为权利正当性证成无法逾越的理论支柱。然而，自然权利论存在天然的逻辑缺陷，譬如劳动理论可以解释所有权的归属，却无法解释所有权存在的意义，因此现代知识产权法趋向于更加依赖使用政治经济学和功利主义的话语和理论来诠释专利权[①]。实用主义和功利主义对于效率、效益、价值的追求不仅导致了伦理价值的忽略，甚至使社会出现"伦理最小化"和"去伦理化"的风潮。许多有关于基因的专利、药品专利被频频授予专利权，人类的人身安全和生命健康安全被经济利益驱动的专利权无情侵犯。近年来，由人类参与经由人工智能"自主"生成的内容如果符合技术方案的审查标准，人工智能是否应被授予主体资格的讨论更是甚嚣尘上。这当中虽有专利法本身的制度问题，因为知识产权法尤其是专利法与传统民事法律的一种区别就在于其发轫于资本主义时期，是在资本的推动下成立的权利学说，尽管知识产权学者向自然权利学说如洛克劳动理论与黑格尔的精神理论中寻找制度的营养，但是不可否认的是这些都是一种正当性证成的手段，专利法的诞生主要是经济利益的驱动而非道德的感召。

---

① ［澳］布拉德·谢尔曼、［英］莱昂内尔·本特利：《现代知识产权法的演进——英国的历程（1760—1911）》，金海军译，北京大学出版社 2012 年版，第 207 页。

专利法越来越承担着矫正资源分配效率、成本收益的实用主义、功利主义价值导向的制度。我国《专利法》在促进创新并促进经济发展的立法目的基础上，一直隐藏着一些伦理考量，专利法中也将其称为公共政策考量。首先，在客体层面，《专利法》规定违背公序良俗、公共利益的发明，人和动物的疾病诊断、治疗和治疗方法，与核技术有关的发明等不能够被授予专利。其次，在专利性审查时，实用性的有一项考量因素就是"有益实用性"，如果一项发明对人类社会无益，甚至是违反法律或道德（如"赌博机""杀人机器"等），则不能被授予专利权。专利法的伦理考量关涉着对人类生命安全、健康安全以及平等获得治疗权利的考量，关乎着技术方案是否对人类生活有益，是否具有社会效用的评价。可见，专利法同样承载着对于创新基础上的更高的价值平衡和追求。

需要指明的是，专利法的伦理考量目前仍然是散见于各个制度中，缺乏统一的、系统化的评价，在审查中缺乏参照甚至被无视。譬如专利审查部门曾经授予一个"皮革制造食用明胶的技术"以专利权，这不仅违反了公众对于食品安全的期待，也使得很大一部分人的生命健康受到损害。虽然这只是个例，但是应以此为鉴，对专利法的伦理指导形成体系化、合理化的准则，以供具体规则裁量时以参照和参考。无论任何时候，人都是法律的尺度，哲学家康德早在两百多年前就曾说过，人是目的，不是工具。科技不是目的，应该体现人文。[1]人的主体性无论在民法还是刑法中都应得到体现。如《纽伦堡守则》提出了无害（non-maleficence）、行善（beneficence）、自主（autonomy）、公正（justice）的生命医学伦理，目前已经被认为是一种一般性的、普适的伦理原则。有学者认为，无害原则是在专利制度运行中排除明显危害人类的技术成果

---

[1] 尹英：《推进伦理治理：为科技向善护航》，《社会科学报》2022 年 5 月 19 日。

和具有不良目的的技术成果，行善则是要求技术成果应该惠及个人乃至社会，自主即是相关主体的专利申请和专利转让自由权并且专利的获取应该是基于人类的自主思维上而非被操纵的，公正即是权利权益分配的公正和合理性。① 上述四个原则均围绕人所展开，大抵可评价为"以人为本"及"与人为善"的原则。在贺建奎基因编辑婴儿事件后，我国各界普遍加强了对于伦理的重视，成立国家科技伦理委员会，科技部发布了《关于加强科技伦理治理的意见》强调伦理治理的最终目标是科技向善、造福人类，伦理评价要贯穿科技活动的全过程并灵活应对各种科技难题。

法律有实体法与程序法之分，知识产权法尤其是专利法虽然是一部私法，却是一部混合法，内含实体法与程序法。故而，专利法的伦理既包含实体伦理也包含程序伦理。实体伦理规定是实在的，对于法律的主体、客体、对象的实质性规范，如药品专利申请人不能够将对公共健康有害的药品申请为专利。程序伦理规定则关注程序上的公正，"程序正当原则"一直是程序法所坚守的无上准则，此中之意味在于，无论事实上究竟如何，程序上至少正当。可以认为，实体伦理与程序伦理互为辅助，共同构成了专利法的重要部分。实体伦理规定要求专利法中的规则明确专利主体、客体和对象等的权利、义务、审查标准以及责任规则，尽量减少法律上的漏洞，让申请人和裁判人能够有法可依。而程序伦理规定应该明确专利的审查流程，明确专利伦理审查在审查中的地位、步骤，尽量明确伦理审查的方式，让审查人员能够有程序流程可信赖，为申请人申诉提供渠道，避免法律的不稳定性。

---

① 刘鑫：《论专利伦理》，《自然辩证法研究》2020 年第 12 期。

本章小结

本章通过对创新经济学理论的相关分支，政策杠杆理论的基本原理进行解析，以提供人工智能算法行业审查政策的科学化举措。创新不是静态的，而是动态变化的，任何关于垄断与创新关系的论断如阿罗与熊彼特的"竞争创新理论"与"垄断创新理论"都无法完全准确地描述垄断与创新之间的关系。从动态的角度看，任何产业发展的都呈现"倒 U 形曲线"，人工智能算法发展正处于曲线的前端，更需要来自审查部门和司法部门的激励举措。激励政策也不是针对任何一个产业的一个大而化之、一以贯之的理论，应该根据不同行业的特点，实现精准激励。由于人工智能算法行业具有与机械行业、医药行业等不同的产业特点，因此需要审查部门根据产业特点以施行精准的激励政策，区分发展阶段，对不同阶段的专利给予不同的激励，区分人工智能算法的层次，对于不同层次的人工智能算法给予不同的激励。但是对于法律制度关注的经济学原理以效率、效用、价值为指导，以成本—收益为评估方法，难免会忽略某些群体的利益，忽略人类所应当享有的对于公平、正义、健康的普适追求。制度伦理学正是对制度经济学重利益而忽略伦理道德的一种补正，它认为应该遵循"以人为本"及"与人为善"的制度设置，坚持技术应该尊重人类的生命安全、保障公众的公共健康并有积极的社会效用。在专利制度中，制度伦理学应该体现为实体伦理规定以及程序伦理规定。实体伦理规定是实在的，对于法律的主体、客体、对象的实质性规范，程序伦理规定应该明确专利的审查流程，明确专利伦理审查在审查中的地位、步骤，尽量明确伦理审查的方式，让审查人员能够拥有可供信赖的程序流程，让被拒绝的申请人有申诉的权利。

第四章　人工智能算法发明专利授权
机制调适之一：客体资格

可专利主题范围是人工智能算法专利认定的门槛之一，历史上可专利主题范围经历了范围上的汹涌扩张，也经历了理性思维指导下的审慎回归。各国在技术发展的推动下也在完善适配本国的客体审查标准。我国专利法虽然规定了含有算法特征的技术方案可以成为可专利主题，但对于如何识别技术方案中的技术性，如何对专利客体审查以促进创新仍然有待完善。

第一节　含"抽象思想"发明审查标准的扩张与回归

美国专利法第101条规定的可专利主题的概念并不"像一个蜡的鼻子，可以在任何方向上转动和扭曲"——时任大法官史蒂文斯在Parker诉Flook案中如是说道。美国最高法院长期以来一直在努力对专利法的范围进行有意义的限制。几乎从专利制度建立之初，人们就一直在激烈地争论哪些创新应该得到专利保护，哪些不应该。对于专利客体资格的支撑理论也有多种：第一，排除理论。专利客体资格可以通过拒绝那些会有效"抢占"某个研究领域的专利申请来促进创新。第二，创新损害理论。专利客体资格可以通过拒绝为"某些给社会造成的成本高出收益"的发明授予专利权而促进技术进步。第三，过度奖励理论。专利客体资格可以通过拒绝为那些即使没有专利奖励也会创造的发明授予专利权来促进科学和实用艺术的进步。第四，非经济理论。有一小部分学者认为，专利资格理论不是由经济问题驱动的，而是由更多的道德主义或伦理考虑驱动的。其中，前两种理论是通过专利客体资格的正向界定完成的，而后两种理论则主要体现在专利客体资格的排除名单中。可专利主题的扩张与回归过程即是在遵循上述四个理论的基本逻辑上不断修正的过程。

一、可专利主题范围的历史演进

对符合专利条件的主题的限制主要是基于功利主义的推理而非自然权利理论的支配。对支配宇宙的规则和原则的发现是不可申请专利的：爱因斯坦不能为他著名的定律 $E = mc^2$ 申请专利，牛顿也不可能为万有引力定律申请专利。因为这些发现是自然界的表现，对所有的人都是自由的。[1] 基础研究（与更狭隘的应用研究相比）对外部财政激励的反应和依赖性较低，这些类型的发现固有的广度会产生"不明确的边界"，从而导致不成比例的诉讼费用。美国法院将 101 条作为一种"快速筛选出薄弱专利的方法"，以省去全面调查和审判的巨大开支。[2]

随着可专利主题审查标准的不断的抽象和含混不清和人们对可专利主题范围这一门槛存在性的质疑，企业不断地寻找着可专利主题判断标准的漏洞，甚至不断尝试继续拓宽专利客体范围。譬如发现并分离的某一基因或 DNA 片段、人类胚胎干细胞等技术。

美国 1980 年的 Diamond 诉 Chakrabarty 一案的判决在开启基因专利先河的同时，也在一定程度上终结了争议。USPTO 在 Diamond 一案后

---

[1]　See Funk Bros. Seed Co. v. Kalo Inoculant Co., 333 U.S. 127, 130（1948）.

[2]　Peter S. Menell, Mark A. Lemley, and Robert P. Merges, "Intellectual Property in the New Technological Age: 2017", *Clause 8 Publishing*, 2017.

发表一份声明，确认"非自然发生的、非人类的多细胞生物，包括动物，是可专利的标的物"①。USPTO 和美国法院一致认为，隔离和净化天然产品是可专利的，并于 2021 年出台了新的包括基因技术的专利实用性审查标准。欧洲专利审查部门和审判部门也在美国的带动下对基因专利的可专利性予以承认。在 1981 年到 1998 年间，欧洲先后修改了《欧洲专利公约实施细则》《关于生物技术发明的法律保护指令》，正式确认了基因相关发明在欧洲的客体资格。日本与中国也相继在 1997 年和 2021 年开始在《审查指南》中认可了基因发明的客体资格。《美国发明法案》明确表明干细胞专利、组织培养专利、研究工具、基因专利和其他采自人类身体的发明不得被剥夺专利资格。目前，基因序列专利，也即第一次从自然界中分离或者提取的基因或者 DNA 片段能够获得专利，如其在产业上具有利用价值则可被授权。DNA 重组技术、转基因技术、高通量测序技术等生物技术方法以及用于基因诊断的方法和基因药物等也具有可专利主题资格。

对与微生物本身或与其相关的发明的审查标准也出现了一定程度的扩张。一般而言，微生物被认为是一种天然的产物，不可将其所有权授予给任何人，否则将会造成自然资源被部分人掠夺的困境，导致全体人类福利的减损。直到基因工程的出现使得这种天然产物可以通过某种手段而被编辑、制备，某些微生物从一种天然产物中脱离出来成为一种人造物。因此，法学家们认为"从自然界提供原材料的意义上说，专利保护的所有实在东西都是天然产品"，不能仅以一种物品源于自然界而否认其客体资格，"一种新颖实用的产品来自对自然原料分离、浓缩和纯

---

① 蔡斯芊：《国际法与比较法视野下的合成生物技术的可专利性及其限制问题研究》，《国际法与比较法论丛》辑刊 2020 年。

化的事实，不能致其不可专利"①，如果发明人完成了从认识自然界存在天然产品到技术方案的转变过程，则应该认定其发明构成专利②。当微生物经过分离成为纯培养物，并且具有特定的工业用途时，微生物本身才属于可给予专利保护的客体。③ 比如，具有特殊功能，具有性能或功能上的改进或者其被基因编辑工具改变等特征的微生物都可以成为专利客体。④

当然，与微生物有关的是关于动物、植物的专利。植物最早不被授予专利，原因与微生物相同，因为二者都是自然产物。但是人工选育培养的植物株能够体现人类在其中的劳动，具有优良实用性状的植物能够成为专利客体，因为它体现了人类对有价值的植物性状或者处于离散、混杂状态下的天然物质的一种选择过程⑤。与动物有关的发明专利起初也完全被专利审查部门予以排除，因为动物与生命有紧密的联系，对某些动物体拥有专利权不仅是不符合伦理的，也会造成不合理的垄断。随着人们意识到纯天然产物与人类创造物之间的真实区别是人的决定性作用，并非所有动物都是纯天然产物，人类的介入如果能够对动物的种类、功能产生更多的积极效果，则不能够否定其专利性。为了消除否定性判决结果误导公众的可能性，USPTO 于 Ex parte Allen 案⑥ 裁定后不久发表声明：包括动物在内的非人类多细胞有机体，如果是非自然地产生的，则是专利法可专利主题。

---

① ⑤ 易继明、王芳琴：《世界专利体系中专利客体的演进》，《西北大学学报（哲学社会科学版）》2020 年第 1 期。

② 张晓都：《论与基因相关的发明与发现》，《知识产权》2001 年第 6 期。

③ 参见《专利审查指南》第二部分第十章第 9.1.2.1 节。另见张清奎：《化学领域发明专利申请的文件撰写与审查》，专利文献出版社 1998 年版，第 465 页。

④ 徐丹：《保藏编号限定的微生物专利权保护范围探讨》，《中国科技信息》2022 年第 18 期。

⑥ See Ex parte Allen, 2 U. S. P. Q. 2d 1425（Bd. Pat. App. & Inter. 1987）.

　　与治疗方法有关的专利客体也在逐渐扩大范围。起初，人体疾病的治疗方法不被认为具有可专利性，一方面是因为它不具有实用性因为无法重复实施，另一方面也是出于人道主义考虑也即通过对某些专利客体的排除，使全人类能够平等地享有被所需治疗方法医治的权利。但随着"人体"概念的逐渐缩小，脱离人体的如分离或排出的内容逐渐被认为是与人格有关但被归类为"物"的东西，对其之分离或采集方法可获得专利权。同时，"治疗目的"与"非治疗目的"的区分使得不可专利的外科手术方法仅仅是"以祛除疾病、拯救病体为目的的方法"①。

　　从对天然发现、自然界的生命体等与自然存在有关的发明的排除及对基因、动物、疾病治疗方法等与生命有关的客体的当然排除，到关注人类在提取、制备、改变上述内容的劳动并承认劳动具有创造性上，各国专利法经历了长久的思维转变。但与"抽象思想"有关的专利客体比上述经历更加的复杂，也是可专利主题范围界定的历史难题。

二、含"抽象思想"发明客体的扩张进程

　　可专利主题的变化往往从美国开始。美国专利法第 101 条规定的可专利主题有 3 个具体的例外，即"自然规律、自然现象与抽象思想"（laws of nature，natural phenomena, and abstract ideas）不具有可专利性。②美国联邦最高法院在 Chakrabarty 案③ 中曾将地下矿物以及新发现的野外植物排除于可专利主题范围之外，理由是对于大自然的发现，全人类

---

① 易继明、王芳琴：《世界专利体系中专利客体的演进》，《西北大学学报（哲学社会科学版）》2020 年第 1 期。
② 吕磊：《美国商业方法专利保护的发展与现状及其对我国的启示》，《法学杂志》2019年第 3 期。
③ See Diamond v. Chakrabarty, 447 U.S. 303（1980）.

应该公平地利用而不能够被独占。在 Morse 案 [1] 中，法院认为如果授予 Morse 以专利，则会使得利用电流（或动电电流）进行书写或打印的方法被不合理地垄断。在 Benson 案 [2] 中，法院认为涉案专利包含对一个数据公式的应用，而 Benson 的权利要求过于宽泛，覆盖了该数学公式已知的和未知的全部应用，可能有垄断科学发现之嫌。

　　在 20 世纪 70 年代初，企业家们发现了计算机软件创新的巨大价值，以 IBM 为代表的大公司开始向专利局就计算机软件的相关发明提出专利申请。这些发明不受物理条件的限制，大多是展示在计算机上的算法，这可能涉及可为"在头脑中进行的步骤的程序申请专利"而被"精神步骤理论"所排除于可专利主题之外。但在 1970 年的裁决中，美国海关和专利上诉法院（CCPA）限制了精神步骤理论的适用，使其不再适用于专利客体资格的判断。因此，在 In re Musgrave 案之后，一项专利不能仅仅因为其创新过程可以在精神上或借助于计算机进行而被驳回。

　　Benson 案涉及一种将"二进制编码的十进制数字"（BCN）转换为纯二进制数字的方法。BCNs 即是用于将传统的十进制数字（0 到 9）转换为纯二进制数字的方法中的中间数字，即计算机在计算中使用的 0 和 1。Benson 的转换方法简单而自动，减少了处理过程，降低了误差。但 Benson 的两项独立权利要求都被专利局驳回，因为专利局的政策是驳回所有关于计算机软件的专利。专利复审委员会援引 In re Musgrave 案的观点，推翻了这一决定，认为机器实现的程序是符合专利条件的。联邦巡回法院认为，即使 Benson 的权利要求没有将自己限制在机器实现上，但这一发明仍是"除了加强机器的内部操作外没有其他实际价值的过程"。在最高法院的意见中，大部分只是引用了法院过去对过程专利的裁决而

---

[1]　See Morse v. Frederick, 551 U.S. 393（2007）.

[2]　See Benson v. United States: 146 U.S. 325（1892）.

确认 Benson 的发明具有可专利性。在 Benson 案中，法院确定了算法、自然规律和数学公式不被保护的基本观点。发明人在观察到法院的审查标准后，抛却以往申请"流程"专利的申请方法，转而将机器和计算机结合起来用以实施算法的某一步骤，以迎合专利审查部门的政策。

Flook 案改变了"机器转换测试法"的僵硬审查规则。Flook 在权利要求中附加的"解决方案后的活动"——更新警报限度，通过将软件和其他权利要求附加到一些物理成分上，适应了 Benson 关于非物理方法专利申请的限制。但最高法院认为"解决方案后的活动"并没有使原本不可获得专利的算法成为专利，因为有能力的起草者可以将某种形式的解决后活动附加到几乎任何数学公式上，如果授予这种发明以专利将会将审查标准带入"重形式轻实质"的误区。

在 Flook 案后，另外一个案件直接突破了本来就模糊不清的软件专利客体资格审查标准。与 Flook 案相同，Diehr 案的申请并没有试图垄断一种算法的所有使用，而是将技术领域控制在算法的一种特定应用领域。在 Benson 案、Flook 案与 Diehr 案的推动下，专利审查的规则悄然发生了改变。

法院在 Diehr 案之后采用了一种简单的专利资格推定。在此之后的20 多年间，联邦巡回法院不断地修改第 101 条的适用范围，朝着不断扩张 101 条规制的主体的方向发展。在 1998 年的 State Street Bank 案 ① 中，确立了"有用的、具体的和有形的结果"测试，也即任何产生"有用的、具体的和有形的结果"并满足其他法定的可专利性要求的方法都可以获得专利。在 State Street Bank 案中，涉案客体是一种方法，其可通过使用机器进行计算将原始价格转变为分享价格，这种价格被固定并用作记录

---

① See State Street Bank & Trust Co. v. Signature Financial Group, Inc., 149 F.3d 1368, 1377（Fed. Cir. 1998）.

或报告或在管理和贸易等活动中使用，这在 State Street Bank 案中被认为是一种实用、具体和有形的结果。可见，价格、成本、损失、利润、百分比等数字表示的结果也可算作"实用、具体和有形的结果"①。该案开启了算法专利与计算机、机器结合并获得专利权的先河，此后的十年间，商业方法、算法、计算机软件相关的专利如潮水般席卷美国，算法专利开始了大跃进时代。

三、含"抽象思想"发明客体的理性回归

在近 10 年的商业方法专利浪潮中，可专利主题的范围不断扩大，甚至有些发明虽然满足了专利资格测试，却十分可笑甚至滑稽。1980 年 Diehr 案判决后，尽管裁判可能存在问题，但最高法院将客体判断的标准延续了 30 年之久。2010 年，法院通过对 Bilski 诉 Kappos 一案的判决再次聚焦专利资格问题。在 Bilski 案 ② 后，这种愈渐扭曲的专利审查标准和专利授权状态才得到了修正。在 Bilski 案中，法院认为专利法第 101 条中的"方法"专利应当采取"机器—转化"标准，如果某一技术方案与机器设备相结合，将某种特定物品转化为另一种形态，则可依据专利法第 101 条判定该方法为法律认可的专利客体。可见 Bilski 案判决之目的在于控制此前过于宽泛的"有用的、具体的和有形的结果"标准。依照"机器—转化"标准，判断某一方法发明是否构成专利客体，首先应当检查其事实是否依赖机器或者与机器相连结，如答案为否，则再看它是否对某种物质或物进行了转换并将其转换为不同的物质或状态。前者被称为"机器使用检测项"，后者被称为"转换实施检测项"。如果某一

---

① 刘银良：《美国商业方法专利的十年扩张与轮回：从道富案到 Bilski 案的历史考察》，《知识产权》2010 年第 6 期。

② See Bilski v. Kappos, 561 U.S. 593（2010）.

客体能够满足二者标准之一，则可以构成可专利客体。Lemley 等认为，"机器—转化"标准不关注发明本身，而是将评价之标准放在是否与物质结合及物质状态改变上，这没有任何意义。[①] 最高法院的判决只是宣布 Bilski 的权利要求是针对一个抽象概念的，而没有解释该概念与其他任何概念的区别。尽管 Bilski 案中的专利包含许多从属的、范围较窄的权利要求，但法院认为这些权利要求只是如何使用不可专利的抽象思想的例子。因此，Bilski 案重振了 Diehr 案蕴含的思想，基本上推翻了联邦巡回法院三十年来对主题学说的试验，但对如何填补学说空白没有提供什么指导。这样做的结果是，美国法院对于含抽象思想（商业方法）专利的态度又基本走向了标准不明、混淆不清的状态。当然，虽然 Bilski 案的方法没有能够满足大家的期待，但这种审查标准的改变代表了美国专利界的审查人员和法官对于专利审查标准的限缩态度。

在对 Bilski 作出裁决的两年后，最高法院又在 Mayo Collaborative Services 诉 Prometheus Laboratories, Inc. 案对可专利主题资格案件作出了裁决，初步奠定了"Mayo-Alice 两步测试法"的基础。Mayo 的专利是针对一种校准病人体内药物剂量的方法。该专利方法包括以下步骤：（1）"测量"接受过某种特定药物的病人体内的 6-硫代鸟嘌呤水平；（2）"分析"该水平是否在三个范围内；（3）根据该分析增加、减少或维持剂量水平。法院认为，代谢物水平和药物疗效之间的关系只是一种自然规律，因此没有资格获得专利保护。专利中包含的所有其他内容，即对血液的测量，只不过是"科学界已经了解的、常规的、传统的活动"变成符合专利条件的应用。Mayo 案的推理重点在于专利所要捕捉的思想

---

① Mark A. Lemley, Michael Risch, Ted Sichelman, and R. Polk Wagner, "Life After Bilski", *Stanford Law Review*, Vol.63, No.6, 2010.

的广度。布雷耶（Breyer）大法官解释说，为了给自然法则的应用申请专利，该专利必须"包含其他元素或元素的组合，有时被称为'创造性概念'，足以确保该专利在实践中大大超过对自然法则本身的专利"。

在 Alice Corp. 诉 CLS Bank 案中，涉案发明是一个计算机化的交易平台，其被第三方用来消除"结算风险"。经过全体法官的审议，法院的大多数成员确认了地区法院的裁决所声称的方法和计算机可读介质权利要求并不符合 35U.S.C.§101 要求的可专利主题。根据其在 Mayo 案中的裁决，最高法院重申了其确定专利资格的两部分测试。首先，必须确定权利要求是否针对"符合专利的概念"，如抽象概念或自然法则。其次，如果权利要求针对这些概念，必须确定权利要求的附加步骤是否"改变了权利要求的性质"，成为符合专利的主题。Alice 案和第 101 条规定的被排除的概念的对比，主要是出于豁免的考虑。对法院来说，允许涵盖"科技工作的基本工具"的发明申请专利，会阻碍科学的进步。

在 I/P Engine, Inc. 诉 AOL Inc. 一案[1] 中，法官进一步完善了含"抽象思想"的技术方案的审查方法，但是对技术方案的"技术性"进行限定，权利要求的创造性概念本身必须指向一种新的技术，这种技术是对科学原理的新颖应用，以解决技术问题。针对非科学领域（商业、法律、体育、社会学和心理学）的权利要求是不符合专利资格的。在 Vehicle Intelligence & Safety LLC 诉 Mercedes-Benz USA, LLC 案[2] 中，法院持续认可含有"专家系统"即算法的技术方案的专利客体资格，但是因为其对算法的描述不足而被拒绝授予专利权。

---

[1] See I/P Engine, Inc. v. AOL Inc., No.2013-1307, 2013-1313（Fed. Cir. Aug. 15, 2014）.
[2] See Vehicle Intelligence and Safety LLC v. Mercedes-Benz USA, LLC（Fed. Cir. 2015）.

第二节　人工智能算法发明的专利法地位

一、欧盟：使用"机器设施"具有"技术贡献"

（一）审查标准变化：由"技术贡献"标准到"机器设施"标准

对于专利客体，《欧盟专利审查指南》规定"一个发明需要是新的，包含发明步骤，可以工业应用"。对技术方案是否具有技术特征进行检验，即对技术领域、技术问题、技术特性进行检验。规定了本身不具有客体资格的客体，如发现、科学理论、数学方法与审美创作。上述内容虽本身不具有客体资格，但在某些情况下也具有可专利性，如计算机实施的发明和人工智能。《欧洲专利条约》的专利客体例外规定一直较为稳定且清晰明了，为申请人提供了良好的参照依据。欧洲专利局的判断顺序是首先适用第 52 条，再适用第 53 条，前者是正向界定，而后者是反向排除列表。根据条约第 52 条第（2）项之规定，从整体上（considered as a whole）评估客体是否具有技术特征（technical character）以确定专利适格性，并进一步排除不符合第 53 条的发明申请。[①]《欧洲专利条约》第 52 条规定规定专利需要符合新颖性、创造性和工业实用性标准，而第 53 条第 2 款则规定心智活动、玩游戏或开展商业活动的计划、规则或方法属于专利客体排除范围，原因在于这些方案过于抽象、不具体且缺乏技术性。可见，对于"技术性"的认定一般是判断某一发明是不是专利客体的第一个"门槛"。专利客体必须具备"技术性"这一观点也得到了《欧洲专利条约》立法史的验证。2000 年《欧洲专利条约》修订时，条文中增加了"所有技术领域"的限定。在《欧洲专利条约》中，

---

① 宁立志、郭玉新:《专利权权利客体例外制度研究》,《河南师范大学学报（哲学社会科学版）》2020 年第 1 期。

技术效果（technical effect）、技术特征（technical character）、技术问题（technical problem）、技术贡献（technical contribution）都是"技术性"（technicality）的表现，在《欧盟专利审查指南》中也是混用的。

　　但是欧盟对于"技术性"的认定呈现了两种趋势：其一，从"技术贡献判断法"到"硬件设施"标准。欧盟法律起初要求发明必须表现出技术性，也即"技术贡献"。如在 Koch & Sterzel 案中，法院直接适用了"技术贡献"测试法：在判断专利申请是否主张了可专利客体时必须对发明进行整体评价，且该案明确了包含技术手段与非技术手段的发明可以获得专利保护。但是，条约指明在技术性判断时，应排除将计算机程序发明中所表现出来的硬件与软件的物理交互以及实施发明所导致的物理变化（如电流、数据）作为技术特征。但是从 PBS Partnership 案[①]起，欧盟法院的判决意见却开始逐渐背离"技术贡献"判断法，一旦商业方法发明申请人在权利要求书中将商业方法写为设备权利要求，那么任何物理实体包含计算机硬件在发明中的应用都足以使发明摆脱"商业方法本身"这一专利排除客体的掣肘。可见，欧盟放宽了对于"技术贡献"判断的严格测试方法，转而使用"技术性测试"，只要发明中使用了"服务器计算机""客户端计算机"及"网络""使用笔和纸进行写作的行为"等都可以被认定为是具有技术特征[②]。与美国"一次点击专利"同样的荒谬情形也出现在了欧洲，在 Microsoft 案[③] 中，带有剪贴板的计算机系统在案件裁判中也被认定为一种技术手段。我国专利审查实务人员对此时的审查现状总结道："只要权利要求中的实体设备或行为的本质带有物理特

---

① 参见欧洲上诉法院 T0931/95 案例，欧洲判例法识别符 ECLI:EP:BA:2000:T093195. 20000908。

② Auction Method/HITACHI.［2004］O.J.EPO. 575.

③ Microsoft/Clipboard Formats.［2006］E.P.O.R. 414.

征，或者运用技术手段，就能够保证'技术性'的存在。"①

其二，"技术性"的判断逐渐从专利客体审查阶段转移至"创造性""新颖性"判断阶段②，尤其是创造性审查阶段。与此对应的则是，在客体阶段的"技术性"审查更为宽松，只要发明具有技术性的一般表征即可。对于"技术性"的判断，欧盟认为虽然在程序指令执行过程中必然会出现对硬件的物理更改，但由于计算机程序本身不能获得专利，故而这种硬件的更改本身如果只限于对计算机本身的更改，则不能构成所要求的"技术性"，如果想通过适格性审查，就需要更进一步的技术效果。③

（二）人工智能算法发明审查标准："数学方法"与"技术性"相结合

《欧盟专利审查指南》在第 F-IV-3.9 节规定了"计算机实施发明"的审查标准。如果模型和算法通过计算机程序来实现，即包括计算机、计算机网络或其他可编程设备，其中至少一个特征（feature）通过计算机程序实现，则符合《欧盟专利审查指南》第 F-IV-3.9 节给出的计算机实施发明的定义。此处的"技术特征"或"硬件设施"测试被称为是"两个障碍法"的第一个障碍，且欧盟倾向于采取包容的态度认定相关技术特征。

《欧盟专利审查指南》进一步细化了人工智能算法审查步骤，并将"人工智能和机器学习"放在专利例外名单中。《指南》指出，人工智能算法与数学方法有关，原因在于人工智能和机器学习是基于分类、聚类、回归、降维的计算模型与算法，如神经网络、遗传算法、支持向量机、

---

① 陈磊：《论商业方法专利的"技术性"标准——以欧洲专利审查实践为研究对象》，《科技与法律》2012 年第 3 期。
② 张吉豫：《智能时代算法专利适格性的理论证成》，《当代法学》2021 年第 3 期。
③ T1173/97 Computer program product/IBM, *Board of Appeal of EPO*, 1999, p.623.

K-均值、核回归和判别分析技术，这类计算模型和算法本身具有抽象的数学性质，无论它们是否可根据数据进行"训练"。[①]

《欧盟专利审查指南》明确规定了在客体审查阶段被认可的"技术性"特征。一个"数学方法"如果具有以下特点，则可能被认为具有技术特征：一是产生技术效果并因此被认为是技术目的，二是被应用于一个技术领域或开展技术性实施。判断人工智能算法是否具有技术特征时，须考虑其技术目的与技术实施。《欧盟专利审查指南》规定，须将申请人所申请的客体作为整体进行审查，考察某一算法是否使用技术手段。首先，对于技术领域与技术应用，人工智能和机器学习在各个技术领域都有应用。指南指出，心脏监测设备中使用神经网络识别不规则心跳就属于技术贡献。基于低级特征（例如图像边缘或像素属性），对数字图像、视频、音频或语音信号进行分类是分类算法的进一步典型技术应用。当然，如果人工智能算法符合其他传统的使得数学方法具有可专利性的技术应用，则其也能够符合指南要求。其次是关注技术目的。仅根据文本内容对文本文件进行分类不是技术目的，而是语言目的。对抽象数据记录或"电信网络数据记录"进行分类而没有任何技术用途的结果分类也不是技术目的，即使分类算法可能被认为是具有有价值的数学特性（如鲁棒性）。[②]《欧盟专利审查指南》特别指出，某一算法生成训练集和训练分类器的步骤被认为是一种技术特征。可见，欧盟在审查人工智能算法是否具有可专利性时，不认为人工智能算法具有与以往技术完全不同的特征，致力于采取统一规则对包含"数学方法"的技术方案进行检验。[③]

值得特别关注的是，"技术特征"审查要求虽然对所处理的"数据"性质没有明确要求，但要求对数据之处理方案具有解决技术问题的特性，

[①][②][③]　姚叶：《人工智能算法专利的技术、理论、问题与中国之应对》，《科技进步与对策》2022 年第 16 期。

为解决技术问题服务。一个明确的判例是 2012 年的 T1784/0613 案，案件涉及一种对电信网络数据记录进行分类的方法，该方法内含一种数学方法，服务于对数据记录进行自动分类定级。法院认为，该数据记录的分类算法的目的在于定级和计费，是金融领域的问题，没有技术用途，并非解决技术问题，也没有任何技术目的，未传达出（convey）任何技术性。反观 2006 年 T1161/04 案中，权利要求是一种用于重新分配市值加权股票指数的装置（含数学算法），这一装置处理的是没有技术含义的股票数据，但技术方案中采取了技术手段，服务于技术目的，具有技术性。①

《欧盟专利审查指南》也明确规定了不被认可的发明特征——完全没有使用任何技术手段的发明，如一种对抽象数据进行快速傅立叶变换的方法，以及纯抽象的数学对象或概念（例如特定类型的几何对象或具有节点和边的图形）。二者由于并不能展现出技术手段，故而难以通过客体资格测试，无法被认可为专利客体。

二、美国："司法例外"纳入"实际应用"

（一）两步测试法

在 Alice 诉 CLS Bank 案中，法院结合 Mayo 诉 Prometheus 案形成了"两步测试法"。步骤 1：确定该权利要求是否涉及工艺、机器、制造、物质组成；步骤 2：首先，确定该权利要求是否针对自然法则、自然现象或抽象概念（步骤 2a），然后，确定该权利要求是否叙述了显著超过"司法例外"的额外要素（步骤 2b）。尽管美国并没有为人工智能相关发明提供独特的审查指南，但其已经意识到发布相关指南的必要性。2018 年美国专利商标局局长安德烈·扬库（Andrei Iancu）指出，算法（包括构成人

---

① 汪涛：《人工智能发明在欧洲的专利保护》，《电子知识产权》2022 年第 6 期。

工智能基础的算法）是人类独创性的结果，其与仅代表自然发生现象的数学方程"非常不同"。2019 年美国专利商标局发布《专利客体资格指南》，明确"抽象思想"包括数学概念、组织人类活动的某些方法和心理过程。其中，数学概念包含数学关系、数学公式或方程、数学计算，组织人类活动的某些方法包括基本的经济原则或做法、商业或法律互动、管理个人行为或人与人之间的关系及互动。心理过程指人类头脑中进行的概念，包括观察、评估、判断、意见。步骤 2a 又细分为两条：第 1 条是确定要求的发明是否针对司法例外，即自然法则、自然现象或抽象概念，如果是，那么进入第 2 条；第 2 条是确定所要求的发明作为一个整体是否将司法例外纳入实际应用。审查员要确定所要求的发明是否包括不属于司法例外的其他元素，并评估该元素是否将司法例外纳入实际应用中。如果不是，那么进入步骤 2b。

（二）"抽象思想"与"具体技术"相结合

在一项发明名称为"分析社交媒体数据以预测客户购买"的专利申请[1]中，其主要是通过对用户的购买数据和用户的历史购买信息进行数据处理，通过模型预测和人工智能技术，进行购买需求的预测。[2]订单系统接口接收客户购买的订单数据，社交媒体源接口接收社交媒体评论，通过对社交媒体信息进行分类，匹配商户商品的文本元素类别，从而进行客户将购买对应于该类别的产品或服务的预测，包括产品服务名称，将名称与订购数据比较，显示与预测相关联的准确度的相关值。首先，美国法院根据"两步测试法"第 1 步认定这一专利属于"方法专利"，接着进入"两步测试法"的第 2 步骤。在第 2 步骤 a 中，可以发现通过用户

---

[1]　汪涛：《人工智能发明在欧洲的专利保护》，《电子知识产权》2022 年第 6 期。
[2]　乔元昆：《人工智能场景专利的比较法研究》，《中国发明与专利》2022 年第 9 期。

的购买数据与评论数据预测购物选择内包含"抽象思想"，本案中显著的技术特征包括存储单元、数据处理单元等，而上述单元与抽象概念的结合，并未显现出两种特征的限定和有机结合形式，因此，在美国专利局的审查中，上述专利申请未能通过审查，被认定为不属于专利客体。

美国专利审查局于其 2019 年 10 月《更新专利适格指南》中提供范例 39，系针对"用于人脸检测之神经网络的训练方法"（Method for Training a Neural Network for Facial Detection），这一专利被认为是符合专利客体资格的。案例描述了一个基于神经网络对人脸检测的训练方法，可以改善旧的人脸辨识方法所存在的错误判断问题。过去的人脸检测方法因影像中人脸图案的比例和旋转，先天上存有偏移、扭曲和变化之处，所以无法稳定地检测影像中的人脸特征。而范例所欲请求保护发明的方法，是尝试通过使用两阶段扩展之脸部影像训练数据集，进行神经网络的训练，再以演算法重新训练人工智能辨识能力，以克服人工智能误判为伪阳性之错报率，来解决人脸辨识不准确之问题。

美国专利审查局对范例的分析显示，该请求项系专利适格是因其非针对抽象概念，而是一种技术应用。美国专利审查局认为虽然某些专利限定可能基于数学概念，但请求项中并未引述数学概念，发明虽牵涉类神经网络，但请求项应聚焦于"实现技术结果"之"发明手段"，而非其背后之数学概念。请求项虽然提及电脑执行方法，但并未列举任何数学关系、公式或计算内容，故应属适格。此外，该请求项亦未引述心智过程，因为这些步骤实际上并非在人类思维中执行，而且也未提及任何组织人类活动的方法，例如基本经济概念或人与人间有意义之互动。由于都未落入前述三类不适格标的之中，因此具专利适格。[①]

---

① 陈家骏、许正乾：《从美国专利适格目标指南谈 AI 相关发明审查原则暨近年专利申请重要案例》，《月旦法学杂志》2022 年第 1 期。

在一项名为"动态离群值偏倚较少系统和方法"的申请中，该案设计对数据的分析这一"抽象思想"。计算机的主要功能是接收误差阈值标准以及数据集合，适用模型生成预测值的集合，比较数据集合与预测值集合，产生误差值的集合。从数据集合中去掉数据离群值，形成离群值过滤数据集合，构建新的模型，进行第二迭代，并以此类推，直至终止标准得到满足。① 美国专利局根据"两步测试法"中的第 1 步骤认为这一发明属于方法专利，进入步骤 2。从步骤 2 中的 a 可以看出，申请并未限定"其中所述目标标量是用于工业设施的度量，所述度量与所述工业设施的生产、金融性能或排放有关"，减少离群偏差的方法是抽象思想，而"收集信息，分析并显示某些信息"的计算机功能不会对抽象思想概念增加有意义的限制②，故而不属于在抽象思想中增加了例外，不构成专利客体。反观欧洲专利局，其对这一发明专利性的排除之主要观点在于，发明的权利要求是统计领域的抽象数学问题，在计算机上指定的非技术方法的实现，是非显而易见的，不具有创造性，故而拒绝授予专利。欧洲专利局认可了技术方案中将抽象思想与计算机系统的结合，认为计算机系统的参与达到了专利客体门槛的"技术性"要求。美、欧专利局在进行专利客体审查时的倾向可见一斑。

三、中国："智力活动的规则和方法"结合"技术特征"

美国对于人工智能算法相关发明的审查具有先进的技术视野，其不是针对人工智能算法等含有抽象思想特征的客体进行单独立法，而是为审查人员提供模糊的审查指南，使审查人员能够进行个案判断，具有更强的适用广泛性。而中国的立法与欧洲审查指南更为相似，明确列明了

①② 赵伟华：《人工智能热点算法之协同过滤相关申请专利保护现状及审查规则》，《专利代理》2022 年第 2 期。

不属于专利客体的列表，但是并不排除其与技术应用结合获得专利权的可能，同时要求技术方案的技术性以及通过专利三性的测试。我国《专利审查指南》对于专利客体审查程序的顺序有明确的规定，首先应当依据《专利法》第 2 条审查发明是否具有技术特征、技术效果等"技术性"含义，随后根据第 5 条和第 25 条的规定审查发明是否属于专利法的规定的专利客体例外情况。

（一）"三关卡"测试法：客体例外、技术方案、整体考虑

"关卡一"是为"智力活动的规则和方法除外原则"。智力活动的规则和方法无论是在欧洲还是在中国多被明确列为专利客体的排除内容，因为其不具有技术性，无法构成技术方案，遑论一种发明。专利法上采取"智力活动的规则和方法"除外的理由有几种：其一，从人类思维的特征来看，智力活动无法对物理世界产生影响遑论积极影响，不具有改造世界的技术特性；同时，智力活动不具有确定性，因此不具有产业上的重复应用可能。其二，从产业应用效果来看，人类思维是所有技术产生的前提，也称基本创新工具，对其授权将阻碍创新。保持人的思维自由才能保证技术方案的持续产出。[①]

"关卡二"是为"技术方案"限制。我国《专利审查指南》首先要求技术方案具有一定的技术领域。在此之上，权利要求需采取一定的技术手段，产生符合自然规律的技术效果，并解决技术问题，也即采取"技术问题—技术手段—技术效果"三要素判断法。欧洲专利局对"技术性"的解释，我国专利局的技术领域、技术方案限制都表明了对于"基础理论与实际应用"进行界分的原则的坚持。对于技术方案的"技术问题—

[①] 崔国斌：《专利法上的抽象思想与具体技术——计算机程序算法的客体属性分析》，《清华大学学报（哲学社会科学版）》2005 年第 3 期。

技术手段—技术效果"限制将基础研究与实际应用进行划分，不仅能够防止抽象方法被过度垄断、过度保护，阻碍后续创新，也能够进行工业产权与著作权之间的制度分工，使得技术方案与艺术作品的保护各得其所，在一定程度上也能够区分发明、实用新型与外观设计的授权条件，进行有差别的精准保护。

"关卡三"是为"技术特征整体考虑原则"。将技术特征功能上彼此相互支持、存在相互作用关系的算法特征或商业规则和方法特征与所述技术特征作为一个整体考虑。换言之，我国并不排除非技术特征与技术特征结合的算法、商业方法技术方案，只要二者能够有机结合即可。

其中前两个关卡主要是针对专利客体方面的考虑，关卡三主要针对专利三性判断时应该将技术特征与非技术特征等作整体考虑，但是这并不意味着所有与"智力活动的规则和方法"有关的发明都应当被排除于可专利主题之外。我国从 2021 年开始实行的新版《专利审查指南》在第二部分第九章第 6 节增加了包含算法特征或商业规则和方法特征的发明专利申请审查规定。本次《专利审查指南》修改旨在防止审查人员对技术特征与算法或商业方法特征的割裂，致力于客观评价发明的实质贡献，保护真正的发明创造。第九章内容主要是"关于涉及计算机程序的发明专利申请审查的若干规定"，具体审查规则主要在第 6 节。

总而言之，《专利审查指南》强调两个审查方法：一是对权利要求的"整体考虑原则"，明确包含技术特征与算法特征的技术要求不应当被排除在可专利性外，审查时应当将权利要求的所有内容作为一个整体看待；二是明确客体相关法律条款审查顺序，先判断其是否构成不属于排除获得专利权的情形，再考察权利要求中技术方案的技术手段、解决的技术问题和获得的技术效果。如果权利要求中的步骤体现出与要解决的技术问题密切相关，譬如算法处理的数据是技术领域中具有确切含义的数据，又如算法在执行中也体现出了利用自然规律解决技术问题的过程，并且获得了技术效果①，则发明可被认定为专利客体。

对于算法相关的发明在专利客体中的地位，我国《专利审查指南》将具有算法特征或商业规则和方法特征的发明置于对"计算机程序"相关发明的审查规则之下，也即二者存在包含关系。这具有两重含义：其一，人工智能算法和商业方法是计算机程序相关发明；其二，如果人工智能算法符合"是一种方法、由计算机实施并且具有算法特征"的条件，则可以选择人工智能算法、商业方法、计算机程序中的一种申请专利权。

（二）"三关卡"测试法的具体实施

首先，我国专利审查时关注人工智能算法专利所处的具体技术领域。在前文名为"动态离群值偏倚较少系统和方法"的申请中，我国知识产权局审查时的意见则与欧盟、美国的意见不同，此申请没有被授予专利的原因有一部分是这一技术方案的目的在于提升被用于训练的数据的训练价值，没有具体的应用领域，导致所处理的数据也只是没有特定物理含义的抽象数据。但是，对于缺乏具体技术、处理的数据缺乏具体领域的技术方案，实践中专利审查部门也允许提供弥补方案。在名为"一种深度神经网络模型的训练方法"②的发明申请中，技术方案主要是通过对训练数据的大小与训练耗时进行结合，再从候选训练方案中选取训练耗时最小的训练方案作模型训练。该训练方法在技术步骤的实施过程中使用了计算机，解决了固定地采用同一种单处理器或多处理器训练方案不适用于所有大小的训练数据而导致训练速度变慢的技术问题，属于对电

---

①② 鄢功军：《人工智能领域中通用模型与专利保护客体之间冲突的解决策略》，《中国发明与专利》2022 年第 7 期。

子设备的内部性能例如内部资源管理等带来的改进 ①。我国人工智能算法的主要技术领域有三类：其一，利用人工智能算法进行工业过程控制。如果计算机执行程序是为了实现一种工业过程、测量或测试过程控制，则属于可专利的发明创造。② 其中典型的例子是利用人工智能手段通过算法自动维护车辆组件问题 ③、报文解析改进内存占用问题 ④。其二，利用人工智能算法对计算机内部性能进行改善。根据《专利审查指南》，通过计算机执行一种系统内部性能改进程序，按照自然规律完成对该计算机系统各组成部分实施的一系列设置或调整。⑤ 其中，提高数据存储效率、减少计算量和系统资源消耗都可以被认定为是技术效果。最后，利用人工智能算法处理外部技术数据也是一种技术领域。但值得注意的是，我国专利审查中所认可的数据处理须得是具有物理特征的外部数据。在"一种基于融合特征的知识图谱的水电机组故障诊断方法" ⑥ 中，涉案技术方案是一个诊断方法也即包含算法特征的发明。技术方案主要是为了提取水电机组的振动数据特征，根据诊断报告提取诊断报告的文本数据特征，将二者结合获得融合特征，构建水电机组故障诊断的知识图谱，并根据此图谱对当前水电机组进行诊断。审查人员认为"该方案所处理的对象是具有明确技术含义的数据，如水电机组诊断报告的非结构化文本数据等"，加之技术步骤本身的技术性，是一种专利客体。但是数据的物理特征不是决定性的，又如上述一个"药品说明书的知识图谱构建方法"

---

① 鄢功军：《人工智能领域中通用模型与专利保护客体之间冲突的解决策略》,《中国发明与专利》2022 年第 7 期。

②⑤　参见《专利审查指南》第二部分第九章第 2 节。

③　参见国家知识产权局专利复审委员会第 59644 号复审决定。

④　参见国家知识产权局专利复审委员会第 73036 号复审决定。

⑥　李晨：《人工智能热点算法之知识图谱相关专利申请保护现状及审查规则》,《专利代理》2022 年第 2 期。

的专利申请，虽然专利设计药品说明书的知识图谱构建具体应用领域是药品说明书，但是因为缺乏相应的"技术性"体现而难以被认定为专利客体。

我国在专利审查中着重关注发明对于技术手段、技术问题、技术效果的解决，也即关注"技术性"约束条件。在协同过滤相关专利申请中，它认为发明所阐述的手段是基于模型进行的数据处理，手段是提高数据的精准度，降低离散值，进行数据验证等。从手段与所要解决的问题的关联性看，技术方案不会获得符合自然规律的技术效果，故而不属于专利客体。[①] 在一个名为"药品说明书的知识图谱构建方法"的专利申请[②]中，权利要求仅要求一种药品说明书知识图谱的构建方法，其特征在于，药品说明书知识图谱的三元组形式为实体、关系或属性、实体。由于知识图谱三元组的定义和表达类似于数据结构的定义和表达，因此如果只针对实体、关系和属性的定义进行发明申请，仍属于信息表述方法，无法获得专利保护。该发明申请虽然具有明确的技术领域，但是缺乏技术手段、并未解决技术问题也没有技术效果，仅仅是一种定义，仍然不构成专利客体。

第三节　我国专利客体审查思维与标准的突破与完善

一、算法非客体论的审查思维矫正

算法本身不应当被专利法保护。这一看法在计算机时代到来之前是广为接受且毋庸置疑的，算法被认为是一种抽象的、无形的、没有任何

---

① 赵伟华：《人工智能热点算法之协同过滤相关申请专利保护现状及审查规则》，《专利代理》2022 年第 2 期。

② 李晨：《人工智能热点算法之知识图谱相关专利申请保护现状及审查规则》，《专利代理》2022 年第 2 期。

技术意蕴的数学内容。但是，在智能时代，计算机等软件和硬件的加入使得算法对于物理的改造转变为对于数据等非客观实体的改造。这种改造起初不被认可为是一种技术效果，但是在数据作为生产力的今天，数据的流动也改造着世界。数据已经成为重要的生产要素，数据正由人类不断产生并不断地成为经济的重要考量因素，参与自然人的生产、生活中。中共中央国务院《关于构建更加完善的要素市场化配置体制机制的意见》将数据与土地、劳动力、资本、技术并列作为生产要素。可见，数据已经从纯粹的电脑中的数据流转变为改变生活的客观实在，数据的流动已经产生了价值。加之数据如电流般可以由抽象变为具象，数据内容可以存储，数据流动可以监控并控制。那么，人工智能算法对于数据的处理也因此拥有了经济意义，成为专利法不可忽视的对世界的改造。在人类社会从信息时代步入智能时代的今天，人工智能算法专利适格性不仅不应当是个疑问，而且是具有充分正当性的定论。我们必须正视人工智能算法创新在当今社会和各个产业中的作用，将研究重点从"算法专利适格性"的问题思维转向"算法专利权保护"的法理思维 [1]。

二、专利"技术性"内涵的现实标准

对于"技术性"的要求使得中国与其他国家的客体审查宽松程度略有不同。以一个由谷歌公司申请并获得 USPTO 授权的算法发明为例，技术方案是一种计算机实现的方法，包括：获取多个训练样例，在多个训练样例上训练具有多个层的神经网络，每个层包括一个或多个特征检测器，每个特征检测器具有一组对应的权重，以及特征检测器的子集在处理每个训练样例的过程中被禁用的概率。其中，在多个训练样例上训练

---

[1]　张吉豫：《智能时代算法专利适格性的理论证成》，《当代法学》2021 年第 3 期。

神经网络，对于每个训练样例分别包括：确定在训练样例的处理期间要禁用的一个或多个特征检测器，包括基于与特征检测器相关联的相应概率来确定是否禁用子集中的每个特征检测器，根据所述确定禁用一个或多个特征检测器，以及使用神经网络处理训练样例，并禁用一个或多个特征检测器，以生成训练样例的预测输出。[①] 这是一种涉及神经网络等通用数据挖掘分析算法的典型案例，USPTO 认为其并未引述司法例外，其未引述任何数学关系、公式或计算，也没有引述思维过程，且没有引述任何组织人类活动的方法，因此完全可以通过"两步测试法"中的第 2a 步骤。根据中国国家知识产权局的审查标准，这个案例在本质上都是使用计算机来执行通用算法的改进，计算机在整个方案中只是起到了执行载体的作用，整体方案未解决技术问题，未采用技术手段，未获得技术效果，故不属于专利保护客体。

传统财产的保护较之无体之物更容易进行权利有无、消灭的界定以及权属的划分。无体、无形之物很难划分一个清晰、明确的权利边界，"因为法律必须首先确定该财产，并在其被转化成新的形态时能够追踪到保护的对象"[②]。为了划定抽象物保护范围与专利垄断权利的界限，避免公有领域被私人过度利用，平衡个人利益与公共利益，应当严格控制抽象物相关专利的保护范围，调整产业的激励政策和行业政策。"技术性"要求则是最宏观的要求，而专利客体资格、实用性、创造性、新颖性审查标准则是更为具体的、微观的要求。技术性的要求看似与实用性标准相似，但是二者有区分。技术性标准被实用性标准所包含，一项技术如果具有技术性则必定会具有实用性，但是具有实用性并不一定都具有技

---

① 刘佳、赵小宁：《从中外专利客体保护水平差异浅谈大数据领域客体审查规则调整》，《专利代理》2022 年第 2 期。

② ［英］布拉德·谢尔曼、莱昂纳尔·本特利：《现代知识产权法的演进：英国的历程（1760—1911）》，金海军译，北京大学出版社 2006 年版，第 60—63 页。

术性。譬如历法表格、快速地写论文的方法、打算盘的方法也可以产生实用价值，却完全不具有技术性，因为实用价值的范围要大于实用技术。以实用性替代技术性势必会不当地扩大专利主题的范围。历史上也存在着"技术领域限制"应该取消的呼声，世界知识产权组织（WIPO）在制定《实体专利法条约》(*Substantive Patent Law Treaty*) 时，各国、地区对"技术领域的限制"是否应该取消进行了激烈的争论。美国的观点是要求将专利的"技术领域"扩展至"任何活动领域"，也即试图取消专利保护的技术性要求。这一在中国和欧盟等国家和地区看来较为激进的观点遭到了强烈反对，条约被搁置。这意味着，取消"技术领域限制"在相当长时间内并不会被接受。截至目前，各国对人工智能算法本身不进行保护，但对人工智能算法在特定技术领域中的应用则可获得专利权保护的二分原则已经成为共识。因此，技术性的要求必须要得到坚持，也即技术领域、技术效果、技术手段等均应该在实际审查时纳入考量。

　　尽管"技术性"限定对算法发明的专利性并不构成实质性的阻碍，但是由于"技术性"的含义在各国并不明确，"技术性"的内涵在与技术的双向互动中也在不断发展和变化，为了避免利用"技术性"标准将创新驱逐门外，审查人员应该在对"技术性"进行考量的时候采取较为宽松的态度，随着技术发展的方向适时调整，从人工智能算法创新在何种情况下符合"技术性"要求进行辨析。首先，权利要求应该表明发明领域。人工智能算法相关发明应该与具体应用场景属于"紧耦合"关系，如果申请人无法或者不愿将技术方案限定在少数场景中，或是对于算法本身改进的解决方案来说，如果未能体现出方案能够解决某具体应用领域的技术问题，也即权利要求记载的技术方案未能体现出算法被具体运用于何领域，则应该拒绝其获得专利权。如果权利要求中所涉算法发明的各个步骤中能够显示出算法与权利要求中所要解决的技术问题有紧密联系，譬如算法处理的数据是技术领域中具有确切技术含义的数据，则应该予以授权。[①] 其次，算法的执行应该直接体现出利用自然规律解决某一技术问题的过程，并且获得了技术效果。对于需要通过算法挖掘大数据中符合自然规律的内在关联关系的发明，如果人工智能算法与计算机系统的内部结构存在特定技术关联，能够解决提升硬件运算效率或者执行效果的技术问题，包括减少数据存储量、减少数据传输量、提高硬件处理速度等 [②]，从而获得了符合自然规律的计算机系统内部性能改进的技术效果，则可以构成一种技术方案。

三、算法方案技术特征的精准化审查

我国将算法发明分为算法核心技术发明、算法功能性应用发明、算法行业应用发明三类。对于算法核心技术发明，最大的审查难题在于其技术特征的识别。在计算机与商业方法结合的大背景下，可专利主题的范畴审查标准受到了前所未有的冲击。一直以来，传统机械、电学领域的产品专利在专利总量中占有着较高比例 [③]，这导致发明的外观上有着容易衡量的物理变化，客观上与自然规律、抽象规则等距离较远。但是随着科学技术的发展，计算机技术、基因技术的发展都在不断矫正传统可专利主题范畴的适用惯性。发明的客体距离自然规则、自然规律、发现的距离越来越近，导致了人们对于专利客体的审查标准从"效果评价标准"朝着区分"科学原理"与"科学原理的应用"上转变，也即判断与

---

① 鄢功军：《人工智能领域中通用模型与专利保护客体之间冲突的解决策略》，《中国发明与专利》2022 年第 7 期。
② 王宝筠：《人工智能专利申请的专利保护客体判断》，《中国发明与专利》2021 年第 4 期。
③ 黎华献：《专利实用性要件之适用标准的反思与重构》，《清华法学》2020 年第 14 期。

算法结合的技术领域、技术特征、技术效果、技术手段是否能够将算法从不被授予专利的客体泥沼中捞出。

有学者认为，信息技术发展到今天，从算法到应用实现之间的鸿沟已不复存在。[①] "Stokes 科研模型"将科研体系进行了四象限划分，除纯粹的基础研究和纯粹的应用研究之外，还包括"应用驱动的／可转化的基础研究"这一类别，算法即属于这一类别，具有科学与技术双重属性。可见，用算法的直接编程实现本身即可以作为信息产品或服务来对外提供，而并不必须整合到具体的行业解决方案之中。

而对于算法功能性应用发明而言，其属于中间层次算法，实务界的审查人员对其进行技术性识别也存在相当的难度，因为中间层粗算法的技术特征一般体现在对于数据的处理上，而数据的物理变化往往不被认为是一种技术特征。在审查这种算法之时，应该注意观察数据所处的具体领域，不能因为数据的介入而绝对否认算法功能性应用发明的专利权。

算法创新是当前最重要的创新类型之一，专利是保护算法创新的主要制度。人工智能之创新，核心在于人工智能算法创新。人工智能以及大数据的实现有三大核心要素：数据、算法、算力，数据主要由样本信息构成，而算力与投入相关，但起决定作用的仍然是算法。在与算法相关的技术发明中，底层算法创新对社会所作贡献最大，其次是算法改进创新，最后则为算法具体应用领域的创新。底层算法的重要性体现在三个层面：其一，底层算法应用领域最为广泛。有学者将底层算法类比为人工智能时代的核武器，威力巨大。这也意味着将底层算法运用于任何领域都可以产生不同的技术特征，具有巨大的经济价值。其二，底层算法创新是后续算法创新的基础。一般而言，算法的功能性应用和具体行

---

① 张吉豫：《智能时代算法专利适格性的理论证成》，《当代法学》2021 年第 35 期。

业领域的应用都以底层算法为基础，只有底层算法产生了革新，后续的行业应用才能产生新的技术特征。其三，底层算法的创新逻辑可以复用。将底层算法的逻辑摸透，能够在技术变革时将这一逻辑校正继续运用于其他算法，并产生新的技术。

从申请量总量上看，我国人工智能专利申请量排名前十的企业只有百度进入了世界申请量前十五名的榜单。从研发活跃度上看，百度的研发活跃度位于世界首位，2016 年到 2020 年的专利申请量位于世界第二。[①]百度在语音识别、自然语言处理、深度学习、智能驾驶等领域的申请量均名列前茅，相比较而言，美国公司主要集中在信息和通信技术领域。中国在人工智能专利领域起步较晚，总体发展水平低于美国总体的创新水平。中国的优良和潜在领域的专利主要来自应用层，技术层也有所涉及，但基础层专利分布则较为落后。与此不同，美国的优良和潜在领域的专利主要来自基础层和技术层，而应用层则主要集中在落后领域。可见，美国注重基础研发和技术研究，处于人工智能产业链的前端；中国人工智能起步晚于美国，为了突出其后发优势，更加强调投入更少、见效更快的应用研究。[②]

底层算法的创新能力也代表着人工智能专利领域自主创新能力。算法创新是充分利用和发挥数据及硬件资源之价值的关键所在，是智能社会运转的基石，是智能社会最具影响力和标志性的先进生产力[③]，我国正面临着核心算法缺失、人工智能产业整体被"卡脖子"的困境。开源算法固然可以为企业节省许多成本，但另一方面却在技术的精度、准度方

[①] 高楠、傅俊英、赵蕴华：《人工智能技术全球专利布局与竞争态势》，《科技管理研究》2020 年第 8 期。

[②] 聂洪光、范海荣：《基于专利数据的中美人工智能创新能力比较研究》，《中国科技论坛》2020 年第 5 期。

[③] 张吉豫：《智能时代算法专利适格性的理论证成》，《当代法学》2021 年第 3 期。

面有所缺失。以医疗领域的算法应用为例，医疗图像识别、医疗方案的产出等如果使用开源软件，则远远达不到能够为病人治疗的程度。

本章小结

随着基因相关发明、与微生物本身或与其相关的发明、动物、植物、与治疗方法有关的发明等相继进入专利法的视野，专利法的客体范围也在重新向外划定边界。从算法、自然规律和数学公式不被保护的基本观点，到"有用的、具体的和有形的结果"测试，到"机器—转化"测试，再到"Mayo-Alice"测试法的确定，专利客体范围确立了"抽象思想"与"抽象思想的应用"二分原则。根据其在 Mayo 案、Alice 案中的裁决，最高法院重申了其确定专利资格的两部分测试。首先，必须确定权利要求是否针对"符合专利的概念"，如抽象概念或自然法则。其次，如果权利要求针对这些概念，必须确定权利要求的附加步骤是否"改变了权利要求的性质"，成为符合专利的主题。欧洲专利法法院确立专利客体审查由"技术贡献"标准转到"机器设施"标准，也即任何技术如果与计算机相结合则可以通过客体资格测试。中国也确立了"三关卡"测试，即首先判断权利要求中的技术方案是否包含专利法中的例外客体，其次判断其是不是一种技术方案，最后整体考虑技术特征与非技术特征并判断发明的专利性。针对算法专利，我国审查部门应该改变审查思维，破除算法非客体论，给予算法获取专利客体资格的通路，但也要坚持算法审查的"技术性"要求，避免专利权的过度垄断。也要根据产业政策对不同层次的算法采取差异性审查政策，鼓励底层算法的创新。

第五章　人工智能算法发明专利授权机制调适之二：专利性标准

专利三性是专利审查的第二个门槛，在欧美法中被称为 Patentability，世界各国对其审查标准略有不同。总体而言，实用性标准能够排除违反自然规律、人类道德的专利，减少审查资源和司法资源的浪费，新颖性标准能够进一步排除旧有知识的重复保护，为社会增加新的、有用的技术知识，而创造性审查则能够排除低质量专利对技术的不合理垄断，三者的结合将有用的、新的技术带入专利法的保护范围。不同国家的审查标准不同，导致了同一算法在不同法域内具有不同的法律地位。了解其他国家对于专利三性的审查规定，进行比较法研究，能够明确中国专利审查部门的审查方向。

第一节　专利性标准的基本目的与具体适用

一、专利性标准的功能指向

专利性分为新颖性、创造性与实用性，三性虽然各有功能与用途，但是在进行审查时也存在交叉，三性并非三足鼎立而是互相佐证之关系。美国之实用性要求源于美国宪法第 1 条第 8 款第 8 项的规定，将一定期限的专有权利授给有用技术（useful arts）的发明人。[①]在机械发明

---

① 刘明江：《宽严相济的专利实用性审查标准的构建》，《中州大学学报》2020 年第 6 期。

是专利法的主要审查对象时期，这一"有用"最初被认为应当是经济上的"有用"，也称"经济实用性"，即专利制度需得有益于各州经济的发展。这种标准主要形成于美国的殖民时期，法律要求在对发明人授权之前，殖民地立法机关应对发明之申请进行实际调查，判断这一发明为社会提供了什么公共利益、发明取得专利权的纪律，以及是否对其他利益有不正当的贬损。随后，这一"有用"发展为价值判断，并成为消极要件。专利实用性应该交由市场决定，对于发明的价值的提前判断是不准确的，也是不经济的。美国法院确立了"实用性"的现代标准，首先，发明必须是可用的，也就是说，它必须在现实中发挥作用。在大多数情况下，这仅仅是一种形式，但它已经起到了阻止永动机专利、冷核聚变和蛇形结构专利的作用。其次，发明必须有用途，即它有一个已知的和公开的应用。同样，在绝大多数情况下，这也是一个相对较低的门槛。它的作用主要是防止在专利申请中出现明显的投机行为。最高法院在判决书的最后对专利制度的本质做了一番堪称经典的评论："专利并不是一张狩猎许可证，它不是对探索过程本身的奖励，而是对其成功结果的报偿。专利制度必须与商业世界（the world of commerce）而非思想王国（the realm of philosophy）相联系。"[①] 没有应用或不能实际发挥作用的发明没有给整个社会带来任何好处，因此，专利的交换条件没有得到满足。取得专利所需具有的实用性并不要求在市场上的商业成功，也不要求一项发明创造比其以前的那些发明创造的效果更好。其实，实用性要求的满足只需确保一项发明创造能"工作"就行。[②] 此外，发明应该具有"道德实用性"。其目的不是确立发明的正向价值，而是反向成为一个底线，

---

① 李新芝：《美国专利实用性审查标准研究》，《知识产权》2017 年第 8 期。
② ［美］J. M. 穆勒：《专利法》，沈超译，知识产权出版社 2013 年版，第 221 页。

也即排除违背公认的社会道德的专利。[①] 有机化学和生物技术以及计算机发明的产生，利用进化论、分子生物学、神经学和认知科学的原理进行现代机械和电学的发明创造等发明都冲击着实用性的标准[②]。1817 年，斯托里（Story）大法官就指出："法律要求……发明不应该是轻率的，也不应该损害社会的福利、良好的政策或健全的道德。"也有学者将"实用性"分解为"操作实用性""有益实用性""特定实用性"以及"实质实用性"。[③] 欧洲采取的实用性标准一直是"工业实用性"，也即要求不应该对实际用途还未确定的科学信息提出专利申请，发明应该是产业中可以应用的，这些产业的范围较为宽泛，既可以包括工业、农业、林业，也包括交通运输业及文化、体育行业等。

新颖性标准的核心目的被认为是为专利法提供"新"的技术方案，只有新的有用的发明才能够被专利权所保护，否则不仅会造成司法资源的浪费，更会导致不同申请人对同一技术方案拥有相同的专利权，权利状态不稳定，诱发诉讼风险。新颖性标准还担负着划分共有领域与私人领域职责，以平衡所有权人和社会公众的利益。"新颖性"的对比标准是现有技术，而现有技术不仅是指公开的出版物、通过使用而使大众获得的技术知识，还包括已公开的专利文献，这些都是根据契约理论而归为社会公众所使用的技术。一项技术方案是否属于专利人，其核心是判断现有技术的哪一部分属于公众，哪一部分可以归个人所有。给没那么新的技术内容赋予专利权会过度侵占公有领域而损害社会大众的福利，长远来看减弱了后发明人可汲取知识的资源池。新颖性标准也帮助审查部门减少审查资源的浪费。为了便利审查，节约资源，实用性审查被置于

---

① 参见杨德桥：《美国专利法上的专利实用性判断标准研究》，《知识产权》2015 年第5 期。

② 黎华献：《专利实用性要件之适用标准的反思与重构》，《清华法学》2020 年第 6 期。

③ 李新芝：《美国专利实用性审查标准研究》，《知识产权》2017 年第 8 期。

三性审查之前。但新颖性标准在审查逻辑上应该在创造性与实用性之前，因为一项技术方案如果不是新的，那么就更不用谈其是否能够应用于产业并产生积极的、有益的效果。新颖性标准能够平衡各国的知识产权利益，也是国际社会中最为关注的问题，因为其关系着每个国家的专利利益是否会被其他国家攫取。新颖性标准的地域性源于知识产权的地域性，按照地域标准，新颖性标准在各国有绝对新颖性、相对新颖性和混合新颖性标准的立法案例。"绝对新颖性标准"要求技术方案在世界范围内没有被公开过，"相对新颖性标准"指所申请的技术方案在本国地域内没有以任何方式公开，"混合新颖性标准"则采取区分标准，对专利文献和印刷出版物采用世界新颖性，而出售、使用商品和公众对技术的知情等的判读标准则采用国内新颖性。[①] 采取相对新颖性和混合新颖性标准的国家定会刺激申请人申请在国内具有新颖性但已在全球范围内公开的技术方案，从而损害国外的权益。

从 1474 年威尼斯专利法中规定"新的和有灵感的"发明开始，专利法中对创造性之要求已经初见萌芽，从 Earle 案[②] 中，美国法院开始认识到除新颖性和实用性外须得存在一个额外的标准来辅助判断一项方案是不是构成专利，随后美国通过法官造法在 Hotchkiss 诉 Greenwood 一案[③] 中确立了"创造性"作为发明的审查标准。我国《专利法》第一稿将创造性表述为"先进性"，指"比现有技术水平先进，对所属技术领域的专业人员非显而易见"[④]，尽管后面专利法对此有所修改，但不难否认的是创造性核心目的是为社会提供"先进的技术"，"创造性"标准在不断发展

---

① 陈秀娟：《我国〈专利法〉第三次修改后对新颖性判断标准的改进》，《中国新技术新产品》2010 年第 8 期。
② See Earle v. Sawyer, Circuit Court D. Massachusetts, 8 F. Cas. 254; 1825 U. S.
③ See Hotchkiss v. Greenwood, 52 U. S.（11 How.）248（1850）.
④ 赵元果：《中国专利法的孕育与诞生》，知识产权出版社 2003 年版，第 209 页。

中具有了新的内涵。至于"创造性"到底是起到一个什么样的作用，则经历了认知上的变化。最初，创造性的作用是鼓励"一时灵感的闪现"，鼓励"创造性天赋的火花"。① 美国 Hand 法官曾直言：创造性是"现有专利法概念中易变、不能感知、不确定和模糊的幽灵"。"创造性"标准是鼓励有天赋的，有经验的技术人员在掌握了本领域的技术知识后，根据市场的需求，或者发现现有技术的漏洞或改进空间而进行的奖励，只不过这种奖励是一种对价式的有限奖励，以将技术方案向公众公开而换取公众对技术方案的使用费。由于技术方案的产生最初由几个普通的技术工人或者最多是一个小作坊在加工中偶然获得，发明活动主要是个人意志支配的行为，个人仍然是研发的主导者，所以对于个人的灵感闪现的激励是适宜的。但是现在的创造性主要是激励企业对于技术方案的注资行为，创造性标准过于主观则会阻碍许多创造性没那么高但具有市场价值的发明成为专利。如今的发明呈现群体化特征，专利权属公司化，有计划、有步骤的实验和群体性劳动已经替代了原来技术方案的天才的火花，而变成了有目的的专利研发、开发。技术愈加复杂使得专利的回报率难以预期，如药品行业的研发、动物试验、临床试验等均耗资巨大，就连最具天赋的天才也难以在有生之年设计出如此多的技术方案，因此专利法"创造性"标准开始转向对于资本的激励，此即是"创造性"标准的客观化趋势，也即"非显而易见性"标准的作用。非显而易见性的判断因素主要有：现有技术的范围、现有技术与权利要求之间的区别、本领域内技术人员的普通技术水平。除此之外，商业上的成功、长期难以解决的技术难题、与他人比较等都是辅助判断标准。欧洲对于创造性标准的判断是以现有技术为标准，采取"可能—会"方法判断创造性标

---

① See Automatic Devices Corp. v. Cuno Eng'g Corp., 117 F.2d 361, 363.（2d Cir. 1941）.

准，也即判断现有技术作为整体是否存在任何教导，该教导使本领域技术人员面对该客观问题时，"会"而不只是"可能"考虑到该教导来修改或调整最接近现有技术，使之实现发明内容。[①]

可见，专利实用性的核心目的是通过能够应用于产业的技术方案向社会提供某种直接而现实的好处，技术方案的运用可以为公众带来直接的便利或利益且这种好处在技术上是可信的，不违背自然规律的。[②] 专利新颖性则是过滤现有的知识，为社会提供一种新的技术。而创造性则负责激励资本流向最具有发展前景的资本需求型产业，鼓励对社会有用、有益的产业的技术方案的产生。

二、专利性审查的适用阶序

在我国，客体审查有时会与实用性审查重叠。我国在《专利法》第5条规定对于违背法律、公序良俗和公共道德的发明不予授予专利权，这一般被认为是在客体审查阶段与积极要件相对应的消极要件。TRIPs协议第27条第2款规定对违反公共秩序或道德，对人类、动物或植物的生命或健康有危害或严重损害环境的客体，各国可在本国规定对此类客体不授予专利权。在中国、欧洲以及日本等国家和地区，根据TRIPS协议的义务，已经将相关内容转化为国内法，如《欧洲专利公约》(*The European Patent Convention, EPC*) 在第53条（a）规定：违反"公共秩序"或道德的商业利用的发明不被授予专利权。这些国家将违背公共道德或公共秩序原则的发明在客体审查阶段予以排除，将其与实用性审查分开。在美国的专利审判实践中，实用性标准内在地包含了要满足公共道德的要求，即包括道德实用性这一标准，如果是不道德的、有害的或是具有危

[①] 和育东、方慧聪：《专利创造性客观化问题研究》，《知识产权》2007年第2期。
[②] 杨德桥：《美国专利法上的专利实用性判断标准研究》，《知识产权》2015年第5期。

险性的申请，都会因为缺乏实用性而难以获得授权。可见，美国的实用性标准既是特定的实用性、本质的实用性，也肩负着使发明具有可信性的目的。

新颖性之判断与创造性之判断有逻辑上的递进关系，如果一项发明与现有技术相同则必定无法通过新颖性之审查，更不需要判断这一发明是否具有创造性。如果一项发明与现有技术有差别，那么在通过新颖性审查之后则要判断这种差别是否具有突出的实质性特点和显著的进步，也即判断其创造性高度。当然，二者的主要依据是现有技术，在这点上是相同的。

新颖性审查是把申请专利的发明的权利要求书与记载现有技术的某一文件单独比较，而不能将申请专利的发明的权利要求书与记载现有技术的文件综合起来对比，这种对比原则也称"单独对比原则"。但是创造性的判断则并非如此，由于创造性需要技术的贡献达到一定的高度和水准，其审查更加深入，因此需要其总体技术要超越现有的技术，因此在对创造性进行判断时，应该将申请专利发明的权利要求书与几份文件的内容结合起来对比。[①]

就实用性审查而言，一般将其作为三性审查的第一位。在专利法的逻辑判断上，并不以实用性为首要考虑因素，毕竟创造性才是"专利法的心脏"。将实用性作为第一个检验标准更多的是出于经济与效率上的考虑。由于实用性的重要地位，如果发明经过审查被认为缺乏实用性，那么审查员则不必对实用性和新颖性进一步审查，就可以下结论，认为该技术方案不构成发明，无需再继续检索，进而对其新颖性和创造性进行判断。由于检索是需要耗费审查人员时间和精力的流程，且对检索结果

---

① 王忠敏：《发明专利授权标准研究》，山东大学硕士学位论文，2010年。

的判断也耗费审查资源，这样能够避免国家知识产权局在人力资源上的浪费。但是需要指出的是，这种顺序主要是从节约程序、尽可能缩短审查时间的角度出发的，与新颖性和创造性之间在逻辑顺序上的关系有所不同。专利审查中的"三性"均对专利性的判断起到一票否决的作用，由于实用性审查更多的是依靠审查人员对技术的判断与经验，而无需进行文献检索，因此如果将实用性审查放在第一位审查，能够极大地节约审查资源。况且，实用性强调"适用"，新颖性强调技术的"新"，创造性强调"创"，三者本质上并没有勾连，是彼此独立的，对于审查人员而言，无论先评价其中哪一个，都不存在逻辑上的谬误。

第二节　比较法视角下人工智能算法发明专利性标准

一、人工智能算法发明新颖性审查标准的域外考察

一项专利是不是新的关乎专利质量的高低，由于专利补贴等政策倾斜，许多企业为了申请专利往往将一些权利范围较小但是特征较多的技术方案申请专利，对专利审查造成了很大的阻碍。新颖性审查标准的参与能够识别出与现有技术不同的技术再交由创造性审查，从而减少审查资源的浪费。

（一）欧洲

在欧洲，如果一项发明不构成"现有技术"的一部分，则该发明被认为是新的。"技术现状"被定义为"在欧洲专利申请日之前通过书面或口头描述、通过使用或以任何其他方式向公众提供的一切"。这个定义的宽度是值得注意的，它对于向公众提供相关信息的地理位置、语言或方式没有任何限制，对于信息的文件或其他来源也没有规定时间限制。在技术上与发明最为接近、经历较少或者较为容易的改进或调整就能够得到

要求保护的发明的技术方案。与发明采用的构思相同或相似，且与该构思直接相关的技术手段也相同或相似的现有技术，可被看作是沿着与发明较为一致的技术路径谋求解决技术问题的现有技术。[1] 在判断技术方案的新颖性时主要采取"单独对比原则"，也即将权利要求与说明书与现有技术的每一个文件单独对比，而不能将现有技术形成集合与权利要求进行对比。

（二）美国

在美国专利法中，新颖性意味着不能"已经被预见"。现有技术为是否可以"预见"的参照物，但对于现有技术，它必须是流通的、公开的、可供完全获得的现有技术的质量也在进行新颖性判断时被考虑在内，现有技术必须以能够实现的方式描述所要求保护的发明创造，才构成"预见"。换言之，如果现有技术只是描述了一种东西，而描述的方法使得本领域普通技术人员通过阅读现有技术对比方案而无须过度试验和推理即可获得，则技术文献的质量符合要求，构成现有技术。反之，即便对比方案被公开，也无法构成现有技术。如果现有技术是因使用被公开，则必须已经是可由公众所知晓或者使用而使任何不特定的人了解其中的技术内容，这种"了解"不以理解或者掌握为必要，只要技术脱离了秘密状态且在一定范围内公开即被认定为使用公开。

在对可以"预见"与否判断之时，两个技术方案的元素、组合方式等应该是完全相同的，也即采取"完全相同原则"。单篇现有技术对比文件必须要披露权利要求中发明创造的每个要素，并且按照与权利要求相同的方式组织在一起，才能作为证据证明根据美国专利法第 102 条的规

---

[1] 参见国家知识产权局专利复审委员会：《以案说法——专利复审、无效典型案例指引》，知识产权出版社 2018 年版。

定所要求保护的发明创造已被预见。①

（三）中国

我国新颖性审查采取"现有技术"作为新颖性的审查参照，"新颖"本身即是一个具有相对性的词语，不具有绝对性。因此对于现有技术的定性和定量十分重要，也即检索资料、检索的主题、检索的时间界限、检索的技术领域的选择尤为关键。对比文件主要是公开的出版物如专利文献、期刊文章等，以及经过使用和其他方式公开的技术方案。选择最接近的现有技术应当是客观的，发明与现有技术应指向相同的目的或效果，现有技术与发明关注的技术问题之间存在着某种内在联系，该现有技术中存在着、希望解决或者已经解决了这样的技术问题，也可以是该现有技术虽然没有记载，但所述领域的技术人员由此能够意识到这样的技术问题。② 我国《专利审查指南》中对新颖性和创造性进行审查时，采取"关联考虑原则"，考虑权利要求书中的全部特征，即技术特征和算法或商业方法本身特征，如果上述特征在"功能上彼此相互支持、存在相互作用"，共同构成技术手段并获得技术效果，则符合新颖性和创造性要求。应用于具体领域并解决技术问题以及技术手段调整或改进，都被认为是"功能上彼此相互支持、存在相互作用"。

二、人工智能算法发明创造性审查标准的比较探析

创造性作为专利授权的三个实质条件之一，被称为"专利性的最终条件"。③ 创造性标准在欧洲、美国和中国三地的审查内容各有不同，体

---

① 参见［美］J. M. 穆勒：《专利法》，沈超译，知识产权出版社 2013 年版，第 221 页。
② 马晨：《浅论最接近的现有技术的确定与创造性的判断》，《广东化工》2022 年第 9 期。
③ 石必胜：《美国专利创造性制度的司法变迁》，《比较法研究》2012 年第 5 期。

现在现有技术、本领域技术人员的设定以及技术特征和非技术特征的选取认定上。

（一）欧洲

如果一项发明在考虑到现有技术的情况下对本领域技术人员来说不是显而易见的，则该发明被认为具有创造性。新颖性和创造性是不同的标准。只有当发明符合新颖性标准时才会考虑发明的创造性，如果一项发明连新颖性都缺失，则没有进一步判断其是否具有创造性的必要。应认为，现有技术包括在欧洲专利申请提交日期之前通过书面或口头描述、使用或任何其他方式向公众提供的一切。

在欧洲，创造性与新颖性的判断主要依赖两个标准：本领域技术人员以及最接近的现有技术。"本领域技术人员"推定标准为相关技术领域的熟练从业人员，具有平均知识和能力（平均技术人员）。本领域技术人员知道在相关日期本领域的公知常识，还被推定已获得"现有技术"中的所有内容，特别是检索报告中引用的文件，并且对于相关技术领域已拥有正常的日常工作和实验的手段和能力。单一出版物（例如专利文件，也包括技术期刊的内容）通常不能被视为公知常识。在特殊情况下，技术期刊上的文章可以代表一般常识。这尤其适用于对某一主题进行广泛评论或调查的文章。如果发明位于一个新的研究领域，以至于相关技术知识还不能从教科书中获得，专利说明书或科学出版物中包含的信息，基础教科书和专著可被视为代表一般常识。

在欧洲，本领域技术人员并不是一个自然人，也并非是审查人员，而是一个假想的人。欧洲专利局认为，在某些情况下，从一群人的角度思考可能更合适，例如研究或生产团队，而不是一个人。对于跨技术领域的发明，本领域技术人员便超出了一个人的范围，成为多个人的组合，不仅可以是一个研究团队，也可以是一个生产团队，还可以是不同技术领域掌握普通技术知识和现有技术的普通技术人员的组合。欧洲专利局上诉委员会曾在判例中认为：适当情形下，可以认为某个团队由拥有不同领域专业知识的人员构成（T141/87、T99/89），在某特定领域的专家适于解决某部分问题，而另一部分的问题需要其他领域的专家解决时尤其如此（T986/96）。①

在问题解决方法中，要确定"最接近的现有技术"，考虑要求保护的发明对技术人员来说是不是显而易见的。"显而易见"是指没有超越正常的技术进步，而只是明显地或合乎逻辑地从现有技术中得出的东西，即不涉及超出本领域技术人员预期的任何技能或能力的行使即可获得的推论。

在进行创造性评价时，专利局既将技术特征考虑在内，也会考虑非技术特征。所有对发明的技术性作出贡献的特征（包括技术特征、非技术特征）都需要考虑，包括那些孤立地看是非技术的，但在本发明的上下文中产生服务于发明目的的技术效果，进而为发明带来技术性的特征。未对发明的技术性作出贡献的非技术特征在认定创造性时不予考虑（例如仅用来解决非技术性问题的情况）。欧洲一个最新的授权案例EP2932444（B1）是"一种机器学习系统中的计算机实现的方法"，在进行专利客体资格审查时通过了欧洲的审查，但是欧洲专利局认为这一技术方案缺乏创造性，微软公司作为专利申请人增加了关键特征，即"所述分数加上或减去一常量与所述分数的所估计的方差乘以二与所述容错度的商的对数的平方根的乘积"，这虽然是一个数学公式，欧洲专利局却将这一关键的非技术特征贡献纳入了创造性的评价。

---

① 欧洲专利局上诉委员会：《欧洲专利局上诉委员会判例法：第 6 版》，北京同达信恒知识产权代理有限公司译，知识产权出版社 2016 年版，第 171 页。

（二）美国

美国对于"创造性"的表述是"非显而易见性"。在美国历史上，有两个重要案件的裁判帮助美国形成了现有的"非显而易见性"审查标准。在 Graham 诉 John Deere Co. 案中，美国最高法院在该案中认为判断是否具有显而易见性有三个步骤：确定现有技术的范围和内容、确定要求保护的发明与现有技术之间的差异、解决相关领域的普通技术水平。创造性的评判标准是指美国专利法此前的判例确定了使用 TSM（teaching-suggestion-motivation）准则，即"教导—启示—动机"准则来判断是否显而易见，审查现有技术中是否存在着引导本领域的普通技术人员对现有技术进行结合的教导、启示和动机。基于 KSR International Co. 诉 Teleflex, Inc 一案，美国法院认为这种判断方法过于僵硬，更加明确地表明以下方案都不具有创造性：按照已知方法组合现有技术元素以产生可预见的结果；将一种已知元素简单替换成另一种以获得可预见的结果；使用已知技术以相同方式改进类似装置（方法、产品）；对容易改进的已知装置（方法、产品）应用已知技术以产生可预见的结果；"显而易见的尝试"即以合理的成功预期从有限数量的识别出的可预见的方案中选择。

美国在审查时对人工智能算法的改进呈积极态度，也即认同算法改进可以用来对创造性进行评价。以美国专利授权号为 US9691020B2 的一种名为"涉及用于使用深度神经网络的语音识别的训练方法"为例，它是一种用于使用深度神经网络的语音识别的训练方法，所述深度神经网络被配置到针对所述多个类别、类别独立的子网络中的每个，以将语音对象识别划分到多个类别使用，所述方法包括：在非瞬态计算机可读媒介上存储第一子网，第二子网和第三子网；用处理器训练所述第一子网，所述第二子网和所述第三子网，其训练数据属于所述多个类别的第一类别和第二类别。其特征在于，训练所述第一子网和所述第二子网包括：训练通过将所述第二子网连接到所述第一子网的输出侧而形成的第一深度神经网络，所述训练数据属于所述第一类别；训练通过将所述第三子网连接到所述第一子网的输出侧而形成的第二深度神经网络，所述训练数据属于所述第二类别；在完成第一深度神经网络的训练和第二深度神经网络的训练之后，分离来自其他子网络的所述第一子网络且在所述非瞬态计算机可读媒介中存储所述第一子网络作为所述类别——独立的子网络。审查人员首先认为这一技术方案包含"抽象思想"而无"语音"这一技术特征，在申请人加入语音特征后，虽承认其专利资格，但是质疑本申请的创造性问题，申请人在与审查人员争辩后，最终获得了一种将深度神经网络运用于语音识别领域的人工智能算法改进专利。这也说明 USPTO 认同人工智能算法在实现技术目的中的贡献，即人工智能算法的改进可以用来评价创造性。

（三）中国

我国专利创造性的判断标准是"实质性特点"和"显著性"进步。发明有突出的实质性特点，即指对所属技术领域的技术人员来说，发明相对于现有技术是非显而易见的；显著的进步，则指发明与现有技术相比能够产生有益的技术效果。[①] 一般而言，"实质性特点""显著性"与"非显而易见性"虽有联系但也有微妙的区别，我国的标准更关注发明本身固有属性，发明形成过程必须经过创造性思维活动。而"非显而易见性"关注发明最终的结果，需要看到发明的启示。[②]

[①]　国家知识产权局：《专利审查指南》，知识产权出版社 2010 年版，第 170 页。
[②]　李小童、徐菲：《回归与重构——在立法宗旨中探究专利创造性评判方式的优化》，《科技与法律》2020 年第 3 期。

我国关于人工智能算法专利是否具有创造性采取三步骤策略，首先判断最接近的现有技术，其次确定发明的区别技术特征和发明实际解决的技术问题，最后判断权利要求中的技术方案对本领域技术人员来说是否显而易见。"最接近现有技术"的判断要以所属领域普通技术人员为标准，结合技术领域、技术问题、技术效果，特别是通过对比涉案专利与现有技术的技术特征进行确定。最接近现有技术确定的难度不在于数量的广泛性，而在于对技术特征的比较，既要依靠对现有技术检索的准确性，还需要审查人员对相关技术领域的深刻了解。[1] 与最接近的现有技术的比对不一定是"单独比对原则"，可以将申请文件与多个现有技术比对，但是数量上应该有一定的限制，对允许组合的现有技术在数量上没有限制、只要拼凑在一起覆盖一项权利要求的所有技术特征，就能认定其不具备创造性的话，那么世上将没有几件专利申请能够获得授权。[2] 如果在人工智能算法发明的诸多技术特征中，人工智能算法被认为构成一个单独的技术特征，那么在本发明中其他技术特征已经被公开并成为现有技术的情况下，且该发明的主要技术贡献和技术改进恰好由算法体现，即使技术发明具有实用性，此人工智能算法发明也难以被评价为具有技术贡献，仍然是一种无法通过创造性审查的技术方案。

我国与美国在创造性审查方面的区别在于，我国审查人员需要考虑本发明与对比文件的区别技术特征在解决某个技术问题时是否具有特定的有益效果，但在美国，技术方案与对比文件只要存在区别特征即可，无须有任何进一步的效果。

---

[1] 李享：《人工智能生成技术方案"三性"审查标准同一性证成》，《大连理工大学学报（社会科学版）》2022 年第 5 期。

[2] 尹新天：《专利法详解》，知识产权出版社 2012 年版，第 146—199 页。

三、人工智能算法发明实用性审查标准的经验借鉴

专利审查早期声、光、电技术方案较多，发明创造的复杂度较低，其是否具有实用性显而易见，所以很少出现因为实用性存疑而产生的司法纠纷。因此，实用性虽然名列为三大积极要件之一，但是并没有受到充分重视，甚至有人认为实用性的判断是可有可无的。[①] 但是近年来，由于人工智能与数据的结合使得算法专利呈现指数增长，低质量专利的创造速度更快，实用性审查的重要性急剧增加。

（一）欧洲

欧洲一直将实用性审查置于专利性审查的首位，1963 年《统一发明专利实体法公约》（《斯特拉斯堡公约》）规定将"实用性"要件作为专利三性审查的第一步，亦即先审查其能否为产业利用，如为否定，则无进一步审查新颖性之必要。在《欧洲专利条约》第 52 条（1）中，实用性被描述为"可供工业实用"（susceptible of industrial application），"工业"一词在欧洲具有宽泛的含义，几乎包括任何的产业，甚至包含农业。但是《专利审查指南》言明，对于以明显违反公认的物理规律的方式运作的物品或程序（articles or processes alleged to operate in a manner clearly contrary to well-established physical laws），不予授予专利。

（二）美国

根据美国专利法的规定，如果一项发明提供了一些"可识别的好处"（identifiable benefit）并且能够使用，则该发明是"有用的"（capable

---

① 刘强、马欢军：《人类胚胎干细胞专利实用性问题研究》，《安阳师范学院学报》2018年第 1 期。

of use），否则就是"无用的"①。大多数发明通常不会因为缺乏实用性而受到质疑，但不应为永动机等梦幻般或假设的（fantastic or hypothetical devices）设备申请专利，发明应该"不轻浮或损害福祉、良好的政策或良好的社会道德"②。美国的实用性标准较之新颖性和非显而易见性标准更低，只要一项发明创造能够提供某些可以被识别的益处，确保发明在某个最低水平上发挥作用③，那么就被认为是具有实用性的，而不问其是否可以运用于产业。④

（三）中国

我国专利法上实用性的概念要从两个方面解读，首先是可再现性，也即可重复性或可重复出现，其次是积极效果，也即对社会有益。与美国不同，我国与欧洲一样，对实用性的惯常解释均突出了"产业"的要求，虽然在各立法文件中鲜少见到对"产业"一词的具体划分，但这主要是因为"产业"的内涵十分宽泛，我国没有着重强调这一问题，并不能据此认为没有"产业"二字就没有相应的要求。在 2017 年《专利审查指南》中，实用性被两个条件所约束：一是"能够在产业上制造或者使用"，二是"能够产生积极效果"，同时列举了不具备实用性的 6 种情形。

实用性审查的"积极效果"是以社会需要为前提的，违反《专利法》第 5 条的规定，即违反法律、社会公德或妨害公共利益，或虽未违反法律，但明显无益或脱离社会需要也可以认为其是具有"有害性"的。而创造性要求中的"显著性进步"则要求与现有技术相比能够产生有益的技术效果，如发明与现有技术相比具有更好质量、更高的产能、更节约

---

① See Bedford v. Hunt, 3 F. Cas. 37（C. C. Mass. 1817）.
② See Lowell v. Lewis, 15 Fed. Cas. 1018（1817）.
③ See Brenner v. Manson , 383 US 519（1966）.
④ ［美］J. M. 穆勒：《专利法》，沈超译，知识产权出版社 2013 年版，第 218 页。

资源或者更能够减少污染等。算法发明实践中可能会出现使用新手段实现旧技术效果的发明，而具有实用性却不具有创造性的现象。

第三节　我国人工智能算法发明专利性标准的法律调适

专利的新颖性、创造性与实用性审查是专利政策杠杆在专利法中的制度构成，这种杠杆所调节的内容表现为激励收益与特定用途的研发成本之间的不同比例①。为了更好地鼓励创新，有必要在政策杠杆理论的指引下对人工智能算法发明专利性标准进行法律上的微调。

一、新颖性：检索范围与无效制度的有机结合

对于新颖性审查是否应该改变，众说纷纭。有学者从现有技术的角度出发，认为人工智能具有强大的计算能力和记忆功能，在对专利数据库学习后，完全可以有效规避在先技术，满足新颖性要求亦不在话下。一旦新颖性的标准被其规避，那么可以预见，现有技术必定会呈指数型增长。②有学者持完全相同的观点，认为现有技术的增加会给专利审查人员带来工作上的压力。现有技术的增加与审查人员应对上的不足，导致技术检索准确性的降低，而检索准确性的降低则会滋生专利流氓。③

新颖性测试应适当拓宽现有领域，扩大检索范围，并使用人工智能进行专利审查。我国对专利进行新颖性审查时，一般会考察检索范围、检索主题、检索时间界限、检索技术领域。在事前控制层面：首先，审查人工智能算法的专利行政部门对现有技术的检索，不应拘泥于申请日以前在国内外为公众所知晓的某一特定技术领域，而应该将不同技术领

---

① 黎华献：《专利实用性要件之适用标准的反思与重构》，《清华法学》2020 年第 6 期。
② 朱雪忠、张广伟：《人工智能产生的技术成果可专利性及其权利归属研究》，《情报杂志》2018 年第 2 期。
③ 吴汉东：《人工智能生成发明的专利法之问》，《当代法学》2019 年第 4 期。

域但技术效果相同或技术目标相同的技术也纳入现有技术领域，以应对关键词替换的人工智能技术习惯。其次，应对现有技术缩小解释，排除仅靠词语替换生成的海量技术方案等 [1]。目前诸多学者提出，人工智能的关键词替换模式会极大地增加现有技术的数量，现有技术的增多则会使技术方案的新颖性很难体现。但是，在美国法中明确规定，现有技术的质量要求是必须符合能够按照申请人所公开的技术方案操作方式实现，而关键词替换模式等算法技术方案显然在满足这一要求上有所欠缺。为了实现专利法鼓励真正有创新技术获取专利的宗旨，应该在理论上排除仅靠关键词替换的现有技术。再次，应适当拓宽检索范围。根据我国《专利审查指南》，专利审查人员实际审查时引用的对比文件主要是公开出版物，但某些非专利文献并未全部收集到大型、权威文献数据库中 [2]，是专利常规检索很难检索的内容。由于技术方案的实现目前呈现出了全民参与、数据生成的趋势，如果只按照以往的习惯对小部分公开出版物进行检索，很难满足现有技术的要求，实际审查资料可能小于真正的现有技术范围，因此应适当拓宽检索范围。最后，可采取自动分类工具对专利进行分类，并采取基于人工智能技术的搜索系统进行现有技术检索。美国专利商标局 2021 年公布其使用人工智能工具进行现有技术审查，并称这一检索系统已经取得显著成就。这一检索系统以专利商标局建立的人工智能模型为基础，向审查人员学习并自动获取反馈数据不断改进。为使审查过程更透明，专利商标局会解释检索系统运行逻辑。同时，美国开发的专利自动分类工具会利用机器学习使用合作专利分类系统对专利文件进行分类。[3]

---

[1]　姚叶：《人工智能算法的可专利性问题研究》，《创新科技》2021 年第 9 期。

[2]　张洋：《论人工智能发明可专利性的法律标准》，《法商研究》2020 年第 6 期。

[3]　Drew Hirshfeld, "Artificial Intelligence Tools at the USPTO", See https:// www.uspto.gov, March 8, 2021.

就单独对比原则是否应该改变，仍值得探讨。有学者认为新颖性审查中的单独对比原则不能非常有效地应对人工智能情景下的专利问题。[①]因为人工智能在海量数据库中学习、参考，数据呈现非结构化，参考的资料呈现碎片化，而对这些资料进行检索则难以形成一份完整的对比文件。同时，人工智能采用的一些非惯常手段的替换在短时间内不易被察觉，这些技术方案实质上不符合新颖性的判断标准，根据单独对比原则很容易造成误判，故应以结合对比替代单独对比。[②]但也有学者认为单独对比原则不能因新技术突破而轻易改变，因为单独对比原则不是将涉案专利的每一项权利要求与几项现有技术对比，或者与一份对比文件中的多项技术方案组合对比[③]，而是选择一项最接近的现有技术，选择一个技术方案比对。如果审查人员将数份现有技术方案结合形成一份新的技术方案，再将其与申请中的技术方案对比，很容易产生现有技术中并不存在的新的技术方案。[④]本书认为，"单独对比原则"目前仍然不需要改变，尽管人工智能增加了现有技术，但现有技术的增加并非是现阶段专利审查所遇到的独有的困难。对现有技术缩小解释，如果能够达到"排除仅靠词语替换生成的海量技术方案等"，使用人工智能系统检索的话，被人工智能生成替换技术所干扰的可能性会大大减少。并且，专利法为新颖性检索失误所授予的瑕疵专利也已经设置了事后救济制度，也即"专利无效宣告程序"。我国也应将审查标准这种"事前控制"方法与"事后检验"相结合。

在事后控制层面，应加快"专利无效宣告程序"的处理速度。现有技术文献浩如烟海，基于行政效率、检索技术、检索资料的考虑，审查

---

①② 刘瑛、何丹曦：《论人工智能生成物的可专利性》，《科技与法律》2019 年第 4 期。

③　李享：《人工智能生成技术方案"三性"审查标准同一性证成》，《大连理工大学学报（社会科学版）》2022 年第 5 期。

④　崔国斌：《专利法原理与案例》，北京大学出版社 2016 年版，第 194 页。

人员无法穷尽所有资料。因此，给本没有新颖性的发明申请授予专利权在所难免。就专利权而言，发明人的贡献是权利基础，国家专利行政机构的"登记"是行政确认，具有划定权利边界的功能。在管理知识财产的方法上，存在着事先管理和事后管理两种方法，不同的财产形态采取了不同的管理方法。[①] 专利权具有推定性质，该权利是否应当获得尚有待检验。[②] 我国《专利法》第 45 条中规定了专利权无效宣告程序，针对瑕疵专利的授予提供权利状态纠正的管理方式。但是现实往往出现专利无效宣告程序进度缓慢，行政程序与司法程序循环的状态。当前，我国专利确权纠纷解决机制实行两审终审制，当事人首先向法院提起无效宣告请求，再针对无效宣告请求审查决定提起行政诉讼。由于专利复审委员会的无效审查程序具备准司法行为的特征，以及当事人可以较为容易地向最高人民法院申请再审，所以在实际上，我国专利无效制度成为"三审制"甚至"四审制"，救济过程冗长复杂[③]。专利无效宣告程序效率的提高能够弥补专利三性的审查瑕疵。

二、创造性：技术资料与技术人员的跨领域扩充

创造性被认为是"可专利性的最终条件"，也被称为"专利制度的守夜人"。我国专利审查人员所采用的创造性标准具有三个步骤：确定最接近的现有技术、确定发明的区别特征和发明实际解决的技术问题，以及判断要求保护的发明对本领域的技术人员来说是否显而易见，它们与"普通技术人员"的拟制、"相关技术领域"及"一般技术水平"三个要素的确定关系密切。我国《专利审查指南》规定，"普通技术人员"指一

[①] 李雨峰：《专利确权的属性重释与模式选择》，《中外法学》2022 年第 3 期。
[②] 曹雅晖：《专利无效宣告程序的制度功能探究》，载中国知识产权资讯网，2019 年 5 月 24 日。
[③] 史兆欢：《专利无效制度的改革和完善》，《电子知识产权》2018 年第 8 期。

种拟制的"人"，他虽然不具有创造能力，但是知晓申请日或者优先权日之前发明所属技术领域所有的"一般技术知识"以及所属领域的"现有技术"，并且具有应用该日期之前常规实验手段的能力。"一般技术水平"这一要素以前两个要素的确定为前提和基础，是实践操作问题而非理论问题，故而不在此处讨论。从创造性的角度，针对算法特征与技术特征在不同结合角度、结合方式和方法等多个方面，应从整体考虑技术方案的创造性给出明确的指导性意见。[①] 首先确定交底书中技术方案所要解决的技术问题，其次确定解决该技术问题所必不可少的技术特征构成完整的技术方案。

首先，技术领域的划分需要谨慎。人工智能与人脑越相似，与技术发展的理念就越接近。事实上，人的大脑是一个有效的学习机制，并不囿于一个知识领域。而人工智能的理想目标便是脱离固定领域的掣肘，变成具有普遍应用性、跨技术领域的智能。面对这样的发展趋势，判断人工智能算法是否具有独创性，不应被束缚在单一技术领域，而是要结合申请文件中所涉及的所有领域。

其次，对于技术人员的认定应当有一定的进步。其一，"普通技术人员"所掌握的技术应该与"现有技术"的发展同步。美国最高法院就明确指出，在对显而易见性进行考察和评估时，应考虑到最新技术。以人工智能最广泛的应用领域遗传编程算法为例，人工智能实质性参与算法的创新后，"普通技术人员"的技术水平是动态变化的[②]。我国《专利审查指南》并未要求申请人说明完成发明创造的方式，而是既可通过参考

---

① 牛晓佳：《人工智能领域算法相关专利申请的创造性分析策略》，《中国发明与专利》2022年第6期。

② William Samore, "Artificial Intelligence and the Patent System: Can a New Tool Render a Once Patentable Idea Obvious?", *Syracuse Journal of Science and Technology Law*, Vol.29, 2018.

特定领域的"一般发明实践"确定人工智能的使用程度，也可通过"行业趋势"确定本领域人工智能技术的使用水平[①]。其二，"普通技术人员"这一拟制的"人"的设定殊为重要，原因在于人工智能算法搭配强大的算力呈现出优秀的数据库检索和整合能力，在现有的技术审查标准下和数据库中，极其容易被认为具有"创造性"。"普通技术人员"作为一个拟制的"人"或"概念"或"标准"，由谁拟制？根据什么拟制？在不同的技术背景下应该具有不同的表现方式。在前人工智能时代，专利申请往往以人为主导，人类发现现有技术的空白并对它进行填补而形成发明。这一进程往往耗时较长，也更具有偶然性。但是在人工智能时代，人工智能算法依赖数据库的广度与更新时间进行发明，所做的发明也往往具有范围广、更新快的特点，使用原有的检验标准必定不适应现在的创新环境。在 Environmental Designs，Ltd. 诉 Union Oil Co. 一案中，法院提出确定"普通技术人员"标准需要考量的几个因素有：发明人的教育水平、本领域遇到的问题类型、现有技术解决这些问题的方法、创新的速度、技术的成熟度，以及该领域积极工作者的教育水平。并非所有因素都必然存在于每个案例中，在一个特定的案例中，一个或多个因素可能占主导地位。尽管美国法中并不因发明的方式而判断发明的可专利性，换言之，无论是因天才的"灵光乍现"还是技术人员的"长期努力"而获得的技术方案都应该被授予专利权，但是对于人工智能算法，这一问题则需要加入政策方面的考量。由人工智能偶然生成的技术方案并不被很多法院接受，尽管显而易见性的评估基于客观因素十分重要，但这并不是一项"铁律"，发明人的受教育程度也十分重要。基于此，有学者提出应当提高"普通技术人员"的标准，以反映现实条件中的"一般技术水

[①] 刘友华、李新凤：《人工智能生成的技术方案的创造性判断标准研究》，《知识产权》2019 年第 11 期。

平"①，亦有学者提出"普通技术人员"应被所属技术领域的"人工智能"所代替。②Abbott 认为，本领域技术人员应该是人工智能使用者与人工智能，或仅仅是人工智能。③

欧洲专利局内部审查人员的讲座中提及欧洲专利局已经开始对"普通技术人员"（the person skilled in the art）的标准进行修改适应性的解释，在欧洲专利局专利反对和实体法部主任（Head of Department Opposition & Substantive Law）Doris Thums 2020 年 12 月 8 日的讲座中说，在审查人工智能相关发明时，本领域技术人员应该拥有日常工作和实验的手段和能力（例如，设置参数、选择训练和验证集）。同时，对复杂的混合型发明的评估可能需要多个领域的专业知识，因此"本领域技术人员"可以是一个团队，例如，在应用人工智能领域，一个机器学习专家和一个航空航天工程师可以组成一个团队。④ 这些观点并不违背我国的法律、法规或规范性文件，为我国《专利审查指南》的修改提供了方向。

针对具体操作，在人工智能领域相关的专利申请中，技术特征与算法特征有着密不可分的关联性，该领域的技术方案在发明构思的提炼、现有技术启示等判断过程中相较于其他领域存在明显区别。⑤ 一方面，人工智能算法相关专利呈现了底层算法多领域、多产业使用的现象，另一方面底层算法本身的技术特征需要通过数据来显现，很难判断其创新性。无论是世界知识产权组织还是我国实务界人士及学者，都将人工智能相

---

① 刘强、周奕澄：《人工智能发明专利审查标准研究》，《净月学刊》2018 年第 3 期。
② 马忠法、彭亚媛、张驰：《与人工智能相关的主要知识产权法律问题》，《武陵学刊》2019 年第 1 期。
③ 刘友华、李新凤：《人工智能生成的技术方案的创造性判断标准研究》，《知识产权》2019 年第 11 期。
④ Doris Thums, "Patenting artificial intelligence at the EPO", https://www.wipo.int/edocs/mdocs/scp/en/scp_32/scp_32_c_quality.pdf, December 8, 2020.
⑤ 牛晓佳：《人工智能领域算法相关专利申请的创造性分析策略》，《中国发明与专利》2022 年第 6 期。

关发明分为三类：人工智能底层算法、人工智能功能性应用、人工智能产业应用。其中，人工智能底层算法是最核心的，最基础的，最具有普适性的，也是最难判断其创造性的。如果人工智能底层算法被应用于功能性应用或进行产业应用，则不必将创造性的尺子完全置于算法本身的技术效果之上，至少可以注意关注利用该类算法实现该特定功能性应用或者产业应用的启示，可以从该类算法的作用以及其所能解决的问题适用功能场景去判断该应用的启示。

三、实用性：发明实施效果评价体系的矫正

第一，实用性审查应当审查技术方案实施效果。首先，"有益效果"的存在是专利法对发明的首要要求，有益效果指由构成发明的技术特征直接带来的，或者是由所述的技术特征必然产生的技术效果，也就是说，有益效果是技术特征的绝对属性。但是具有"有益效果"并不一定具有"积极效果"，意即后者的要求更高。一般而言，在考虑是否满足积极效果时，还要考虑社会需求度，综合考量技术方案的缺陷部分。一个在车顶设置漏斗的发明：车顶安装漏斗，以供车内集水箱使用，下雨时漏斗可以收集雨水，雨水可用于车辆清洗，实现了充分利用自然资源的效果。但是专利审查部门认为车辆外形的设计要尽可能地降低风阻、节能减排、减轻重量，以降低能耗。而在车顶设置漏斗会增加风阻、增加车重、增大能耗，故而被拒绝授予专利权。人工智能算法专利可能具有有益效果但不一定有积极效果，因此需要严格审查。

第二，区分实用性要求的"积极效果"与创造性要求的"显著性进步"或称"有益的技术效果"。为了避免专利审查过程中对于人工智能算法专利的不适当过度排除，在进行审查时，应该严格控制审查顺序，先对人工智能算法发明进行实用性审查，随后才审查其是否具备新颖性，

当新颖性审查标准符合后才审查发明的创造性。

第三，设立积极效果评价底线。积极效果不是一成不变的，而是因时而动的。因此，审查时不需要明确积极效果清单，但须设立底线 ①，避免不道德、违反伦理和危害社会公共利益的人工智能算法发明获得专利 ②。目前人工智能算法专利主要包含算法技术专利、算法的功能应用专利以及算法的行业应用专利。对于算法技术本身而言，应该考虑人工智能算法所使用的数据是否源于个人、是否涉及个人隐私、涉及个人隐私时相关人是否知晓并同意。对功能性应用、行业应用专利应该考虑人工智能算法所使用的场景是否具有明显的社会危害性，如推荐过滤算法，若其推荐之信息数量违反人类的承受能力，推荐的方式违反人类认知模式，则应该考虑专利授权的有益价值和正当性。

第四，对有益效果的动态评价体系。人工智能算法虽然具有技术中立性，但如果缺乏必要监管方式就可能对社会产生负面效果。一是应该考虑根据时间、地域的不同需求进行审查。集佳知识产权代理机构曾经为当事人代理申请一个加热桌子的发明，发明中含一个桌板，内置加热组件为桌板进行加热，进而可以在寒冷的冬季为使用者提供一个相对暖和、舒适的学习工作平台。集中供暖的方案效率更高，供热方式简单，供热效果也更高，而且，在桌子上设置加热组件等会导致桌子的结构复杂、成本增加，该技术方案属于明显无益、脱离社会需要的技术方案。③ 这种专利对于北方集中供暖人群而言可能并无太大的作用，但是对于缺乏集中供暖且并无必要供暖装置的南方而言却具有积极效果。二是

---

① 张洋：《论人工智能发明可专利性的法律标准》，《法商研究》2020 年第 6 期。
② 姚叶：《多维度解读与选择：人工智能算法知识产权保护路径探析》，《科技与法律（中英文）》2022 年第 1 期。
③ 宋天凯：《浅析实用性判断中的积极效果和有益效果的区别》，载集佳知识产权网，2020 年 3 月 6 日。

应在审查时应考虑其可能产生的负面影响。譬如对于基因编辑工具专利CRISPR/cas9 而言，这一专利已经被授予 Broad 实验室（"张锋团队"）与德国马克斯·普朗克病原学研究所的 Charpentier 博士、美国加州大学伯克利分校的 Doudna 博士团队（"Doudna 团队"）。CRISPR/cas9 专利既可以被用于原核生物，也可以被用于真核生物，因此也具有培育人体干细胞的功能，而由于人体干细胞的再生功能，擅用基因编辑会发生人类遗传资源池的污染，对人类的生存、发展和繁衍产生极度消极的后果。事实证明，研究人员贺建奎使用 CRISPR/Cas9 对两名可能感染艾滋病的婴儿进行基因编辑而被判入狱。可见，一项技术在被授予专利时满足实用性，并不一定代表在接下来的实验中仍然如此。有学者指出，应将"人类介入"因素作为判断标准 [1]，通过事前监督、及时中止、及时审查等，严格审查实用性要件之实施效果。

最后，应根据我国专利法"公开描述要求"，结合法律、法规规定要求申请人披露数据、算法、模型等。但由于下一章将具体阐述是否以及如何公开数据、算法、模型等算法生产的要素，因此不在此详细阐释。

本章小结

在专利法中，新颖性、创造性以及实用性标准的地位不可撼动。实用性标准能够排除违反自然规律、人类道德的专利，新颖性标准能够在创造性审查之前排除旧有知识的重复保护，为社会增加新的技术，而创造性审查则能够排除低质量对技术的不合理垄断，三者的结合将有用的、新的技术带入专利法的保护范围。"实用性"审查最早是美国的"经济实用性"考量，后来经历了"道德实用性"的矫正，最终发展为包含"特

---

[1] 邓建志、程智婷：《人工智能对专利保护制度的挑战与应对》，《南昌大学学报（人文社会科学版）》2019 年第 2 期。

定实用性""本质实用性""可信实用性"的当代标准，它要求发明如果要申请专利必须存在现实可见的实际用途，而反对对经济上、科学研究上还未确定功效的科学信息提出专利申请，而在欧洲，这一标准则聚焦于发明应该是产业中可以应用的。新颖性承担着创造性之排头兵的角色，划分公有领域与私人领域职责，以平衡所有权人和社会公众的利益，减少审查资源的浪费，也能通过"绝对新颖性标准""相对新颖性标准"或"混合新颖性标准"的选择平衡各国的知识产权利益。创造性的作用最初是激励"创造性天赋的火花"，让那些灵光一闪的念头有迸发的可能。而现在的发明呈现群体化特征，专利权属公司化，有计划、有步骤的实验和群体性劳动已经替代了原来技术方案的天才的火花，创造性标准朝着客观化的方向发展，主要是为了刺激资金在不同产业的流动以激励产业的发展。

　　就"专利三性"的审查顺序看，新颖性之判断与创造性之判断有逻辑上的递进关系，如果一项发明与现有技术相同必定无法通过新颖性之审查，更不需要判断这一发明是否具有创造性。实用性审查一般居于专利三性审查的首位，当然这并非是因为实用性是专利三性的绝对考量因素，在专利法的逻辑判断上，并不以实用性为首要考虑因素，而是因为实用性审查标准能够从源头上阻断没有价值的专利，节省后续审查的资源。我国实用性标准首先要求可再现性，也即可重复性或可重复出现，其次要求积极效果，也即对社会有益。欧洲要求具有产业应用性。美国要求现实的、有用的技术。我国《专利审查指南》中对新颖性和创造性审查时采取"关联考虑原则"，欧洲专利局在审查新颖性时既将技术特征考虑在内，也会考虑非技术特征。我国创造性标准要求发明具有"实质性特点"和"显著性"进步，欧洲和美国要求"非显而易见性"。我国与美国在创造性审查方面的区别在于，我国审查人员需要考虑本发明与对比文件的区别技术特征在解决某个技术问题时是否具有特定的有益效果。

　　在面对人工智能算法对专利法规则的冲击时，专利三性的标准都应该有不同程度的变化。首先，实用性审查规则应当审查技术方案实施效果，审查时不需要明确积极效果清单，但要设立负面效果评价底线。新颖性测试应适当拓宽现有领域，扩大检索范围，不应拘泥于申请日以前在国内外为公众所知晓的某一特定技术领域，而应该将不同技术领域但技术效果相同或技术目标相同的技术也纳入现有技术领域，排除仅靠词语替换生成的海量技术方案等。"现有技术"的质量要求必须通过符合能够按照申请人所公开的技术方案操作方式实现，以应对关键词替换的人工智能技术习惯。应适当拓宽检索范围，只对小部分公开出版物进行检索，很难满足现有技术的要求，导致现有技术的范围由于资料检索问题而大幅度小于真正的现有技术。最后，可采取自动分类工具对专利进行分类，并学习美国、欧洲的经验，使用人工智能进行专利审查。但是新颖性审查的"单独对比原则"不应改变，这是新颖性审查的基础，且专利无效宣告程序能够解决单独对比原则所产生的审查瑕疵，我国更应该提升专利无效宣告程序的效率而非改变现有的专利规则。对于创造性审查，技术领域的划分需要谨慎，技术人员的认定应当有一定的进步，对"普通技术人员"这一拟制的"人"应该扩大解读，"本领域技术人员"可以是一个人，也可以是一个跨技术领域的团队，这能够应对算法跨领域的技术特征。

第六章　人工智能算法发明专利授权机制调适之三：公开规则

　　我国专利学界对披露问题普遍重视不够之现状由来已久。如在专利法教科书中，一般将专利申请文件作为程序性事项，对其着墨不多。[①] 现有研究中，国家知识产权局专利复审委员会的万琦对小 i 机器人案进行了评价 [②]，学者胡光与王雨平对 DABUS 案进行了探讨 [③]，但对于欧盟与美国最新的案例提及较少。对公开制度的讨论不仅能够帮助审查人员判断技术方案的专利性和可客体资格问题，也能够帮助建构解释人工智能框架，辅助评估人工智能风险，确定侵权责任承担等问题。[④] 在专利法中，激励理论与专利公开理论（也称对价理论）是专利法正当性论证的两个重要支点。专利公开（也称"披露"）是专利新颖性、创造性、实用性判断的前提和依据，能够支撑权利要求所要求保护的范围。可以认为，专利公开制度是专利法的根本性和支撑性的制度，专利法上的专利公开制度曾

① 梁志文：《论专利制度的基本功能》，《吉首大学学报（社会科学版）》2012 年第 3 期。
② 万琦：《说明书公开的若干问题研究——以"小 i 机器人"案为基础》，《知识产权》2015 年第 5 期。
③ 胡光、王雨平：《人工智能生成发明专利公开问题研究——以 DABUS 案为例》，《中国发明与专利》2021 年第 7 期。
④ 以上问题分别在刘云：《论可解释的人工智能之制度构建》，《江汉论坛》2020 年第 12 期；刘艳红：《人工智能的可解释性与 AI 的法律责任问题研究》，《法制与社会发展》2022 年第 1 期等文章中论及。

经毫无疑问地构成了专利法各个具体制度的核心原则①。专利制度的最终目的是通过披露将新的设计和技术带给公共领域。美国联邦巡回上诉法院也曾注意到"披露是专利的首要功能"，澳大利亚学者认为发明的披露是专利制度的基石。② 有鉴于此，有必要分析人工智能发明公开的相关案例，探究公开制度的学理基础与现实原因，研究公开可能涉及的法律问题并与我国专利法及实践相结合，并对我国审查规则的调适提供建议。

第一节　人工智能算法发明公开的现状

一、欧洲审查案例对训练数据的公开要求

《欧洲专利公约》（EPC）第 83 条要求："欧洲专利申请应以足够清晰和完整的方式公开发明，以供本领域技术人员实施。"对于机器学习专利，第 83 条的要求着重体现在对于"训练数据"公开的要求上面。2024 年《专利审查指南》中明确规定，人工智能、机器学习等发明的公开标准与其他技术并无不同。但是，人工智能、机器学习等发明所使用的数学方法和训练数据的披露必须足够详细，以便在权利要求的整个范围内再现发明的技术效果。其中，训练数据并不是强制披露的内容，如果机器学习的技术效果取决于训练数据的特定特征，那么这些特征则必须公开。除此之外，发明所使用的任何神经网络的结构、拓扑结构、激活函数、结束条件和学习机制都是申请可能需要公开的相关技术细节。

案例 T0161/18③ 的发明涉及一种使用神经网络计算医学参数的医疗设备。原告申请采用人工神经网络将其测得的血压曲线转化为等效的主

---

① ②　梁志文：《论专利公开》，知识产权出版社 2012 年版，第 133 页。

③　See EPO.T0161/18（Äquivalenter Aortendruck/ARC SEIBERSDORF），https://www.epo. org/law-practice/case-law-appeals/recent/t180161du1.html, Dec.5, 2020.

动脉压，是一种基于神经网络算法的人工智能发明。权利要求明确指出神经网络的权重值是通过训练确定的。申请并未包含数据集示例，但包含了一项声明："输入数据应涵盖不同年龄、性别、体质类型、健康状况等的广泛患者群体。"该技术方案被专利审查部门拒绝授予专利，专利局上诉委员会认为："本申请仅公开了神经网络训练输入数据应涵盖不同年龄、性别、体质类型、健康状况的患者，却没有公开哪些输入数据适合于训练本发明中的人工神经网络，或者至少一个数据集适合于解决这一技术问题。人工神经网络的训练不能由本领域技术人员重新进行。因此认定这一发明没有充分公开。"

　　欧盟另有一个案例再次体现其对于训练数据披露问题的关注。在T1191/19 案 ① 中，原告发明涉及基于患者数据库和针对这些患者的不同干预措施的结果而为患者提供不同干预措施。该发明使用人工智能进行选择，并根据"元学习方案"对患者进行分类。专利申请被认为不符合第83条所规定的披露要求，因为它没有披露"……任何训练数据的示例集……申请甚至没有披露训练数据应该包含的最少患者数量……"专利上诉委员会发现该申请没有披露如何以足够清晰和完整的方式将元学习方案应用于问题以供本领域技术人员执行，也没有公开任何训练数据和验证数据的示例集。上诉委员会评论认为，"在申请的抽象层面上，可用的披露更像是对研究计划的邀请"。为了通过创造性测试，上诉人面临的问题是元学习方案在最接近的现有技术中被披露。除了在最接近的现有技术中公开的方案在抽象级别上的简单重复之外，委员会无法在要求保护的发明中看到将现有技术元学习方案应用于选择神经可塑性问题的任何非显而易见的细节干涉。

---

① 　See EPO. T1191/19（Neuronal plasticity/INSTITUTGUTTMANN），https://www.epo.org/law-practice/case-law-appeals/recent/t191191eu1.html, Apr.1, 2022.

可见，在欧盟的专利审查中，对训练机器学习模型所需的训练数据的描述至关重要。特别是，欧洲专利局要求对数据的两个方面进行披露：（1）哪些输入数据（例如，该数据的最低要求）适合训练机器学习模型以解决手头的技术问题；和／或（2）至少一组适用于训练机器学习模型的训练数据示例。[1]

二、美国公众反馈对算法透明的集体呼吁

根据 35USC§112（a）对专利公开的相关要求，一般而言，申请人需要披露以下内容：（1）对发明及其制造和使用方式和过程的书面描述；（2）使熟悉该发明或与其最密切相关的领域的任何人士能够制造和使用该发明；（3）最佳实施例。如果无法满足上述条件，专利权利要求可能会被认定为无效。

根据美国白宫发布的《关于安全、可靠和可信地开发和使用人工智能的行政命令》，美国专利商标局发布了人工智能辅助发明的发明人指南和示例，明确"人工智能相关发明"属于"计算机实施发明"并适用《专利审查程序的程序手册》(*Procedures Manual of Patent Examining Procedure*)。在手册的第 2100 章第 2161 节中，审查部门专门为计算机实施发明的功能性权利要求限制的披露要求提供了指导。一方面，当权利要求以功能性语言定义发明并指定期望结果时，必须充分详细地描述执行该功能的算法或步骤／程序，以便本领域的普通技术人员能够理解发明人打算如何执行该功能。另一方面，满足书面描述要求所需的详细程度取决于权利要求的性质和范围以及相关技术的复杂性和可预测性。对

---

[1] Jessica Steven-Fountain, "Issues Concerning the Grant of Machine Learning Patents at the EPO", https://www.dyoung.com/en/knowledgebank/articles/epo-patent-grant-machine-learning, August 16, 2022.

于计算机实施的发明，由于计算机硬件和软件的相互关系和相互依赖性，确定公开的充分性将取决于硬件和软件公开的充分性。

对于执行具体计算机功能的计算机实施的权利要求来说，说明书应当公开用于执行所述具体计算机功能的算法。算法可以被限定为用于解决逻辑或数学问题或执行任务的有限的步骤序列，可以以任何可理解的术语包括作为数学公式、流程图或提供充分结构的任何其他方式来表达。算法的充分性是根据本领域普通技术人员所理解的足以限定结构并使权利要求的边界可理解的内容来确定的，但通过主张本领域普通技术人员能够编写执行所要求功能的软件，不能避免算法的公开。若申请人的说明书未能对计算机和算法进行详细披露，没有充分披露相应结构、材料或动作（corresponding structure, materials, or acts），而这些结构、材料或动作执行了在权利要求中提出的手段（或步骤）加上功能限制的全部所要求的功能，则申请将会被驳回。

在 2020 年 10 月美国发布的《公众对于人工智能和知识产权政策的意见》中，专利商标局就"是否对人工智能相关发明的披露有其他考虑"这一问题征求公众的意见。专利商标局认为，在现行的法律实践下，对计算机实施发明的书面描述通常要求对实现发明的算法的足够披露，以使本领域发明人能够得到合理结论以获得专利。但相关发明可能有大量位于隐藏层的深度学习系统，其权重在学习 / 训练过程中在不断变化。为了符合书面申请要求，申请人提供资料的详细程度是否需要改变？大多数评论者都认为，人工智能发明没有独特的披露要求。根据美国专利商标局目前的审查指南，判断是否满足披露要求将取决于每份申请的具体情况。

在美国专利商标局 2022 年 6 月 29 日举办的"人工智能和新兴技术

伙伴关系的利益相关者会议"① 上，来自麻省理工大学、赛默飞世尔科技、Osha Bergman Watanabe & Burton LLP 律师事务所、基因泰克公司的几位学者、实务界人士指出，对于人工智能数据的训练数据、参数和权重等数据的披露可能会引发几个问题：首先，数据的传输、数据中的个人隐私等可能会被泄露和攻击，甚至数据在政府部门之间的传输也会泄露发明人的数据。其次，如果审查部门"建议"而非"强制"发明人披露发明过程中的重要数据，那么在诉讼中，申请发明时没有披露相关数据的发明人可能会面临"解释当时为何没有披露相关数据"的被动地位。当然，也有学者提出将训练数据、参数和权重等数据进行"存储"以供专利审查部门审查可以在一定程度上解决人工智能算法发明公开不足的问题。

三、中国《人工智能相关发明专利申请指引（征求意见稿）》要求

我国《专利法》第 26 条第 3 款规定，说明书应当对发明或者实用性作出清楚、完整的说明，以使所属技术领域的技术人员能够实现为准。人工智能算法发明应当满足专利法的要求，能够实现该发明的技术方案，解决其技术问题并且产生预期的技术效果。专利公开标准一般认为由两个方面构成：一是书面描述，二是能够实现。"书面描述"要求专利申请人通过原始申请文件的描述向公众证明其在申请专利时已完成并掌握了权利要求所界定的技术方案，其重点主要是确保在占有的意义上"发明

---

① 美国专利商标局在 2022 年 6 月 29 日组织的会议，在 Panel 3 阶段，由 Nalini Mummalaneni（Legal Advisor, Office of Patent Legal Administration）, Randall Davis（Professor of CS & EE, Massachusetts Institute of Technology）, Lian Huang（Senior Patent Counsel, Genentech）, John Osha（Partner, Osha Bergman Watanabe & Burton LLP）, Laura Zager（IP Counsel, Thermo Fisher Scientific）共同就人工智能相关发明的公开问题进行讨论。

人实际发明了所要求的发明"[1]。"能够实现"要求本领域普通技术人员按照说明书中披露的信息，在不进行过度实验的情况下可实施该技术方案，解决相关技术问题并达到预期的技术效果[2]，主要为了复制和向公众传播技术信息。专利的公开并不完全是"实用性"标准的从属证明标准，当一项专利的说明书不能满足这些要求时，涉及该发明的权利要求就会失效，即使该发明是在其他方面符合主体资格、有用、新颖等要求的。

2024 年国家知识产权局发布的《人工智能相关发明专利申请指引（征求意见稿）》要求根据发明贡献类型确定说明书应当记载的内容，清楚、客观地写明申请与现有技术相比所具有的有益效果。发明贡献在于人工智能模型训练的申请，在说明书中应清楚记载必要的模型训练过程中涉及的算法及算法的具体步骤、训练方法的具体过程等。发明贡献在于人工智能模型构建的申请，在说明书中应记载必要的模块结构、层次结构或连接关系等，准确、客观地写明模型的功能和效果。发明贡献在于人工智能具体领域应用的申请，在说明书中应明确模型如何与具体应用场景结合、输入 / 输出数据如何设置等。必要时，说明书中还应当阐明输入数据和输出数据之间的相关性。[3]

第二节　人工智能算法发明公开的理论支撑

一、现有算法发明公开路径的不足

（一）算法透明与算法可解释的局限

环视全球，诸如算法偏见或算法歧视、算法操控等社会问题已频频出

---

[1]　See Tronzo v. Biomet, Inc., 156 F.3d 1154, 1158（Fed. Cir. 1998）.
[2]　魏远山、刘妍：《论人工智能算法专利的披露标准》，《科学学研究》2023 年第 12 期。
[3]　国家知识产权局：《关于就〈人工智能相关发明专利申请指引（征求意见稿）〉公开征求意见的通知》，载国家知识产权局网站，2024 年 12 月 6 日。

现。算法偏见即"算法开发者或所有者可以调控程序参数，从而得到想要看到的结果"①。算法偏见存在于各行各业，并可能经由行业之重要性而产生损害扩张效应。首先，其可能损害公民的基本权利，如种族歧视、劳动歧视；其次，可能损害市场各方面竞争利益，如搜索引擎在比价排名中将自己的产品置于榜首；最后，损害民事权益，如算法杀熟，旅行软件针对顾客精准定价、差异定价。根据应用场景之不同，算法偏见可能导致社会公平、财富分配和社会诚信体系失衡，甚至威胁正当程序原则。如基于一个人的鞋带颜色决定是否向申请人发放信贷会导致信贷体系的不可预测，如把算法用于刑事犯罪风险评估乃至量刑决策将会威胁司法安全。

解决算法偏见的策略目前在各国未趋于统一，"算法解释权"最早由Goodman 和 Flaxman 提出，二人认为欧盟《通用数据保护条例》创设了"算法解释权"。欧盟 2018 年发布的《通用数据保护条例》中明确规定算法自动化决策的解释权，这被认为是一项实证权利，数据控制者应当就算法的设计向数据主体负有算法透明的义务而相应的数据主体应该有了解算法的知情权。2019 年《平台与商户间公平性和透明度法》进一步要求网络平台向用户公布算法参数。欧盟在算法披露的逻辑中遵循着追求"透明度原则"与"算法问责制"配合的制度自洽。《通用数据保护条例》要求以简洁、透明、易懂和易于访问的方式，让数据主体了解其数据的使用情况，其规定的算法问责制原则要求数据控制者确保遵守透明度要求，并能够证明算法自动化决策的合规性。②2021 年，美国众议员提出《过滤气泡透明度法案》，要求政府在自动化决策中对算法的源代码进行披露。尽管法案尚未通过，但是见微知著，美国倾向于分层级对算法披

---

① 仇筠茜、陈昌凤：《基于人工智能与算法新闻透明度的"黑箱"打开方式选择》，《郑州大学学报（哲学社会科学版）》2018 年第 5 期。

② 靳雨露：《算法披露的域外经验与启示》，《情报杂志》2022 年第 7 期。

露进行差异化规定。美国《2019 年算法问责法案》也如欧盟般规定算法的透明机制与问责规定，但区别是美国联邦贸易委员会（FTC）在 2020年发布的《使用人工智能和算法》中进一步明确对算法披露进行外部问责。我国对于算法的监管也在 2019 年初露端倪，《电子商务法》对电子商务平台增设了算法责任，初步建立了算法事前监督机制。算法的逻辑、意义、设定的目的和一般功能都将成为被解释的对象。

算法解释指向有关机关和相关个人解释相关算法的运行逻辑并提示风险，而算法透明指算法主体披露算法应用、设计参数等一系列信息，从而获得外界的信任。[①] 前者仅针对社会公众，后者则仅需要向相关人公开。算法本身对于掌握算法的互联网平台企业具有显著的重要性，被认为属于其核心竞争力。人工智能算法解释的相关规则对企业施加了较重义务，可能减损了企业的市场竞争力。算法解释权在权利保障上是低效的、不经济的，即使赋予用户算法解释权，也不足以矫正算法权力。[②] 个体赋权碎片化会因个体能力的有限而催生管理者与被管理者目标不一致的制度异化（或称"眼镜蛇效应"。英国殖民者在印度为消灭眼镜蛇而使用赏金激励人们捕杀眼镜蛇，而当地人民却开始养殖眼镜蛇以获得更高的赏金，这代表着管理目标与管理效果的制度无效状态）。算法的透明和可解释权路径是从算法设计者或者算法的使用阶段兴起，那么相较于人工智能的设计人而言，即便苛责算法的使用人（如行政机关）试图对自动化决策人工智能的运算逻辑进行解释，也会由于专业技术知识的匮乏而难以实现。因此，算法透明化、公开化的呼吁只能起到程序性规制之用，公众对算法的核心逻辑的不理解、对算法的不信任仍然无法解决。

---

① Joshua Kroll, Joanna Huey, Solon Barocas, Edward W. Felten, Joel Reidenberg, David Robinson, and Harlan Yu, "Accountable Algorithms", *University of Pennsylvania Law Review*, Vol.165, 2016.

② 辛巧巧：《算法解释权质疑》，《求是学刊》2021 年第 3 期。

（二）商业秘密公开机制的场景限定

算法解释的"举报人披露制度"具有场景限制性，举报人披露制度要求企业内部的员工或者对企业内部秘密知悉的人，通过律师等专业机构向相关部门对所知悉的企业违法、违规、违背道德的人工智能算法进行披露。[①]"举报人披露制度"并不对举报人是否与企业有利害关系，亦无利益争端考量，以鼓励所有知悉内情的人士勇敢地站在正义的一方，且对举报人的举报路径施加了严格的限制，即禁止其大范围地公开。在这样的场景限制下，仅能够对已经违法、违规、违背道德的算法进行披露，且无法使公众知悉，限制性较多。

（三）"准专利权"制度的构建困境

对于算法公开的目标，有学者认为现行的专利公开制度对于激励算法公开缺乏强吸引力，激励算法创新与算法的监管规制算法权力应当同时进行，因此可以建立一个类似于药品数据保护制度的系统。一旦算法被设计出来，如果打算在涉及公共利益的应用场景中使用，算法的所有者必须向主管行政机关作出声明。该命令应同时披露该算法的想法和源代码，并对该算法的非损害性作出相应的声明。假设主管行政机关确定所应用的算法不会侵犯他人的利益，将允许该算法在市场上销售，并禁止市场上其他竞争者使用该算法。[②]这一制度类似授予药品专利数据的管制性排他权，是一种"准专利权"，也是敦促企业将事关公共基本权利有关的重要利益但具有极高商业价值的数据公开以换取短暂排他权的利益交换制度。算法的开发——特别是应用于公权力行使的算法的开发——

---

① 参见姚叶：《人工智能算法的不可解释性：风险、原因、纾解——兼论我国"举报人免责制度"的具体建构（英文）》，《科技与法律（中英文）》2022 年第 3 期。
② 梁志文：《论算法排他权：破除算法偏见的路径选择》，《政治与法律》2020 年第 8 期。

与药品一样具有类似的公共利益，缺乏公开均会导致算法偏见问题日趋严重，特别是在算法被应用于公权力行使的场合，它加剧了社会不平等、侵害个人权利等问题。[①] 药品与人的生命健康之间的关系极为密切，药品专利的产生需要经历研发、实验等多个步骤，需要巨额的投资，为了使药品的投资人能够收回成本，专利法不仅通过橙皮书、专利连接制度等实质上增加药品的保护期，还对于药品数据这一专利核心内容进行保护。与之相比，算法技术方案的设计和产生更新速度快，价格相对较低，设立额外的权利进行保护尚无必要，且算法在技术层面公开的困境也无法通过"准专利权"的制度进行克服。

算法公开需要企业、政府的强制性监管与企业自愿公开的有机结合，算法解释是专利公开制度下的有益副产物，但它并不能完全代替企业自发公开说明、政府强制性监管等一些专为算法透明而设的算法解释制度，专利公开文件成为后续算法透明路径中不可或缺的基础参考。[②] 基于算法解释和算法透明的可行性与必要性，有学者提出"算法信任"的算法公开目标。

二、人工智能算法发明公开的制度功能

长久以来，技术方案的新颖性、创造性以及实用性是人工智能发明专利性问题的三个重要内容[③]，但是在人工智能发明的产生逻辑变化后，算法、训练数据、权重、模型的公开充分性问题成为了新的议题。不仅如此，我国专利学界对披露问题普遍重视不够之现状由来已久。如本章

---

① 梁志文：《论算法排他权：破除算法偏见的路径选择》，《政治与法律》2020 年第 8 期。
② 侯泽琦：《论算法可专利性中的算法解释功能》，《北京航空航天大学学报（社会科学版）》2024 年第 1 期。
③ 参见吴汉东、张平、张晓津：《人工智能对知识产权法律保护的挑战》，《中国法律评论》2018 年第 2 期；朱雪忠、张广伟：《人工智能产生的技术成果可专利性及其权利归属研究》，《情报杂志》2018 年第 2 期；刁舜：《人工智能自主发明物专利保护模式论考》，《科技进步与对策》2018 年第 21 期等。

开头所述，对公开制度的讨论不仅能够帮助审查人员判断技术方案的专利性和可客体资格问题，也能够帮助建构解释人工智能框架，辅助评估人工智能风险，确定侵权责任承担等问题。

任何人应该得到他对社会贡献的相应报酬，发明人对社会的有益贡献所获得的报酬应当是以排他性的专利权为形式的垄断权。一般而言，专利法中的公开制度是帮助专利权人与社会公众形成契约的中介。换言之，专利公开制度本质上是发明人与社会公众之间利益交换的契约。如今，专利寿命低、专利转化率低、专利质量低等问题从契约论观之都是不恰当的公开制度所引发的专利人与社会公众权责不一致所导致的制度异化问题。专利契约论是自然权利理论与功利理论的结合，在两种理论的阐释下有不同的制度意蕴。

作为正当性理论中的专利契约理论，其本身的制度价值如下：首先，专利的公开制度本身与商业秘密具有替代性，将权利人本欲由商业秘密保护的知识公开变为公有知识，扩大了人类知识的总量。其次，知识的公开不仅起到累积的作用，还可以刺激其他发明人探索更多的知识，带来发明灵感，增加改进发明。再次，通过公开知识，可以帮助其他发明人明确知识的权属，协调在先发明人与在后发明人的发明活动，减少重复劳动。最后，知识的公开节省了商业秘密的保守成本、降低了商业秘密状态下的交易成本等。作为财产权理论的社会契约论，其正当性主要体现在发明人通过发明活动获得对初始占有技术知识的自然权利，然后通过专利契约放弃该技术知识的秘密性，而获得受政府保护的对该技术排他实施的使用权。[1]

专利权被视为一项契约，发明人将其具有价值的技术方案公开以换

---

[1] 和育东：《专利契约论》，《社会科学辑刊》2013 年第 2 期。

取国家授予其的一定期限的垄断权。① 专利法以促进创新为根本制度目的，并使社会在经济上或其他方面受益。有形资源与无形资源相同，所有权的产生都需要公示或通知。专利公开制度与不动产登记制度相同，均是一种通知（notice）制度。Peter S. Menell 将有形资源与无形资源对比，总结出如下功能：

首先，专利公开制度具有知识传播功能（knowledge dissemination）。科学和技术知识的传播以及创造性的表达对于促进社会进步和繁荣至关重要，且知识传播在专利法中起着核心作用。② 尽管著作权法、商标法也有同样的制度目的，但大多数表达性作品与商标通常都具有披露功能。商业秘密并不赋予持有人专有权，因此，那些进行逆向工程或独立开发知识的人可以自由使用和披露信息。相比之下，专利法提供了更有力的保护，但要以公开披露为交换条件。③

其次，专利公开制度具有信息传递或公示功能（signaling）。亚伯拉罕·林肯指出，专利制度"在发现和生产新的和有用的东西时，为天才之火增添了兴趣的燃料"④。"兴趣的燃料"指的是风险投资。为了吸引追求技术发明和商业化所需的资本，发明者必须向潜在的投资者披露他们的想法。正如阿罗所指出的那样，这些投资者在作出承诺之前会希望了解技术的细节。但是，一旦接触到这些知识，他们就拥有了信息商品，在没有知识产权保护且可以在不补偿发明者（或作者）的情况下，将技

---

① 李雨峰：《论专利公开与排他利益的动态平衡》，《知识产权》2019 年第 9 期。

② Peter Menell and Suzanne Scotchmer, "Intellectual Property Law", in *Handbook of Law and Economics*, Amsterdam, London: Elsevier, 2007.

③ Peter Menell, "Economic Analysis of Intellectual Property Notice and Disclosure", in *Research Handbook on the Economics of Intellectual Property Law*, Cheltenham: Edward Elgar Publishing, 2019, p.550.

④ Abraham Lincoln, "Message to Congress in Special Session", https://teachingamericanhistory. org/document/message-to-congress-in-special-session/, July 4, 1861.

术（或表达性作品）商业化。^①专利可以通过建立知识产权制度来解决阿罗的信息悖论，提供一种可信的信息公开手段^②，减少发明者和潜在投资者之间的信息不对称。获得专利权标志着一种独占的、可排除他人竞争的权利，以及专利审查部门对发明新颖性、创造性、实用性的和充分公开的认可，可以辅助投资者进行决策。

再次，专利公开制度具有向他人明示边界的作用^③。与有形财产相同，专利制度能够妨碍竞争对手的营业自由。即便竞争对手对于使用他人专利信息并不知情，也将承担侵权责任。因此，专利披露制度能够向竞争对手彰显其获得专利权的事实，使得竞争对手可以通过检索避免侵权。换言之，专利权人通过排他利益为其投资获得回报；经由公开，专利权的界限也更加明晰，公众获得了行为预期。^④

最后，专利公开制度具有累积创新作用。^⑤专利公开制度在促进累积性创新和创造力方面发挥着重要作用。^⑥如果在先发明者能够将信息充分公开，那么在后发明者则不再需要重新实验或者构思，而是可以在前人披露的信息基础上进行更有益的、新的尝试。发明处于专利期限内，在先发明人与在后发明人可以通过许可制度达成合意，在后发明人获得在一定范围内使用知识的权利并支付给在先发明人以一定的回报，可以减

---

① Michael Burstein, "Exchanging Information without Intellectual Property", *Texas Law Review*, Vol.91, No.2, 2012.

② Clarisa Long, "Patent Signals", *The University of Chicago Law Review*, Vol.69, No.2, 2002.

③ Peter Menell, "Economic Analysis of Intellectual Property Notice and Disclosure", in *Research Handbook on the Economics of Intellectual Property Law*, Edward Elgar Publishing, 2019, p.550.

④ 李雨峰：《论专利公开与排他利益的动态平衡》，《知识产权》2019 年第 9 期。

⑤ Roberto Mazzoleni and Richard Nelson, "Economic Theories About the Benefits and Costs of Patents", *Journal of economic issues*, Vol.32, No.4, 1998.

⑥ Peter Menell and Suzanne Scotchmer, "Intellectual Property Law", in *Handbook of Law and Economics*, Elsevier, 2007, pp.1473—1570.

少重复研究的浪费并促进合作。专利公开同时可以刺激其他人围绕授权专利设计或构思新的发明。[①] 一旦发明已过专利期，更多的人可以自由使用所披露的信息。专利技术方案的公开也能够给在后发明人以信息提示，防止在后发明人进行无意义的与在先发明人相同的重复劳动行为，加快社会中创新的速度。[②]

在契约论的解释中，政府的职能源于与公民的契约，公民让渡部分权利给政府，并由此享受政府的"服务"。透明度对一个公平和合法的政府来说是不可或缺的，专利审查机构作为政府机构，接受申请、审查并决定专利的审查标准，应当承担透明的公共职能。专利法的公开制度便是政府承担这一义务的制度范本。

专利公开制度不仅类似于物权的公开制度，也是社会契约下公共服务部门必须遵守的义务。因此，充分公开、流程透明具有深厚的理论基础。然而，由于人工智能的技术复杂性，将人工智能专利相关元素的公开可能超越了专利审查部门现行的审查内容，故而审查规则应当与时俱进。

专利公开也承担着专利新颖性、创造性、实用性外的隐形专利资格否定要求。专利公开标准一般认为由两个方面构成：一是书面描述，二是能够实现。在 Kaavo Inc. 诉 Amazon.com, Inc. 一案 [③] 中，涉案专利题为"N 层应用程序的云计算生命周期管理"，因为其目的是管理云计算环境，其中云环境用于运行软件应用程序（例如网络门户、文字处理程序、库存管理程序、数据库管理服务，等等）。涉案专利并不是因为包含"建立

---

① Polk Wagner, "Information Wants to be Free: Intellectual Property and the Mythologies of Control", *Columbia Law Review*, Vol.103, No.4, May. 2003.

② Peter Menell, "Economic Analysis of Intellectual Property Notice and Disclosure", in *Research Handbook on the Economics of Intellectual Property Law*, Edward Elgar Publishing, 2019, p.550.

③ See Kaavo Inc. v. Amazon.com, Inc.（D. Del. 2018）.

和管理云计算环境的抽象概念"而被拒绝授予专利，该专利中没有对所诉求的发明提供的改进和优势进行描述才是主要原因。

第三节 人工智能算法发明公开的考察内容

人工智能的实现经历了从符号主义到连结主义的过程，符号主义所使用的逻辑是线性逻辑，比如"如果……就……；因为……所以……"。人工智能为计算机软件创造其应当遵循的规则，对机器的决定进行事先安排，若发生特定事件则执行具有特定操作的人工智能算法。线性算法固然更容易被理解，但是它需要穷尽所有的"输入"才能够获得期待的"输出"。为了让人工智能能够识别一份文件是不是股权转让协议，我们就要把所有能想象到的股权转让协议的名字都输入系统，比如"协议书""股权转让同意书""备忘录"等。为了让人工智能产生自我认知，提高人类处理事物的效率，神经网络算法应运而生。连结主义人工智能通过使用神经网络算法，采用网状的非线性函数，在不相干的元素中建立一个假设的逻辑关系，然后通过海量的数据来检验这种假设的正确性，淘汰正确度低的假设，保留正确度高的假设，从而具备了更强的学习能力。换言之，人工智能通过在简单甚至统一单元（如人工神经元）相互连接的网络中学习规则，产生智能行为。①

如要解决某个具体问题，需要三个步骤来进行机器学习：（1）能找到该问题中输入和输出之间的数量关系，建立数学模型。（2）能找到该数学模型的算法解。换言之，人工智能算法设计者根据问题的抽象模型、可能得到的输入和期望得到的输出设计出求解该问题（实际上是对问题抽象模型的求解）的算法。（3）根据算法解能编制出在计算机上可实际

① 华宇元典法律人工智能研究院：《让法律人读懂人工智能》，法律出版社 2019 年版，第 221—223 页。

运行的程序。对于很多现实世界的复杂预测问题，简单的加权方式并不精准，非线性以及交互方式的采用必不可少。所以，非线性和交互作用越多，模型的解释就越不真实。[①] 可见，为了实现人工智能算法的透明化和可理解，需要从"输入"到"输出"的人工智能运算逻辑、人工智能算法生产的必须要素等方面分析公开的恰当方法。

在美国专利商标局就人工智能向公众征求意见的回复中，许多个人的建议值得关注。有人认为披露的内容将保持不变，发明人必须披露数据的实施方式、处理技术和算法以及超参数的调整。也有人认为清理过的源代码或训练过的模型应该公开（不一定是免费的）并永久性地提供给同行评议和授权使用。

一、人工智能算法的"输入—输出"逻辑

有学者将人工智能的不可知性与人类思维的不可知性类比，提出了仿人类思维公开的思路。输入与输出可知而过程不可知不仅是人工智能的特性，人脑亦是如此。面对人脑的不可知性，解释人脑决策的不可知性可以借鉴诉讼法程序中的裁判文书撰写规范以及复审、再审规定。在诉讼案件的审理及裁判过程中，法官要在判决书中明确列明事实、支撑事实的证据、裁判援引的法律条文以及法律条文与事实之间关系的论证。上诉程序和审判监督程序就是对法官裁判的结果进行评估以及校正，以减少法官的自由心证以及思维偏好对案件公平性的损害。从法官的裁判过程以及纠偏程序看，为了防止不公正的裁判或者误判，一方面法官要明确表明案件事实与裁判结果之间的逻辑与相关性，另一方面要对输出结果设置监督、评价机制，对结果的有力监督也能够在另一个侧面保障

---

① 何华灿：《重新找回人工智能的可解释性》，《智能系统学报》2019 年第 3 期。

程序正当。因此，仿照对人类思维"黑箱"的解读路径，解决人工智能"黑箱"的一个重要逻辑就是保证"输入"与"输出"之间关联的恰当性，或者在人工智能输出后对结果予以审查、把控。譬如在谷歌更少地向女性推荐高薪工作广告时，只要能够增加输入和女性相关的家庭信用数据就可以适当调整人工智能的输出，或者在COMPAS量刑系统中增加输入非裔人群的犯罪率变化数据，就可以调整量刑软件的风险等级评控。日本专利审查指南介绍的示例48中介绍了一种具有驾驶员监控装置的自动驾驶车辆。日本专利局的审查指南认为，在人工智能的相关技术领域，用于机器学习的包含多种数据的训练数据，应该在说明书中公开输入数据与输出数据之间的某种关系，这种关系可以是数据之间的相关性，或者说明书的公开程度可以使拥有普通技术知识的技术人员经过一般技术推理后推测出多种类型数据之间存在关系。

人工智能发明的公开有一些没有被重视的好处，但是这些好处需要与边际成本比较。[1] 德国马克斯普朗克创新与竞争研究所的研究人员将人工智能的相关要素分解为"人工智能基础工具"（AI-based tool）以及"人工智能输出"（AI generated output）。前者指人工智能模型或人工智能算法，后者指运用人工智能基础工具产生的结果和从数据分析中得到的产出。[2] 在此基础上，美国学者艾伯拉罕（Ebrahim）将人工智能相关发明的可解释性分为四个场景：场景一，公开工具，不公开输出；场景二，不公开工具，公开输出；场景三，公开工具，公开输出；场景四，不公

---

[1] Tabrez Ebrahim, "Artificial Intelligence Inventions & Patent Disclosure", *Penn State Law Review*, Vol.125, No.12, 2020.

[2] Josef Drexl, Reto M. Hilty, Francisco Beneke, Luc Desaunettes, Michèle Finck, Jure Globocnik, Begoña Gonzalez Otero, Jörg Hoffmann, Leonard Hollander, Daria Kim, Heiko Richter, Stefan Scheuerer, Peter R. Slowinski, Jannick Thonemann, "Technical Aspects of Artificial Intelligence: An Understanding from an Intellectual Property Law Perspective", https://ssrn.com/abstract=3465577, October 22, 2019.

开工具，不公开输出。[①] 场景一会帮助专利申请人取得先发制人的效果，场景三则并不会导致解释性问题，故而并不在讨论之列。在场景二中，当申请人没有披露人工智能基础工具，但是由这一工具参与的技术方案却通过了专利客体资格测试时，将会产生再生产问题。毕竟一个人工智能工具可以输出各种结果，数据输入不同，生成就不同。不仅如此，发明人如若不解释基于人工智能的工具如何或为什么会产生某些人工智能输出，基于人工智能基础工具的专利保护将扩展至不可预见的用途。例如，在计算化学领域，发明人可以申请一个基于人工智能的工具产生的技术方案的专利权，而不解释它如何预测化合物的最佳功能、结构和特性。[②] 在场景四中，不公开人工智能基础工具，也不公开人工智能工具产生的输出，将会使得专利难以捉摸（inscrutability）。所谓"难以捉摸"指由于人工智能语义下大量的、复杂的运算使得实际检验无法进行，并难以理解。[③] 审查人员不仅难以区分是人类还是机器发明的专利，专利所披露的信息也不能够使本领域普通技术人员进行恰当的实验。

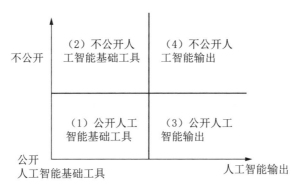

图 6-1　人工智能元素分类

①　Tabrez Ebrahim, "Artificial Intelligence Inventions & Patent Disclosure", *Penn State Law Review*, Vol.125, No.12, 2020.

②　Tabrez Ebrahim, "Computational Experimentation", *Vanderbilt Journal of Entertainment & Technology Law*, Vol.21, No.3, 2018.

③　Andrew Selbst, "The Intuitive Appeal of Explainable Machines", *Fordham Law Review*, Vol.87, No.3, 2018.

也有学者从"输入—输出"的基本逻辑对算法黑箱进行解释。算法黑箱大致可分为三类：一是算法本身是黑箱，用户基于公开的应用程序编程接口（API）可以全部观察到输入和输出两端的情况。二是算法的输入端不透明，但输出端已知。三是输入和输出两侧组成了一个闭环的黑箱。在三种黑箱中，第一种情形需要披露模型、算法本身的逻辑和结构，第二种情形则需要对输入端与输出端的关系与运算逻辑进行适度披露以使技术人员虽不能完全查明黑箱的技术特性但可信任和理解相应的运行逻辑，第三种情形则是前面两种的结合。

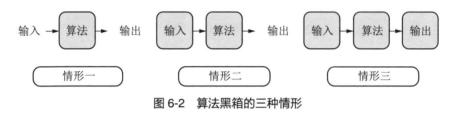

图 6-2　算法黑箱的三种情形

　　除此之外，我国专利法要求技术方案需要符合自然规律并具有技术效果。因此，只有输入与输出的逻辑是合理且符合自然规律而非社会规律的，才能够成为合格的专利客体。《人工智能相关发明专利申请指引（征求意见稿）》也明确指出，利用人工智能算法或模型进行数据挖掘并训练出能够根据输入数据得到输出结果的人工智能模型的手段不能直接构成技术手段，只有当基于人工智能算法或模型挖掘出的数据之间的内在关联关系符合自然规律时，相关手段整体上方可构成利用自然规律的技术手段。[①] 换言之，只有对输入与输出的运算逻辑适当公开，才能够明确方案的"技术性"。

[①] 国家知识产权局：《关于就〈人工智能相关发明专利申请指引（征求意见稿）〉公开征求意见的通知》，载国家知识产权局网站，2024 年 12 月 6 日。

二、人工智能算法生产的必须要素

人工智能算法的获得需要训练数据的加入、训练模型以及算法的选择。数据的逻辑结构就是将问题抽象后得到的，换句话说，它是抽象模型的一个组成部分。"抽象模型"与"算法"的关系就如同政治经济学中"经济基础"与"上层建筑"的关系；"数据的逻辑结构"与"抽象模型"的关系就如同"生产力水平"与"经济基础"的关系。

（一）人工智能数据训练

数据与算法是关联密切的两个概念，在人工智能的运行逻辑中，算法收集、整理数据形成数据库并生成新的数据，数据训练出优质算法。为了获得长期的竞争优势，数据处理者需要开发和培训算法以促进数据资源化。可以认为，无数据结构则无算法，没有合理且合规的数据结构，就无算法的成功运行。普通技术知识和人工智能创造性技术的差异主要体现在数据的几点特征上：（1）存储差异。人脑所能容纳的常规知识和人工智能从云端调用的数据是无法比拟的。（2）形成方式的差异。人类知识的传播主要通过代际传递，与人生际遇相关，但人工智能的输入则不以随机性为转移，与输入的数据有关。（3）数据量的差异。人工智能的数据量并不囿于人类在专业领域的知识，而是与数据库相连，与世界互联互通。因此，在人工智能相关发明中，数据训练数据的选择以及披露对于算法的理解十分必要。在欧盟的两个案件 T1191/19 案和 T0161/18 案中，审查部门与法院都认为仅仅描述数据集的样态并不足以完成披露的要求，训练数据集的适度披露或至少一种或几种有效的数据集的披露才符合要求。无独有偶，美国众议院提出的《2022 年算法责任法案（草案）》要求将训练、测试、开发算法的数据和相关信息记录为文件，并加以更新和维护。①

（二）人工智能算法选择

人工智能实现的第二个步骤是："算法设计者根据问题的抽象模型、可能得到的输入和期望得到的输出设计出求解该问题（实际上是对问题抽象模型的求解）的算法。"算法的迭代变化是人工智能进步的源动力。不同的人工智能，其所使用的算法不同，对算法的透明度需求也不同。

从机器学习到表征学习，再到深度学习的多层感知器运作关系，算法的可控制性不断减弱，从人类掌握到人类理解，再到算法黑箱，算法无论是在处理速度还是处理精度上都与人类媲美，这引起了人们对于算法的厌恶或欣赏②。但是解决人类的两极化态度，归根结底在于增强算法披露，为算法正名或祛魅。

（三）人工智能模型形成

模型是算法的结果，也是算法训练的最终目标。将模型运用于各个具体领域并产生技术效果是目前已知最容易获得专利权保护的发明保护类别之一。模型中最重要的元素是模型基本结构。公开模型的结构能够在一定程度上解决模型的黑箱问题，申请人可通过图、表或语言描述清晰地描述模型的基本结构，如有多少卷积层、池化层、全连结层，每层都有不同数量的参数。人工智能模型的编程库还开发了一种方便的模型定义简写，可用于在专利申请中公开模型的结构。如果要求保护的人工智能模型使用非标准组件（例如自定义激活层），则必须以数学形式、伪

---

① 叶宣含：《数据自由和算法保护》，《理论月刊》2022年第7期。
② 杜严勇：《厌恶算法还是欣赏算法？——人工智能时代的算法认知差异与算法信任建构》，《哲学分析》2022年第3期。

代码或实际计算机代码准确描述该新颖组件。

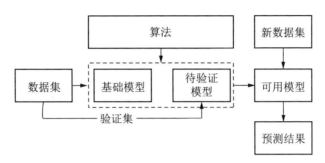

图6-3　人工智能数据集、算法、模型运行过程

（四）人工智能算法形成的其他重要内容

　　除了模型结构外，训练方式（训练数据）和训练参数也是模型形成的重要部分。尽管基本模型可能被充分描述，但技术人员仍然没有足够的信息来实现该模型。技术人员仍然需要对模型训练方式进行描述，包括对训练数据的引用，或者模型的每个学习系数或权重中的至少其中之一进行描述。深度学习模型中唯一预先确定的结构部分是开头的输入图像和结尾的输出值。输入和输出之间的所有层都称为"隐藏层"，即在训练过程中的每一层中到底发生了什么，对于并未参与开发模型的技术人员来说是不可知的。我国台湾学者也认为实务上为了能通过请求项和说明书充分揭露之要求，除了演算法模型，最好还提供其对应的实验与模拟数据或图表，以证明演算法中所调校的参数或超参数与其所使用的演算法模型，确实可解决习知技术领域之问题。[①] 训练过程中的权重和参数虽然处于动态变化之中，但可通过"检查点"（checkpoint）进行动态追踪与评估，它是指对训练过程中某个特定时间点形成的模型的"快照"，

---

① 陈家骏、许正乾：《从美国专利适格目标指南谈 AI 相关发明审查原则暨近年专利申请重要案例》，《月旦法学杂志》2022 年第 1 期。

其包含了当前模型的权重、参数和训练过程中的其他相关信息。① 如此，训练过程中的权重参数可通过阶段性监测实现动态追踪，人工智能算法训练主要节点的权重和参数均由始至终处于可控范围之内 ②，审查人员可根据输入、输出、训练权重、参数等要素有限或全部还原算法的原理，实现技术方案的理解和公开。

三、人工智能算法的发明层次

人工智能算法发明尤其是机器学习发明通常由于"核心发明"或"应用发明"的区分而在技术方案公开时具有不同的侧重点。核心发明是推进人工智能领域本身技术发展的发明，这些改进通常与数学或统计信息处理技术有关，这些技术在许多不同的问题域中具有普遍的适用性。核心发明通常会改进底层训练算法的各个方面，例如优化策略或成本函数，或者——在人工神经网络的情况下——提供一种具有改进性能的新型网络拓扑。这些类型的人工智能发明通常是通过学术研究构思出来的，并且通常通过在特定领域数据上运行算法来训练之前的机器学习算法的各个方面。相比之下，应用人工智能发明涉及使用人工智能技术来解决除人工智能本身之外的各个技术领域的特定问题。这些发明通常涉及训练和部署机器学习模型以执行特定任务，并推动了近年来专利申请的爆炸式增长。对披露充分性的考量不仅应当考虑核心人工智能相关发明改进的不同考虑因素（核心发明），也应当考虑应用经过训练的机器学习模型解决其他技术问题的改进因素（应用发明）。

---

① Ku Wee Kiat, "Deep Learning Best Practices: Checkpointing Your Deep Learning Model Training", https://nusit.nus.edu.sg/services/hpc-newsletter/deep-learning-best-practices-checkpointing-deep-learning-model-training, December 6, 2018.

② 曹新明、任运红：《契约论视角下人工智能算法专利充分公开的困境与出路》，《大庆师范学院学报》2024 年第 5 期。

核心发明的创新点可能在于算法训练模型的独特架构。例如，新型神经网络拓扑可以提高训练的效率或提高输出结果的准确性。因此，对于这种发明必须充分且详细地描述新结构框架以使本领域的普通技术人员能够再现网络拓扑并因此获得授权。这可以使用带注释的结构图来完成，这些结构图描述了单个节点、节点层的排列和功能，以及神经网络中层与层之间的互连。此时，尽管发明人需要在公开的描述中包含对训练数据的相关内容和模型输出结果的某种程度的描述，以使本领域技术人员能够执行要求保护的功能的计算机和算法，而且还必须提供足够的示例来证明发明的可用性，但申请人无需对特定技术领域的训练过程、训练模型和模型输出结果的广泛描述来满足核心机器学习发明的公开要求。由于核心改进通常独立于任何问题领域，因此对特定领域训练数据的全面描述以及此类数据的收集和清理不太可能使本领域的技术人员能够制作和使用核心发明。同时，在特定训练期间手动调整超参数以及将训练模型集成到更大系统中的详细描述并不重要。

应用发明的核心是训练后的模型，由于模型的内部工作原理尚未完全理解，故而模型的训练过程、素材以及结果成为人工智能应用发明的公开难点。经过训练的模型的预测能力由嵌入在模型中的统计权重值决定。但是即使这些权重值在专利中明确公开，对于理解模型的原理作用也较为有限，因为即使是专家，这些数值也几乎没有意义，并且由于与训练算法执行的优化相关的随机性而无法再现。因此，对于模型的公开应该从权重转向训练数据。但是，完整数据集的明确披露可能会给专利起草者带来法律和实际问题。例如，由于隐私数据的固有私密特性，专利之公开通常需要将此类数据排除在外。其次，由于训练数据的体量关系，公开全部的数据也是无法实现的。人工智能应用发明的公开范围应从完整数据集的整体公开到数据集特征的描述，其中包括训练数据的来源和数量、训练数据的任何预处理或清理以及训练数据的详细特征的描述。

模型的预测或分类能力通常可以由本领域技术人员通过充分公开训练模型的输入数据和输出结果之间的"相关性"来再现。在监督学习技术中，这种关系在一定程度上为领域专家预先所知，并被用作指定训练样本的特征集选取。无论是预先知道的还是从训练过程中学到的，对已知输入特征和输出可能性的详细描述，都可以在一定程度上展示模型的运算逻辑。对培训过程中任何人为干预的全面描述也有助于充分披露应用的机器学习发明。具体来说，在训练过程中选择和调整超参数所涉及的直觉通常基于领域专业知识，这会导致经过训练的模型具有更高的性能。例如，传统神经节点的配置、已知功能的隐藏层序列、学习率的规范或这些训练选择的组合可能是改进训练模型性能的基础，应该在申请时进行描述。

第四节　人工智能算法发明公开的制度完善

人工智能算法发明的披露已经出现了审查上的难点，对申请人的披露义务施加过重既会导致审查成本的大幅增加，也会导致专利数量的减少甚至替代性措施的增加，减损公众福利。而对披露内容的重视不充分也会导致审查瑕疵，影响权利的稳定性。有鉴于此，改进现有的审查政策，使其更加科学和平衡是重中之重。

一、"实施—信任"二元标准的审查政策导向

我国《专利法》的立法目的是推动发明创造的应用，提高创新能力，促进科学技术进步和经济社会发展。可见，专利法的公开制度最基本的功能就是推动发明创造的应用。公开制度并非"实用性"标准的下设要

求，而是对"新颖性""创造性""实用性"的兜底，无论技术方案是否具有新颖性、创造性和实用性，若无充分公开，则技术最终无法被了解和应用，更遑论提高创新能力、促进科学与社会发展。公开制度要求本领域技术人员对于技术方案无需过度实验即可重复实施以及技术方案能够重复实施且产生积极的技术效果。人工智能算法是否应该公开以及公开是否充分都应该取决于本领域技术人员是否可以实施以及实施效果。在T0161/18案例中，由于欧洲专利委员会认为该发明没有充分公开数据使得发明对本领域技术人员缺乏必要的指导，因此认定技术方案缺乏创造性。也有学者强调专利公开制度的功效，认为"披露实施该发明的途径对可专利性是如此重要，以至于应被考虑为第四个基本标准⋯⋯发明人在专利申请书中应当公开了一种能够（在世界大多数国家）实施该发明的方法，或者能够（在美国）实施该发明的众所周知的方法"[1]。

另外，公开制度具有知识传播功能，即教授、教导大众学习新的技术知识并将其运用于生产生活或进行商业化使用。知识传播的前提是社会的信任，只有信任才能够学习并应用于技术中。在人工智能算法发明中，并非所有的算法都是全然无法理解的"黑盒"，甚至也并非算法"黑箱"引发了算法危机。决策相对人控制力和影响力的流失，与之伴随的不确定性和风险性感知极易引发的公众的算法焦虑和算法恐慌是社会的主要问题。[2] 算法信任对于人工智能伦理风险的研究具有至关重要的基础性意义。[3] 法律不能透过算法模型全然把握其内部逻辑和决策过程，打开

---

[1] ［美］阿伯特、［瑞士］科蒂尔、［澳］高锐：《世界经济一体化进程中的国际知识产权法》，王清译，商务印书馆2014年版，第238—268页。

[2] 张欣：《从算法危机到算法信任：算法治理的多元方案和本土化路径》，《华东政法大学学报》2019年第6期。

[3] 杜严勇：《厌恶算法还是欣赏算法？——人工智能时代的算法认知差异与算法信任建构》，《哲学分析》2022年第3期。

算法黑盒的市场实践步履维艰，更不用说有意义、普适且自洽的解释架构①，一旦透明，算法就可知，一旦可知，算法问题就可解②的观点过于乐观。完全透明的人工智能算法是无法达到的，也是没有必要的，其不仅会抑制企业的创新能力，对于"算法文盲"而言，其了解的信息更多，反而可能陷入信息冗余的困境。算法解释的定性应当以"信任"为判断标准，而非仅仅以"透明度""解释性"为绝对标准。基于算法解释和算法透明的可行性与必要性，"算法信任"的算法公开目标被提出。

专利法对于申请专利的客体的公开要求也并非刻板的完全公开，如《国际承认用于专利程序的微生物保存布达佩斯条约》(简称《布达佩斯条约》) 要求，对于仅仅通过书面说明很难充分公开或者涉及公众未知的微生物本身或者微生物的利用时，申请人应当将微生物样品提交专利局指定的机构保存。可见，专利法中公开之要求应该是足够使社会信任算法技术方案并不会产生伦理意义上的负面效果即可。人工智能算法技术方案公开的"信任"目标一方面满足了专利契约论下技术公开与有限垄断的理论需求，解决算法过度披露而对公共利益、国家利益及他人利益的损害。另一方面，将"信任"目标加诸专利公开机制，能够在人工智能技术成为工具之前，让公众知晓、了解工具的机理，减少因对人工智能工具的不理解而产生的质疑，满足公民对技术方案伦理的合理期待。

可见，人工智能算法的公开一方面应该关注公开机制长期以来的制度目标也即人工智能算法的产业应用性，另一方面也要关注人工智能这

---

① Ashraf Abdul, Jo Vermeulen, Danding Wang, Brian Y. Lim, Mohan Kankanhalli, "Trends and Trajectories for Explainable, Accountable and Intelligible Systems: An HCI Research Agenda", https://doi.org/10.1145/3173574.3174156, April 21, 2018.

② 张恩典：《大数据时代的算法解释权：背景、逻辑与构造》，《法学论坛》2019 年第 4 期；高学强：《人工智能时代的算法裁判及其规制》，《陕西师范大学学报（哲学社会科学版）》2019 年第 3 期。

一新技术对人类生活的消极影响，不仅将其作为一种技术方案进行规制，也要满足公民对技术方案伦理的合理期待。

二、"实施—信任"二元标准下披露机制转向

（一）算法公开过度的合理限制

数据在人工智能领域是非常重要的，收集训练数据集可能非常昂贵和耗时，机器学习模型的准确性和效率往往与训练数据集的规模和质量高度相关。因此，许多公司都高度保护这些数据。甚至在美国食品药品管理局（FDA）批准依赖人工智能的医疗设备时，训练数据应在多大程度上被共享和/或描述，也是一个尚未被回答的问题。如果训练数据集是不准确的、不完全、不清洁的，那么人工智能算法结果的完整性是值得怀疑的。因此，训练数据的高质量和/或适当审查的程度，可能决定了用户在多大程度上信任人工智能的生成结果。我国《专利法》第 26 条规定，说明书应当对发明或者实用新型作出清楚、完整的说明，以所属技术领域的技术人员能够实现为标准。专利申请的充分公开的具体要求通常主要包括以下几个方面的内容：（1）权利要求的技术方案能够实现；（2）说明书对权利要求所界定的发明作出书面描述；（3）权利要求明确；（4）实施例的披露等。[①]

一方面，清楚、完整的说明能够充分公开技术方案，使得他人获得技术启示并在专利期限届满后合理、有效率地使用说明书。另一方面，清楚的、完整的说明书也可以限制申请人的独占权利范围，防止其谋求过于宽泛的权利保护。只要熟练技术人员无需付出创造性劳动就能够实施一项技术方案，则该技术方案被视为"能够实现"。[②]完整、清晰、可

[①] 崔国斌：《专利法：原理与案例（第二版）》，北京大学出版社 2014 年版，第 1279 页。
[②] 崔国斌：《专利法：原理与案例（第二版）》，北京大学出版社 2014 年版，第 1283 页。

实现只是人工智能相关专利申请的初级要求。通常，发明或者实用新型所要解决的技术问题有多个。只有在专利申请满足了"三性"要件、明确了其技术贡献的情形下，进一步判断说明书中对具有技术贡献的部分是否公开才有意义。因此，如若人工智能专利主要是利用个人数据、商业秘密等内容作为工具且 / 或技术贡献而并非针对上述内容的，则法院不必要求申请人公开上述内容，这种审查路径的精细化不仅更加科学，而且避免了为达专利审查标准而对他人权利、权益的侵犯。

（二）公开能力不足的适度容忍

为了解决人工智能系统缺乏透明度的问题，专利审查部门可以借鉴微生物专利申请程序中的保存制度，即使专利说明书可能无法清楚地解释人工智能发明如何运作，储存的模型也能够再现被要求保护的人工智能发明的工作原理。[1] 微生物保存制度已经存在了相当长的时间，专门针对涉及微生物的专利申请。当一项发明涉及微生物时，通常不可能清楚和充分地描述细菌、酵母、真菌或病毒等物质的结构或成分。因此，世界知识产权组织于 1977 年颁布了《布达佩斯条约》，奠定了生物的保存原则。每个缔约国都有义务将微生物寄存作为该国家或地区专利制度的一部分。在专利申请过程中，申请人应将微生物样本邮寄到专利局，并记录于该局样本库中。与微生物相似，人工智能发明也遇到了难以解释、难以再现的难题。人工智能保存制度可以保存人工智能发明所需的诸多关键内容，如代码、数据、权重、输出结果，解决描述不充分的问题。

---

[1] Shlomit Yanisky-Ravid and Regina Jin, "Summoning a New Artificial Intelligence Patent Model: In the Age of Crisis", *Michigan State Law Review*, Vol.2021, No.3, 2021.

（三）公开意愿不强的激励举措

以最少的公开内容换取最宽泛的专利权一直是专利申请人的诉求。一方面，先申请后公开原则使得专利申请人在尚未获得授权之前已经将自己研发的技术方案公之于众，最终获得专利权还算是较好的结果，如若公示期过后申请人难以获得专利权，那么结果便是将辛苦劳动的成果贡献给了竞争者。加强人工智能发明的披露可以通过增加披露奖励等专利政策的调整来实现。这些激励措施包括：（1）优先审查；（2）减少年费；（3）延长专利保护期，等等。在这些措施的激励下，申请人将会算一笔"经济账"，如果其认为专利的价值较高且获得专利权的可能性极高，那么获得优先审查的机会、年费削减或者保护期限延长等优惠长期收益可能会高于其为申请专利而支出的固定成本，申请人公开意愿便会更强。

本章小结

人工智能算法是人工智能应用的核心技术之一，也是创新者的主要技术贡献，算法透明将损害其商业秘密的地位，这意味着其核心竞争力的丧失。因此，在矫正算法偏见的同时激励算法创新，应该是算法权力规制制度的基本原则。① 近年来，人工智能技术对人类生产与生活产生了巨大的影响。人工智能技术方案正在不断地涌入专利法领域，叩问专利制度的审查标准。在世界知识产权组织（WIPO）中人工智能和知识产权战略信息交换所（Artificial Intelligence and Intellectual Property Strategy Clearing House）公布的最新关于人工智能的典型案例中，最值得关注的是 2020 年发生的欧盟 T0161/18 号案例② 以及中国"小 i 机器人"发明专

---

① 梁志文：《论算法排他权：破除算法偏见的路径选择》，《政治与法律》2020 年第 8 期。

② See EPO T0161/18（Äquivalenter Aortendruck/ARC SEIBERSDORF），https://www.epo. org/law-practice/case-law-appeals/recent/t180161du1.html, Dec.5, 2020.

利权无效宣告请求行政纠纷案①，二者均对人工智能相关发明的公开充分性问题进行了探讨。前者是对人工智能发明中训练用的数据是否应当公开产生质疑，后者是对人工智能领域常见的"功能模块"描述是否满足授权披露要求的探讨。"小i机器人"发明专利权无效宣告请求行政纠纷案也是2020年中国法院十大知识产权案件。司法实践表明各国审查部门都面临着人工智能发明公开的限度问题。长久以来，技术方案的新颖性、创造性以及实用性是人工智能发明可专利性问题的三个重要内容②，但是在人工智能发明的产生逻辑变化后，算法、训练数据、权重、模型的公开充分性问题成了新的议题。

人工智能发明的构成要素包括用于训练算法的数据、算法本身、自动化生成的人工智能发明结果、权重等，对上述内容的部分公开已经成为专利审查时审查机构判断专利性时的考察标准。但人工智能发明公开本身就存有技术障碍，发明人的公开意愿也较低，公开本身亦可能侵犯他人的权利或权益。我国可建立算法保存制度与算法并设置公开激励措施，在明确技术贡献的基础上，要求申请人公开包括但不限于算法、数据、权重等人工智能发明的生产要素。

---

① 参见最高人民法院（2017）最高法行再34号行政判决书。
② 参见吴汉东、张平、张晓津：《人工智能对知识产权法律保护的挑战》，《中国法律评论》2018年第2期；朱雪忠、张广伟：《人工智能产生的技术成果可专利性及其权利归属研究》，《情报杂志》2018年第2期；刁舜：《人工智能自主发明物专利保护模式论考》，《科技进步与对策》2018年第21期等。

第七章　人工智能算法发明专利授权机制调适之四：伦理审查

　　近年来，随着人体基因编辑技术、人胚胎干细胞专利的授予以及人工智能相关发明专利在各国的申请与授权，技术中立化的呼吁与专利伦理审查的两种对立呼声愈加高涨。技术中立原则中的"责任中立"与"价值中立"呼吁者认为技术使用者和实施者不能对技术作用于社会的负面效果承担责任，只要他们对此没有主观上的故意。[①] 而专利伦理审查的呼吁者则认为，在立法上，抽象而富有弹性的公序良俗条款的设置将伦理观念和道德标准巧妙地引入专利规范中，捍卫着人类尊严和道德底线。[②] 技术的发展使得人类的伦理观随之转变，专利法的伦理审查作为技术方案的守门人，也必然是人工智能算法专利风险识别和风险预防的事前控制路径，如何在专利审查时兼顾促进技术发展与变动中的伦理观，有待考量。

[①] 参见吴汉东、张平、张晓津：《人工智能对知识产权法律保护的挑战》，《中国法律评论》2018 年第 2 期；朱雪忠、张广伟：《人工智能产生的技术成果可专利性及其权利归属研究》，《情报杂志》2018 年第 2 期；刁舜：《人工智能自主发明物专利保护模式论考》，《科技进步与对策》2018 年第 21 期等。

[②] 郑玉双：《破解技术中立难题——法律与科技之关系的法理学再思》，《华东政法大学学报》2018 年第 1 期；王媛媛、闫文军：《人胚胎干细胞专利授权中的伦理障碍——从城户常雄专利申请在中、美、日、欧的审查谈起》，《科技与法律》2019 年第 3 期。

第一节　人工智能算法发明专利伦理审查的制度建构

对人工智能算法专利伦理审查的制度构建并不是为专利法增加一项审查要求，相反，以上制度是伦理审查的基石，伦理审查是贯穿客体审查和三性审查中的程序性体现。换言之，在审查顺序上，伦理审查应该融合在上述审查中而不应该在以上审查结束后再进行；在审查结果上，伦理审查的结果是技术方案不具有专利资格或没有通过实用性审查。伦理审查的制度构建应该依照现有专利法的制度设计，不仅完善每一部分已经具有的伦理规则，还要根据人工智能的特点补充并适当增加审查内容。

一、主体伦理审查

我国专利主体伦理审查主要存在着法律规定不明以及实质审查缺位的情况，这是机械发明时代的遗留问题。机械发明时代的主要发明人是小作坊的伙计或者某些长期使用某一技术的劳动者。在传统发明过程中，自然人利用社会环境条件，通过自身经验与实践，发现技术问题，创新技术方案，获得新发明。专利法的早期制度设计也起源于此，幻想某一技术的发明人不是自然人对于立法者而言无异于痴人说梦。[①]尽管随着资本对于市场的控制力增加，发明活动呈现出发明人与专利人分离的趋势，法律也通过职务发明、雇佣发明的制度拟制了规定，发明的主体变化并没有对专利制度产生实质性的影响。发明人应当是自然人已经成为一种普遍的共识，专利法"似有似无"地进行了某种微妙暗示，这对于审查人员来讲已经足够应对复杂的状况。但是这种问题，在人工智能及其相

---

① 刘友华、任祖梁：《人工智能发明人资格再探——兼评 DABUS 案的影响》，《武陵学刊》2022 年第 2 期。

关发明不断涌现时出现了极大的问题，以至于专利的主体伦理审查机制亟待完善。

其一，完善主体伦理审查制度规范。在前述 DABUS 案中，针对发明人，世界各国观点迥异，主要从习惯和文义解释两个层面解读。一是以"发明人"的传统理解否认人工智能"发明人"身份。知识产权法所保护的是一种智力劳动，这是知识产权法对自然法理论中的"洛克劳动理论"中的劳动进行的延伸性解读，虽遭受质疑，但已为大多数学者所承认。这种劳动在著作权法中表现为是文学艺术作品的构思，在专利法中表现为研发、设计、构思一项发明，只有付出了创造性脑力才能够创造知识，被知识产权法所保护。二是从文义解释的角度来解读。美国专利法中对发明人的指代是"himself"及"herself"，英国专利法则使用"people"，我国专利法也使用"发明人"一词来指代发明的产出者。欧洲专利局（EPO）更是认为，专利申请应当提供发明人的姓氏、名称和地址等完整信息来确定其身份，而机器的名称无法用以确定发明人身份。尽管这些解释看上去都十分正确可信，但是 DABUS 案之所以引起了轰动，并且需要法院进行文义解释和目的解释，根本原因在于对于主体性规范的缺失。目前，除南非外，英国、澳大利亚等国都拒绝了该案申请，主要理由都是 DABUS 主体资格的缺失。我国 2020 年《专利审查指南修改草案（第二批征求意见稿）》明确表示发明人不得为"人工智能系统"。因此，各国都应在本国的法律中明确规定发明人须得是自然人以取代模糊不清的规定。

其二，规范主体伦理审查流程。在以往的审查中，专利审查人员并不会更深入地对发明人是否是自然人进行审查，更多的是判断该方案是否为虚假申请或是署名权的违法转让。在传统技术领域中，发明人资格伪造的情况较为罕见，因为企业可以通过职务发明的机制获得专利权，发明人资格对于企业来讲没有更大的价值附加作用，而一般的发明人将发明看作是一种奖励，崇尚"发明英雄主义"。即便是某些盗用他人发明以用于自己申请的情况，也可通过技术检索发现，根据专利代理人准则进行惩戒，通过专利无效制度进行补救。我国专利审查人员也曾经表示，多数情况下，发明创造的发明人是明确的，只在少部分特殊情况下，尤其是技术方案中的特征存在诸多人的贡献时，才会产生发明人资格争议。① 我国《专利审查指南》中也缺乏对于主体资格审查的规定，指南规定审查员对请求书中填写的申请人，一般情况下不作资格审查，除非根据专利申请的内容判断申请人的资格明显有疑义。人工智能使得诸多由机器生成的内容出现，为了获得这一方案的专利权，必定会出现自然人将自己填写为发明人的情况。可见，对于发明人资格伪造或者资格缺失的情况，专利审查部门应采取有效的方法，完善审查机制及审查流程。

二、客体伦理审查

客体资格问题是专利实质审查的第一道门槛。客体审查不仅应进行技术性审查，也应当进行伦理性审查，这蕴含着对经济和伦理的双重考量。我国专利伦理审查目前面临着两重问题。首先是立法层面的逻辑混乱，其次是专利审查员将客体伦理审查与专利性审查混同，以专利性审查的负面结果排除客体资格。

我国专利法中客体的规定主要采用"分离式"的立法模式，这与美国等审查模式不同。由于美国是判例法国家，只在其专利法第 101 条规定了方法、机器、产品及物质组合具有客体资格，在上述四种法定类型外的不具有资格的客体及不授予专利的客体由司法裁判进行补充。我国

---

① 任广科：《专利发明人的确定及权利的归属》，《山东审判》2011 年第 2 期。

借鉴欧洲立法采取"分离式"的规定，首先正向界定法律所保护的是一种发明，再反向界定不授予专利权的客体。但是对于不授予专利权的客体，我国在《专利法》第5条和第25条进行了区分立法，第5条主要对于违反法律、社会公德和公共利益以及非法使用遗传资源的发明进行排除，第25条则更进一步进行列举。

然而，《专利法》立法逻辑存在着不周延的问题。在法律逻辑学中，划分包容列举，二者都需要一个统一的标准，只不过列举没有穷尽其上位概念全部外延的划分。[①] 例如，人可以分为男人、女人和其他性别的人种，这种划分尺度是人的性别。而《专利法》第25条列举了6项不予授权的客体，而列举也是划分，第25条却只有上位概念而无法找出一个统一的划分标准。同时，《专利法》并未明确区分"不属于发明的客体"与"不授予专利权的发明"，也没有将"不授予专利权的发明"内部的法律条款进行进一步的分类，逻辑层次混乱。

事实上，专利法的客体排除条款的适用顺序应如下：首先，排除不属于发明的客体；其次，排除不宜垄断的客体；再次，排除违法手段利

表7-1　不授予专利权的发明类型与原因对照表

	不授予专利权的发明类型	不授予专利权的原因
第25条	科学发现	不属于发明
第25条	智力活动的规则和方法	
第25条	疾病的诊断和治疗方法	发明不宜垄断
第25条	原子核变换方法以及用原子核变换方法获得的物质	
第5条	违反法律或行政法规的遗传资源发明	发明手段违法
第5条	违反法律、社会公德或者妨害公共利益	发明目的不恰当

---

① 张继成：《关于民事主体分类的学理分析及其修订意见》，《社会科学论坛》2022年第1期。

用遗传资源的客体；最后，违反法律、社会公德或者妨害公共利益的发明本身作为一种兜底条款，既进行最后的审查，也可以通过目的解释包容更多法律没有预见到的不授予专利权的发明。这样不仅可以减少重复审查，节约审查资源，也可以在适用顺序上进行调整以应对跨领域的人工智能算法发明。

人工智能既包含智力活动的规则和方法，也具有跨技术领域的特征，在这样的审查顺序下，更能够最大限度挑选出不具有客体资格的人工智能算法发明。首先，人工智能算法发明如果没有体现出是一种技术方案，则是因其属于智力活动的规则和方法而被专利法排除。其次，人工智能可以被用于医疗领域，其可以被用作疾病的诊断和治疗方法，那么这种技术即便具有技术特征，也不宜被垄断。但如果其是被用作诊断所使用的医疗工具等，那么仍具有可专利性。再次，如果人工智能算法发明是违法使用遗传资源的，则应当被排除，而如果其使用的遗传资源是合法取得的，则仍然可以获得专利权。最后，再对上述标准过滤后的发明的目的进行判断，判断其是否违背法律、道德或妨害公共利益。

在进行合法、合道德性和公共利益妨害审查时，应该至少排除如下发明：首先，人工智能系统可能具备人类本身的偏见而导致对不同种族、不同收入人群的歧视，人工智能算法如果被设计为歧视的工具或有产生歧视问题的可能性，则应当被禁止授予专利权。其次，可能成为违法行为辅助工具的人工智能算法不能获得专利权。人工智能存在威胁人类社会的可能性，对可能出现的技术风险有赖于法律制度来有效控制。危害公共秩序的人工智能产物，如智能赌博工具、隐匿盗窃工具等，都应在专利排除的范围之列。① 如果人工智能算法蓄意搜集用户数据并贩卖或

---

① 吴汉东：《人工智能生成发明的专利法之问》，《当代法学》2019 年第 4 期。

进行其他非法行为，有侵犯人类隐私之虞，则不应当获得专利权。最后，恶意制造并用于伤害人类健康的人工智能算法不应当被授予专利权。例如，"防暴注射器"通过将剧痛药水注射入人体的方式，产生剧痛的效果，达到迫使终止犯罪的目的。这种注射器所带来的对人体健康的危害远远大于其遏制犯罪的效果。①

三、实用性伦理审查

在人工智能算法发明的实用性审查中，需要对人工智能算法的积极效果进行伦理审查以保障人工智能算法发明的合法、合道德性。前文已经表明应该严格审查人工智能算法发明的积极效果并且要设立积极效果的底线并因时而变，此处更加确切地提出了两个人工智能算法发明的审查内容，一是对人工智能算法发明的形成要素也即算法进行审查，二是对人工智能算法发明的应用场景进行审查。

（一）数据来源伦理审查

人工智能算法的核心生产要素便是数据，数据之重要性已经为社会各界所重视，数据中不仅包括现有产权保护下的内容到数据中的映射，如个人信息所形成的个人数据，还包括企业通过劳动所创造的有价值并应享有利益的数据。对上述内容的违法使用和违法获取都是数据伦理审查的内容。

首先，对收集的数据对象进行审查。人工智能算法所使用的数据中包含各种数据，既包括个人信息，商业秘密或受著作权保护的内容，也包括他人付出劳动而形成的衍生数据。我国《民法典》及《个人信息保

---

① 参见（2017）京行终 4293 号周正树与国家知识产权局专利复审委员会因发明专利申请驳回复审行政纠纷上诉案。

护法》明确规定对个人信息进行保护，其中既包括能够单独对自然人进行识别的信息如身份证号码，也包括与其他信息相结合识别自然人身份的信息，如步幅和语音信息可共同识别出一个人的生物特征，二者均为个人信息。法律规定，合法、正当、必要且不得过度是为对自然人信息的处理原则。人工智能算法使用个人数据进行学习，可能会将人类数据进行组合进而分析出已清洗过数据中的隐私甚至直接未经授权而学习人类的隐私数据①，由于其是对他人信息的不合理获取和利用，故不应授予专利权。被著作权所保护的内容如作品、录音录像以及欧洲的数据库特殊权利（sui generis）都可以数字的形式存在于互联网中，但这并不意味着基于著作权之上的利益可以随意被人工智能开发者和使用者所攫取。尽管有学者提倡文本与数据挖掘对现有著作权的内容使用应该被合理使用制度所豁免，但是文本与数据挖掘一般是有限制的，大部分国家要求除非为科研目的或非商业目的进行有限度的使用，否则即构成侵权，算法对数据的使用若不落入这一狭小的豁免范围则构成侵权。数据库特殊权利要求投资者对于数据库的获取、审查和输出（obtaining, verification or presentation）进行了实质性的投资，后这一标准被泛化为任何投资均被认可②，未经允许对数据库特殊权利保护的内容进行使用不符合伦理审查的要求。商业秘密数据不应被使用自不待言，商业秘密是不公开的具有商业价值的信息，如若未经许可使用必然是非法使用。除此之外，许多数据之上凝结了他人的劳动，未经许可使用属于搭便车的行为，应当被禁止。

其次，对收集数据的手段进行审查。《网络安全法》规定他人不得以

---

① 王利明：《人工智能时代对民法学的新挑战》，《东方法学》2018 年第 3 期。
② 司马航：《欧盟数据财产权的制度选择和经验借鉴——以欧盟〈数据法〉草案切入》，《德国研究》2022 年第 3 期。

非法侵入他人网络为手段获得网络数据，不得干扰他人网络的正常功能，产生危害国家安全、公共利益的后果，或者由于妨碍公众对网络的正常使用，损害网络运营者的合法权益。例如，一种用于公共场所的安全检测设备，它能够解决现有的安检设备存在的问题如：只检查物品，没有检查物品携带者的身份，不能有效识别不法分子；只存储物品图像，并没有关联存储其他信息，不能有效支持数据回溯、事态预判。这一安全检测设备增加了数字身份取得及数据处理单元，通过使其作用范围内的无线通讯终端接收到其发出的无线信号，进行基站切换，在不验证基站身份的情况下取得无线通讯终端的数字身份。无线通讯终端的数字身份属于自然人的个人信息，受到法律保护，安全检测设备在未向用户明示并取得同意的情况下，过度收集处理了用户的个人身份信息，因此不应该被授予专利权。

（二）算法发明应用场景伦理审查

人工智能算法发明分为底层技术发明以及功能性、应用性发明，人工智能的主要应用场景是智能驾驶、智能医疗、智能教育等场景。从人工智能算法的实现手段来看，主要是算法对应、算法筛选和算法决策。算法对应指算法在分析个体后进行产品或服务的精准对应推荐，算法筛选指算法从自然人中挑选出符合标准的对象，算法决策指对不同问题采取不同的方案。在算法对应场景中比较突出的即是智能算法推荐系统，如短视频的智能推荐、购物算法的智能推荐。算法筛选则主要发生在房屋租赁、融资信贷、保险、就业等领域。算法自动化决策的主要应用场景是医药健康领域、司法辅助审判系统，或为政府等公权力主体提高决策和执行效率。

总而言之，算法技术形成了两种法律关系：其一是平等权利主体之间的算法产品所有主体与消费者之间的法律关系；其二是行使公共职能的权力主体与相对人之间形成的法律关系。平等主体之间的算法应用场景主要是算法选择带来的危害：许多招聘公司会对应聘人的种族、肤色、宗教、性取向、性别或者政治偏好进行评估以进行歧视性招聘。譬如同样收到谷歌推送的广告数据，男性收到"年薪20万美元以上职位"广告数据的次数明显多于女性求职者，男性用户组收到1852次推送，女性用户组则仅收到318次。诸多学校会使用算法系统对入学儿童进行评估以择优录取，而人类的受教育权和受教育机会应当是平等的，算法根据与教育不相关的因素对学生进行选择之时便侵犯了学生的平等权。算法也可能危害竞争博弈的基本规则和市场运行的基本结构，扰乱市场经济秩序。"大数据杀熟"便是一种常见的算法歧视，算法根据用户的购买习惯和平台黏性，在不同消费者之间用不同价格出售同样的服务或产品，对消费者的合法权益缺少尊重。企业也可以通过算法进行算法合谋，对自己进行算法优待，扰乱市场秩序。在私主体之间的平等关系内，算法主要体现为对平等权的侵害如性别平等、受教育权的平等以及对消费者权益等的损害。如2025年《专利审查指南》中，提及一种"基于大数据的商场内床垫销售辅助系统"，该发明创造将图像采集和人脸识别手段用于商场等经营场所，违背《中华人民共和国个人信息保护法》中为维护公共安全采集数据的必需限度。该发明因违反法律而不被授予专利，这即体现了专利审查中对应用场景的伦理考查。

许多政府职能部门和司法职能部门会使用算法和数据进行决策，而这种决策往往是通过对数据的分析而形成的且具有公权力的性质，譬如政府决定是否进行信息公开，决定国家赔偿的数额等，又譬如司法机关通过一个人的肤色和种族判断一个人的再犯的可能性。算法可能在代码上是可解释的，却在逻辑上无法做到真正的透明。如此，公民的知情权和合理的正当程序权利则难以得到落实。

第二节　人工智能算法发明专利伦理审查的具体实现

人工智能算法专利的伦理审查超出了审查人员的知识范畴，也为审查机构增加了额外的负担，将压力加诸审查机构并不恰当。审查机构的审查资源不足以及审查能力的有限性都需要其结合内部审查与外部审查的优势，规范审查流程并落实审查职能来弥补。

一、内部审查与外部审查相衔接

在专利审查部门设置专门的伦理审查机构是保障伦理审查运行常态化的实现基础，而伦理审查机构的工作人员应是具备一定技术常识并具有伦理素质且掌握相当程度伦理知识的多背景技术人员。由于目前大多数的专利审查人员都是各个领域的技术人员，具有技术素质但缺乏对于伦理知识的掌握，这种伦理的思维和审查方法并不能通过培训而完全获得。因此，应当在专利审查部门中单独设立伦理审查部门，必要时，根据《科技伦理审查办法（试行）》设立科技伦理（审查）委员会。在专

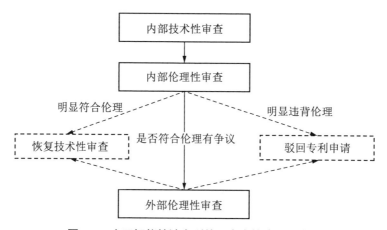

图 7-1　人工智能算法专利伦理审查的流程示意图

利审查中，如审查人员发现人工智能算法发明的发明人疑似机器人，或者在客体审查时发现客体可能是以算法发明外观的疾病的诊断和治疗方法，或者在进行实用性审查时发现算法的训练数据可能涉及他人的隐私，均可暂时终止审查并将文件移交伦理审查部门。伦理审查部门的职责主要是进行分流，对于经审查并无伦理问题的技术方案应该恢复技术性审查流程，而对于那些具有争议的技术方案应该交由外部专业伦理审查机构进行审查。外部伦理审查机构在对具有争议的技术方案进行审理时，如果技术方案并没有违背伦理，则应当交由专利审查部门恢复技术性审查。如果技术方案明显违背伦理，则应当交由专利审查部门驳回发明申请。但是，应当给予发明申请人质疑的权利，向申请人解释并说明理由。

外部伦理审查的实现主要依靠伦理委员会的参与。伦理委员会一般由科学家、伦理学家、法学家、社会组织及民意代表构成。[1] 即使法学家、社会组织和民意代表等无法掌握全部的伦理学知识，但可以从本领域的思维和观念出发进行伦理判断。除此之外，伦理委员会的审查应该遵循必要的基本伦理准则，尊重人类生命权利、健康安全以及人类的可持续发展，保障人类的切身利益和无上的尊严[2]，保障社会的正常运行。《关于加强科技伦理治理的意见》进一步提出坚持公平公正、合理控制风险、保持公开透明等科技伦理原则。更进一步，我国人工智能治理专业委员会于 2019 年提倡科技伦理的软法治理，提倡法律对人工智能科技引发的算法黑箱、行为操控、不公平、隐私侵犯等进行回应，引导科技向善。[3]

在我国，医学伦理委员会的建立已经有相当长的时间，但是由于贺建奎事件的发生，仍然可以发现诸多问题，备案登记制度和工作报告制

---

[1] 甘绍平：《用伦理原则引领国家科技的健康发展》，《云梦学刊》2022 年第 6 期。

[2] 姚万勤：《基因编辑技术应用伦理审查机制的完善》，《北京工业大学学报（社会科学版）》2022 年第 6 期。

[3] 赵鹏、谢尧雯：《科技治理的伦理之维及其法治化路径》，《学术月刊》2022 年第 8 期。

度的不完善以及责任落实制度的缺失都是应该重视并完善的内容。2023年，我国工信部已经设立科技伦理委员会。为了实现伦理审查制度的作用，建立一个"有牙齿"的"科技伦理委员会"，应该吸取医学伦理委员会的设立经验，并完善与专利审查机关的衔接制度，真正从内外两个层面阻断专利的伦理问题。

二、强制审查与公众审查相结合

社会公众对于专利审查的参与并不是一项新的举措和幻想，在美国、澳大利亚、日本以及英国已经有了先例。美国首先实行了专利公众评审制度（community patent review），主要原因是 21 世纪初期时计算机软件专利以及商业方法专利激增导致美国国内审查资源不足。第一次评审主要是试验性的，由专利商标局与芝加哥大学合作，将 40 份计算机软件专利申请面向公众开放，由公众在审查平台上注册并检索资料、上传现有技术并对发明是否具有专利资格得出结论。随后，美国的第二次评审将争议巨大的商业方法加入，让公众参与，也取得了一些成果。美国、澳大利亚以及日本、英国等选择将与计算机软件发明、商业方法相关的发明交由公众评审，事实也表明公众评审具有现实的可操作性。[①] 在计算机软件和商业方法等创新表现不明显的专利领域，现有技术的检索尤为重要，完全依赖专利审查人员的检索是低效且准确率低的，公众参与能够很好地解决这一问题。在澳大利亚公众评审的评估报告中发现，社会公众针对用于评审的 31 份专利申请提交了 106 份现有技术文件，然而这些公众提交的现有技术文件中审查人员只检索到了 3 份。[②]

公众评审的参与不仅能够在技术上解决现有技术检索不足的问题，

---

①② 杨德桥：《开放政府视角下的公众专利评审机制构建研究》，《北京化工大学学报（社会科学版）》2019 年第 3 期。

还能够对不确定的伦理问题进行评估。针对关乎生命安全、环境安全的立法和审查，法律往往倡导公众的参与，将制度透明化并获得公众的信赖。比如《卡塔赫纳生物安全议定书》认为转基因的监管应当由公众参与，并要求各地区、国家进行国内法转化时保留公众的知情权与参与权。譬如我国《人民陪审员法》规定，涉及生态环境保护，社会影响重大的案件，由人民陪审员和法官组成七人合议庭进行审理。① 公众的参与能够使公众对关乎自身的问题有更深入的理解，知情参与决策既是公民基本权利的要求，也是法治化国家的要求。伦理问题关乎大多数人的认知和信任问题，公众的参与能够最大程度上减少偏见，将公民的意志转化为法律的规制，是防止法律为恶法和制度不善治的关键一环。

本章小结

我国伦理审查面临着许多现实问题，比如伦理规范的不稳定性导致的审查结果稳定性缺乏、审查资源不足，以及社会伦理审查机构的衔接不畅问题。在既有的审查困境下，人工智能算法为审查提出了更多的难题。人工智能算法发明的伦理问题并不体现在已经形成的算法发明技术中，而体现在算法发明的上一阶段也即算法设计、训练的过程中，或下一阶段也即算法发明的具体应用中。为了应对以上问题，应该从审查内容和审查机制的建构层面进行完善。首先，在主体审查层面，应该明确人工智能算法发明不得作为发明人的规范，并摒弃以往对发明人主体资格审查流于形式的审查习惯。其次，在进行客体审查时，应完善审查的顺序，对于跨技术领域的人工智能算法发明进行分层次的审查。最后，在进行实用性审查时，应该关注人工智能算法发明所使用的数据的来源

---

① 马驰升：《论生态环境司法中科学证据的审查判断：科学主义与公众参与的融合》，《中南大学学报（社会科学版）》2022 年第 6 期。

和发明人获取的手段，也要关注人工智能算法发明被应用的场景，以关注算法发明是否侵害人类的生命、健康，是否破坏社会的运行秩序。在审查机制的层面，我国应在专利审查部门内部设立专利伦理审查机构，作为一种分流机制，将伦理争议较大的技术方案交由外部伦理审查委员会审查，并由委员会裁决。同时，也可以通过公众评审制度让更多的公众参与，对争议较大的技术方案进行公众伦理审查，保障公众的知情权和参与权。

余　论

　　本书共分为七章，从人工智能算法的技术特征入手，遵循提出问题、分析问题、解决问题的思路，发现人工智能算法专利保护的问题并作出回应。全书第一章及第二章提出问题，第三章对问题进行分析，第四章到第七章则承接第二章、第三章，提出问题的解决路径。第一章首先在区分人工智能算法与算法、计算机程序的基础上探寻人工智能算法的技术特征、法律特征并论证专利法保护路径的优势。第二章首先阐释了人工智能算法所导致的客体资格确定难题，底层人工智能算法获得所造成的卡脖子的困境、专利丛林问题以及中层算法获权难的问题；其次阐释了新颖性、创造性、实用性适用困境，如专利的可重复性和可再现性不明、算法发明新颖性的缺乏、算法跨技术领域导致的本领域技术人员能力不足、算法公开不足；最后提出伦理考量不足等问题。第三章挖掘创新经济学、政策杠杆理论与制度伦理学的内核并运用以上工具指导人工智能算法的专利授权政策。第四章至第七章则针对专利的技术性审查和伦理性审查分别进行制度设计。其中第四章对专利客体审查思维的完善提出建议，第五章对专利的新颖性、创造性与实用性审查标准进行法律调试，第六章对专利公开标准的制度完善提供方案，第七章从专利人本主义出发提出构建专利伦理审查制度的倡议。值得指出的是，第四章到第七章作为问题解决部分，各章之间其实并非并列关系。如第六章论及的专利公开规则是专利性标准中实用性标准的要求之一，由于人工智能算法的隐蔽性过强而透明性不足而独立成章，旨在通过专利制度的公开规则完善解决人工智能算法专利的不透明问题。又如第七章论及伦理审查并非独立的审查流程，而是贯穿于客体资格审查、专利性审查等审查之中，虽然独立成章，但是其审查之流程、内容仍然与技术性审查相协同。

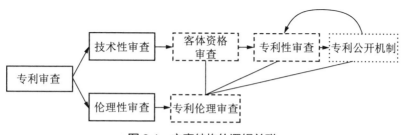

图 8-1　文章结构的逻辑关联

据此，本书认为，我国《专利审查指南》中部分条文需要作适当修正。一方面，"含有算法特征""商业规则和方法特征"并列置于《专利审查指南》第六章"计算机程序"相关发明审查规则之下，这是缺乏严密逻辑的。首先，计算机程序发明、算法发明、商业方法发明处于同一位阶，都是计算机实施的发明。含有算法特征与含有商业方法特征的技术方案共同之处是包含"抽象的思想"，将商业规则或方法视为一种计算机程序缺乏相应支撑。另一方面，条文设置缺乏技术发展性眼光。计算机程序须基于计算机这一工具的存在才能申请专利，而在未来技术发展中，含有算法特征或商业规则和方法特征的技术方案不一定依赖计算机。同时，"含有算法特征或商业规则和方法特征的发明专利"这一概念无法囊括人工智能、互联网＋、大数据及区块链技术发展中形成的相关专利。相比之下，欧盟专利审查指南在条文设置上更具合理性，也更具可操作性。建议我国《专利审查指南》取消"计算机程序""含有算法特征或商业规则和方法特征的发明专利"概念，使用"含有抽象思想的技术方案"或"含有智力活动的规则和方法"的专利，如此便扩张了上述概念，既避免概念重合，也避免概念不周延。

从近年来的技术发展尤其是专利法的跨领域趋势来看，算法往往与数据结合，与医疗设备结合，与语音识别技术结合，所产出的技术方案超越了原来的单一技术方案，以单个人为标准就意味着是以单个领域的现有技术和普通知识为标准判断技术方案的新颖性、创造性和实用性，远远难以满足技术发展的趋势。如日本已在本国专利审查指南中明确表示，本领域技术人员更多情况下是一组人而不是单个人。①

总之，人工智能仍然是弱人工智能时代的人类智能，人工智能算法也只是依靠人类输入数据，构建框架而形成的工具。人工智能算法与计算机程序殊为不同，前者从数据中学习而获得规则并固定为模型，本身可以体现技术特征而成为人工智能算法发明。后者本身为人为设计的运算规则，以代码形式展现，缺乏技术特征。人工智能算法的保护模式多样化，但尤以专利法保护模式为最佳，因为其可以克服商业秘密保护模式过于封闭的弊病，促进知识流转，也可以解决固定性存疑及创作完成即获权的问题。人工智能算法发明曾经因被认定为智力活动的规则、基础研究而被排除于专利法之外，但后来又因其本身具有技术特征，且可以转为商业应用而成为专利。目前而言，人工智能专利主要分为底层技术专利、功能性应用专利以及产业性应用专利。

人工智能算法发明已为大多数专利法接受而获得专利，但是各国的专利审查规则仍然有待以科学的思想指导以进行完善。创新经济学理论认为创新和垄断呈现"倒 U 形"。创新并非孤立的，也不是两段式的，而

---

① 管荣齐：《发明专利的创造性》，知识产权出版社 2012 年版，第 100 页。

是动态发展的，应该根据产业的状态对制度进行调适。专利法是一种制度，内含诸多政策杠杆，应当根据人工智能算法产业的发展进行精准激励。但是创新经济学理论存在着过度重视实用主义，重视效率、效用、价值而忽略小部分人的正当权利或忽略普适的公平、正义价值的现象，应以制度伦理学加以矫正。制度伦理学以"人"为核心，强调人是衡量制度的尺度，制度的运行应该以人为本并与人为善，至少遵循公平、自主、行善、无害的价值导向。

人工智能算法发明对客体审查制度造成了冲击，导致两极效果。一方面，许多大企业为了抢占技术先机，将底层算法申请专利并获权，导致许多其他企业技术上遭遇"卡脖子"困境，同时也产生"专利丛林"现象，导致技术使用不足和反公地悲剧。另一方面，由于人工智能算法的功能性应用、产业性应用专利增加，但是底层算法专利的创新不足，导致人工智能算法专利质量低下，问题专利激增。同时，我国专利坚持技术领域限定原则使得算法核心技术专利以及功能性应用专利的技术特征难以体现和被认定，抑制底层、中层算法专利的创新，损害社会福利。对此，应该破除算法非客体的传统思维，对具有技术特征且采用技术手段，产生技术效果的算法专利授予专利权。同时，坚持算法专利的"技术性要求"，过滤低质量专利和问题专利。当然，为了应对不同层次专利的审查问题，可以采取差异的精准化审查策略，鼓励底层算法的创新，推动核心技术的发展。

人工智能算法对专利性审查标准也造成冲击。一是对实用性标准的冲击。实用性标准要求技术方案可以重复实施，达到实用程度，方案产生积极效果。由于人工智能算法专利有时会使用随机算法或者将算法结合起来使用，因此是否可以重复实施是不确定的。人工智能算法发明可能是机器通过关键词替换或者技术领域迁移而获得，是否达到实用程度也是不可知的。数据具有歧视、偏见或不完全之虞，算法设计者将偏见注入算法会导致算法专利具有消极效果，算法使用相关性逻辑而非归纳逻辑也会导致算法专利的效果难以衡量。为了应对这一难题：专利法首先应区分积极效果和有益效果，排除仅具有积极效果但缺乏有益效果的发明；其次不可在实用性审查阶段太过严苛，对积极效果和实质性进步进行区分，只要求发明具有基本的积极效果即可。最后应设置积极效果评价底线，并在动态审查中考量。

二是对新颖性标准的冲击。有许多人工智能算法发明本身是将开源算法照搬并进行功能性应用或产业应用，缺乏必要的创新。同时，由于人工智能算法专利指数增长，现有技术指数增加，原有的新颖性评估可能过于严格。人工智能算法发明具有跨领域的特征，当前专利审查部门的检索技术和数据库没有实质性的变化，使得对比技术数量少于真实数量。针对这一问题，专利法应该扩大现有技术的检索范围至跨领域的技术方案，修改原来主要检索大型数据库公开出版物的检索方式，并使用人工智能进行审查。同时，对"现有技术"质量加以要求，必须是能够按照申请人公开的技术方案操作方式实现的技术方案才构成现有技术，在实质上缩小快速增长的问题专利对新颖性审查的影响。值得注意的是，不能够依照学者的建议更改"单独对比原则"，这会将多个技术结合与现有技术对比，很容易得出现有技术不具有新颖性的答案。在审查的事后层面，应加快"专利无效宣告程序"处理速度，对不具有新颖性但被授予专利的发明宣告无效。

三是针对创造性标准的冲击。人工智能算法专利存在跨领域的特征，且其算法可能不能够实现完全透明，致使其消极效果难以辨认，因此技术领域的划分需要谨慎，"普通技术人员"所掌握的技术应该与"现有技术"的发展同步，且可参照欧洲审查经验将"普通技术人员"这一拟制的"人"扩展至不同领域技术人员的集合。

人工智能算法发明对专利公开制度产生冲击。一方面，人工智能算法本身技术便十分复杂，可解释性较低。另一方面，人工智能算法发明在公开时可能因公开某些数据而侵犯商业秘密、个人隐私或国家安全。目前，欧洲已经有案例要求人工智能算法发明公开至少一个数据集以证明专利可以被实施，美国在《公众对于人工智能和知识产权政策的意见》的反馈中也收到了诸多要求公开人工智能算法专利数据的呼吁。算法透明、算法可解释、算法问责制本质上都具有技术上操作的有限性，对技术发明人施加了较重的义务，只能是一种呼吁。专利制度的一项制度功能便是与申请人达成契约并将技术方案公开，一定程度上达成了这种目的。在审查目标上，我国应该坚持"实施—信任"的二元标准，不仅要求技术方案可以实施，也应该要求其被公众知情并被信任。具体操作上，可综合考量算法的"输入—输出"的逻辑，考虑算法形成的数据、模型等要素，考虑不同层次算法专利的技术贡献，算法的披露限度等问题，对不同的技术方案进行个案审查。不仅如此，由于算法和数据的商业价值突出，我国也可采取多重举措来解决这些问题：首先，针对公开过度的危险，应该遵循必要的合理尺度对申请人提出公开要求；其次，针对公开不充分，可以在必要时要求其公开必须要素，否则不予授予专利，当然也可以对公开进行激励；最后，为防止公开过度侵蚀申请人权益，也应该对技术上难以解决但不影响专利申请的部分算法进行必要容忍，并参考微生物保存制度对难以再现的数据、算法、参数、权重等进行储存。

人工智能算法发明的伦理审查机制也应该完善。应该明确人工智能算法发明不得作为发明人的规范，在审查时更加注重主体审查。应完善客体审查的顺序，对人工智能算法与专利排除客体的结合发明严格审查。

应该关注人工智能算法发明所使用的数据的来源和发明人获取的手段和人工智能算法的应用场景，在算法设计层面和算法应用层面控制算法伦理风险。在审查机制的层面，我国应在专利审查部门内部设立专利伦理审查机构，作为一种分流机制，将伦理争议较大的技术方案交由外部伦理审查委员会进行审查，并由委员会进行裁决。同时，也可以通过公众评审制度让更多的公众参与进来，对争议较大的技术方案进行公众伦理审查，保障公众的知情权和参与权。

除此之外，针对含有算法特征的专利与计算机程序发明的并不完全包含关系，应该将现今《专利审查指南》第九章第二节条文进行修改。同时，由于算法黑箱、算法歧视、算法侵害平等权的案例并不罕见，且这些算法具有申请专利的可能性，加之算法所使用的数据可能是问题数据或侵犯他人利益的数据，算法是否具有消极效果也并不明确，因此建议专利审查部门结合内部审查和外部审查的方式对伦理内容进行考量。

参考文献

一、中文文献

（一）中文专著

［1］［澳］德霍斯：《知识财产法哲学》，周林译，商务印书馆 2008 年版。

［2］［比］吕克·德·布拉班迪尔：《极简算法史》，人民邮电出版社 2018 年版。

［3］［德］卡尔·拉伦茨：《德国民法通论》，王晓晔等译，法律出版社 2003 年版。

［4］［德］鲁道夫·冯·耶林：《为权利而斗争》，郑永流译，法律出版社 2012 年版。

［5］［法］孟德斯鸠：《论法的精神》，袁岳编译，中国长安出版社 2010 年版。

［6］［美］丹·L.伯克、马克·A.莱姆利：《专利危机与应对之道》，马宁、余俊译，中国政法大学出版社 2013 年版。

［7］［美］J.M.穆勒：《专利法》，沈超等译，知识产权出版社 2013 年版。

［8］［美］R.H.科斯、A.阿尔钦、D.诺斯等：《财产权利与制度变迁》，刘守英等译，格致出版社、上海三联书店、上海人民出版社 1994

年版。

〔9〕〔美〕巴尔加瓦等：《算法图解》，袁国忠译，人民邮电出版社2017年版。

〔10〕〔美〕科尔曼等：《算法导论》，殷建平等译，机械工业出版社2013年版。

〔11〕〔美〕罗伯特·P.莫杰思：《知识产权正当性解释》，金海军、史兆欢、寇海侠译，商务印书馆2019年版。

〔12〕〔美〕罗伯特·P.墨杰斯等：《新技术时代的知识产权法》，齐筠等译，中国政法大学出版社2003年版。

〔13〕〔美〕威廉·M.兰德斯、〔美〕理查德·A.波斯纳：《知识产权法的经济结构》，金海军译，北京大学出版社2005年版。

〔14〕〔美〕约翰·罗尔斯：《正义论》，何怀宏等译，中国社会科学出版社1988年版。

〔15〕〔日〕田村善之：《田村善之论知识产权》，李杨等译，中国人民大学出版社2013年版。

〔16〕〔日〕中山信弘：《软件的法律保护》，大连理工大学出版社1988年版。

〔17〕〔英〕布拉德·谢尔曼、莱昂纳尔·本特利：《现代知识产权法的演进：1760—1911英国的历程》，金海军译，北京大学出版社2006年版。

〔18〕〔英〕洛克：《政府论》（下篇），叶启芳译，商务印书馆1964年版。

〔19〕曹伟：《计算机软件保护的反思与超越》，法律出版社2010年版。

〔20〕曾陈明汝：《两岸暨欧美专利法》，中国人民大学出版社2007

年版。

　　[21]陈健:《商业方法专利研究》,知识产权出版社 2011 年版。

　　[22]崔国斌:《专利法:原理与案例(第二版)》,北京大学出版社 2016 年版。

　　[23]冯晓青:《知识产权法哲学》,中国人民公安大学出版社 2003 年版。

　　[24]国家知识产权局条法司:《新专利法详解》,知识产权出版社 2001 年版。

　　[25]胡波:《知识产权法哲学新论》,法律出版社 2017 年版。

　　[26]康添雄:《专利法的公共政策研究》,华中科技大学出版社 2019 年版。

　　[27]孔祥俊:《知识产权法律适用的基本问题——司法哲学、司法政策与裁判方法》,中国法制出版社 2013 年版。

　　[28]李琛:《著作权基本理论批判》,知识产权出版社 2013 年版。

　　[29]李明德:《美国知识产权法(第二版)》,法律出版社 2014 年版。

　　[30]李晓秋:《信息技术时代商业方法可专利性研究》,法律出版社 2012 年版。

　　[31]李扬:《知识产权法基本原理》,中国社会科学出版社 2010 年版。

　　[32]梁志文:《论专利公开》,知识产权出版社 2012 年版。

　　[33]尼克:《人工智能简史》,人民邮电出版社 2017 年版。

　　[34]欧洲专利局上诉委员会:《欧洲专利局上诉委员会判例法(第6版)》,北京同达信恒知识产权代理有限公司译,知识产权出版社 2016 年版。

［35］孙海龙、曹文泽：《计算机软件法律保护的理论与实践》，北京航空航天大学出版社 2003 年版。

［36］唐昭红：《美国软件专利保护法律制度研究》，法律出版社 2012 年版。

［37］吴汉东：《无形财产权基本问题研究》，中国人民大学出版社 2013 年版。

［38］吴汉东：《知识产权多维度学理解读》，中国人民大学出版社 2014 年版。

［39］尹新天：《中国专利法详解》，知识产权出版社 2012 年版。

［40］应明、孙彦：《计算机软件的知识产权保护》，知识产权出版社 2009 年版。

（二）中文期刊

［41］蔡琳：《智能算法专利保护的制度探索》，《西北工业大学学报（社会科学版）》2019 年第 3 期。

［42］陈磊：《论商业方法专利的"技术性"标准——以欧洲专利审查实践为研究对象》，《科技与法律》2012 年第 3 期。

［43］陈家骏、许正乾：《从美国专利适格标的指南谈 AI 相关发明审查原则暨近年专利申请重要案例》，《月旦法学杂志》2022 年第 1 期。

［44］程承坪：《人工智能：工具或主体？——兼论人工智能奇点》，《上海师范大学学报（哲学社会科学版）》2021 年第 6 期。

［45］单晓光：《中美贸易战中的知识产权问题分析》，《人民论坛·学术前沿》2018 年第 17 期。

［46］邓建志、程智婷：《人工智能对专利保护制度的挑战与应对》，《南昌大学学报（人文社会科学版）》2019 年第 2 期。

[47] 狄晓斐：《人工智能算法可专利性探析——从知识生产角度区分抽象概念与具体应用》，《知识产权》2020 年第 6 期。

[48] 刁舜：《人工智能自主发明物专利保护模式论考》，《科技进步与对策》2018 年第 21 期。

[49] 董雪兵、史晋川：《累积创新框架下的知识产权保护研究》，《经济研究》2006 年第 5 期。

[50] 杜严勇：《厌恶算法还是欣赏算法？——人工智能时代的算法认知差异与算法信任建构》，《哲学分析》2022 年第 3 期。

[51] 管育鹰：《人工智能带来的知识产权法律新问题》，《贵州省党校学报》2018 年第 5 期。

[52] 何华：《知识产权保护的安全例外研究由〈TRIPs 协定〉第 73 条展开》，《中外法学》2019 年第 3 期。

[53] 和育东：《专利政策目标的一元化》，《科学学研究》2011 年第 8 期。

[54] 胡光、王雨平：《人工智能生成发明专利公开问题研究——以 DABUS 案为例》，《中国发明与专利》2021 年第 7 期。

[55] 胡开忠：《知识产权法中公有领域的保护》，《法学》2008 年第 8 期。

[56] 黄武双：《商业秘密的理论基础及其属性演变》，《知识产权》2021 年第 5 期。

[57] 蒋舸：《作为算法的法律》，《社会科学文摘》2019 年第 4 期。

[58] 黎华献：《专利实用性要件之适用标准的反思与重构》，《清华法学》2020 年第 6 期。

[59] 李雨峰：《论专利公开与排他利益的动态平衡》，《知识产权》2019 年第 9 期。

［60］李宗辉：《人工智能专利授权的理论争议与实践发展》，《河南财经政法大学学报》2018 年第 6 期。

［61］刘佳、赵小宁：《从中外专利客体保护水平差异浅谈大数据领域客体审查规则调整》，《专利代理》2022 年第 2 期。

［62］刘磊、雷怡、孙红要、曹赞华：《2017 年中国人工智能领域专利主要统计数据报告》，《科学观察》2019 年第 1 期。

［63］刘强：《人工智能算法发明可专利性问题研究》，《时代法学》2019 年第 4 期。

［64］刘鑫：《论专利伦理》，《自然辩证法研究》2020 年第 12 期。

［65］刘艳红：《人工智能的可解释性与 AI 的法律责任问题研究》，《法制与社会发展》2022 年第 1 期。

［66］刘瑛、何丹曦：《论人工智能生成物的可专利性》，《科技与法律》2019 年第 4 期。

［67］刘友华、李新凤：《人工智能生成的技术方案的创造性判断标准研究》，《知识产权》2019 年第 11 期。

［68］吕磊：《美国商业方法专利保护的发展与现状及其对我国的启示》，《法学杂志》2019 年第 3 期。

［69］宁立志、郭玉新：《专利权权利客体例外制度研究》，《河南师范大学学报（哲学社会科学版）》2020 年第 1 期。

［70］牛晓佳：《人工智能领域算法相关专利申请的创造性分析策略》，《中国发明与专利》2022 年第 6 期。

［71］邱福恩：《人工智能算法创新可专利性问题探讨》，《人工智能》2020 年第 4 期。

［72］石必胜：《美国专利创造性制度的司法变迁》，《比较法研究》2012 年第 5 期。

［73］苏宇：《优化算法可解释性及透明度义务之诠释与展开》，《法律科学（西北政法大学学报）》2022 年第 1 期。

［74］孙那：《人工智能的法律伦理建构》，《江西社会科学》2019 年第 2 期。

［75］万琦：《说明书公开的若干问题研究——以"小 i 机器人"案为基础》，《知识产权》2015 年第 5 期。

［76］王宝筠：《人工智能专利申请的专利保护客体判断》，《中国发明与专利》2021 年第 4 期。

［77］王翀：《人工智能算法可专利性研究》，《政治与法律》2020 年第 11 期。

［78］王德夫：《论人工智能算法的法律属性与治理进路》，《武汉大学学报（哲学社会科学版）》2021 年第 5 期。

［79］王立石、于行洲、宋洁、张洁：《人工智能算法对专利保护政策的挑战及应对》，《软件》2019 年第 4 期。

［80］王迁：《论出售软件序列号和破解程序的行为定性》，《法学》2019 年第 5 期。

［81］王媛媛、闫文军：《人胚胎干细胞专利授权中的伦理障碍——从城户常雄专利申请在中、美、日、欧的审查谈起》，《科技与法律》2019 年第 3 期。

［82］吴汉东、张平、张晓津：《人工智能对知识产权法律保护的挑战》，《中国法律评论》2018 年第 2 期。

［83］吴汉东：《人工智能生成发明的专利法之问》，《当代法学》2019 年第 4 期。

［84］徐丹：《保藏编号限定的微生物专利权保护范围探讨》，《中国科技信息》2022 年第 18 期。

［85］杨德桥：《美国专利法上的专利实用性判断标准研究》，《知识产权》2015 年第 5 期。

［86］杨立新：《人工类人格：智能机器人的民法地位——兼论智能机器人致人损害的民事责任》，《求是学刊》2018 年第 4 期。

［87］杨延超：《人工智能对知识产权法的挑战》，《治理研究》2018 年第 5 期。

［88］姚叶：《多维度解读与选择：人工智能算法知识产权保护路径探析》，《科技与法律（中英文）》2022 年第 1 期。

［89］姚叶：《人工智能算法的可专利性问题研究》，《创新科技》2021 年第 9 期。

［90］姚叶：《人工智能算法专利的技术、理论、问题与中国之应对》，《科技进步与对策》2022 年第 16 期。

［91］易继明、王芳琴：《世界专利体系中专利客体的演进》，《西北大学学报（哲学社会科学版）》2020 年第 1 期。

［92］詹映：《加强知识产权保护建设知识产权强国》，《经济参考报》2021 年 9 月 29 日。

［93］张吉豫：《智能时代算法专利适格性的理论证成》，《当代法学》2021 年第 3 期。

［94］张韬略：《美国〈专利客体适格性审查指南〉的最新修订及评述》，《知识产权》2020 年第 4 期。

［95］张洋：《论人工智能发明可专利性的法律标准》，《法商研究》2020 年第 6 期。

［96］郑友德：《马克斯普朗克创新与竞争研究所专题研讨"人工智能、创新和竞争：新工具抑或新规则？"》，《电子知识产权》2019 年第 8 期。

［97］郑玉双：《破解技术中立难题——法律与科技之关系的法理学再思》，《华东政法大学学报》2018 年第 1 期。

［98］朱雪忠、张广伟：《人工智能产生的技术成果可专利性及其权利归属研究》，《情报杂志》2018 年第 2 期。

［99］孜里米拉·艾尼瓦尔、姚叶：《人工智能技术对专利制度的挑战与应对》，《电子知识产权》2020 年第 4 期。

二、外文文献

［100］Anton Vedder, Laurens Naudts, "Accountability for the use of algorithms in a big data environment", *International Review of Law, Computers & Technology*, Vol.31, No.2, 2017.

［101］Annette Kur, Thomas Dreier, Stefan Luginbuehl, *European Intellectual Property Law: Text, Cases and Materials*, Edward Elgar Publishing, 2019.

［102］Dan Burk and Mark Lemley, "Policy Levers in Patent Law", *Virginia Law Review*, Vol.89, No.7, 2003.

［103］Colins Davies, "An Evolutionary Step in Intellectual Property Rights—Artificial Intelligence and Intellectual Property", *Computer Law & Security Review*, Vol.27, No.6, 2011.

［104］Josef Drexl, Reto M. Hilty, Francisco Beneke, Luc Desaunettes, Michèle Finck, Jure Globocnik, Begoña Gonzalez Otero, Jörg Hoffmann, Leonard Hollander, Daria Kim, Heiko Richter, Stefan Scheuerer, Peter R. Slowinski, Jannick Thonemann, "Technical Aspects of Artificial Intelligence: An Understanding from an Intellectual Property Law Perspective", https://ssrn.com/abstract=3465577, October 22, 2019.

〔105〕John Duffy, "Rethinking the Prospect Theory of Patents", *The University of Chicago Law Review*, Vol.71, No.2, 2004.

〔106〕Tabrez Ebrahim, "Artificial Intelligence Inventions & Patent Disclosure", *Penn State Law Review*, Vol.125, No.12, 2020.

〔107〕Jeffrey Goodman, "Policy Implications of Granting Patent Protection to Computer Software: An Economic Analysis, The〔notes〕", *Vanderbilt Law Review*, Vol.37, No.1, 1984.

〔108〕Ben Hattenbach, Gavin Snyder, "Rethinking the Mental Steps Doctrine and Other Barriers to Patentability of Artificial Intelligence", *Columbia Science and Technology Law Review*, Vol.19, No.2, 2017.

〔109〕Jay Kesan, Andres Gallo, "Why Bad Patents Survive in the Market and How Should We Change?—the Private and Social Costs of Patents", *Emory Law Journal*, Vol.55, No.1, 2006.

〔110〕Jerry Green and Suzanne Scotchmer, "On the Division of Profit in Sequential Innovation", *The RAND Journal of Economics*, Vol.5, No.1, 1991.

〔111〕Justin Hughes, "The Philosophy of Intellectual Property", *Georgetown Law Journal*, Vol.77, No.2, 1988.

〔112〕Daria Kim, Maximilian Alber, Man Wai Kwok, et al., "Ten Assumptions about Artificial Intelligence that can Mislead Patent Law Analysis", *Max Planck Institute for Innovation & Competition Research Paper*, No.21-18, 2021.

〔113〕Mark A. Lemley, Michael Risch, Ted Sichelman, and R. Polk Wagner, "Life after Bilski", *Stanford Law Review*, Vol.63, No.6, 2010.

〔114〕Abraham Lincoln, "Message to Congress in special session", https://teachingamericanhistory.org/document/message-to-congress-in-special-session/, July 4, 1861.

［115］Clarisa Long, "Patent signals", *The University of Chicago Law Review*, Vol.69, No.2, 2002.

［116］Margaret Boden, "Creativity and Artificial Intelligence", *Artificial Intelligence*, Vol.103, No.1—2, 1998.

［117］Roberto Mazzoleni and Richard Nelson, "Economic theories about the benefits and costs of patents", *Journal of Economic Issues*, Vol.32, No.4, 1998.

［118］Peter Menell, "Economic Analysis of Intellectual Property Notice and Disclosure", in *Research Handbook on the Economics of Intellectual Property Law*, Edward Elgar Publishing, 2019.

［119］Mizuki Hashiguchi, "The Global Artificial Intelligence Revolution Challenges Patent Eligibility Laws", *Journal of Business and Technology Law*, Vol.13, No.1, 2017.

［120］Robert Merges, "As Many as Six Impossible Patents before Breakfast: Property Rights for Business Concepts and Patent System Reform", *Berkeley Technology Law Journal*, Vol.14, 1999.

［121］Ryan Abbott, "I Think, Therefore I Invent: Creative Computers and the Future of Patent Law", *Boston College Law Review*, Vol.57, No.4, 2016.

［122］Pamela Samuelson and Suzanne Scotchmer, "The Law and Economics of Reverse Engineering", *Yale Law Journal*, Vol.111, 2001.

［123］Matthew Scherer, "Regulating Artificial Intelligence Systems: Risks, Challenges, Competencies, and Strategies", *Harvard Journal of Law & Technology*, Vol.29, No.2, 2016.

［124］Carl Shapiro, "Navigating the Patent Thicket: Cross Licenses,

Patent Pools, and Standard Setting", *Innovation policy and the economy*, Vol.20 No.1, 2000.

［125］Stamatis Nicholas, "Patenting Artificial Intelligence: An Administrative Look into the Future of Patent Law", *Journal of High Technology Law*, Vol.19, No.2, 2018.

［126］Shlomit Yanisky-Ravid and Regina Jin, "Summoning a New Artificial Intelligence Patent Model: In the Age of Crisis", *Michigan State Law Review*, No.3, 2021.

［127］Lucas Yordy, "The Library of Babel for Prior Art: Using Artificial Intelligence to Mass Produce Prior Art in Patent Law", *Vanderbilt Law Review*, Vol.74, No.2, 2021.

图书在版编目(CIP)数据

算法的创新之维 ： 人工智能算法发明专利授权问题
研究 / 姚叶著. -- 上海 ： 上海人民出版社，2025.
ISBN 978-7-208-19589-9

Ⅰ. D923.424

中国国家版本馆 CIP 数据核字第 20253FA039 号

责任编辑　郭敬文
封面设计　今亮后声

算法的创新之维:人工智能算法发明专利授权问题研究
姚　叶 著

出　　版　上海人 出版社
　　　　　　(201101　上海市闵行区号景路 159 弄 C 座)
发　　行　上海人民出版社发行中心
印　　刷　上海商务联西印刷有限公司
开　　本　720×1000　1/16
印　　张　17
插　　页　3
字　　数　201,000
版　　次　2025 年 7 月第 1 版
印　　次　2025 年 7 月第 1 次印刷
ISBN 978 - 7 - 208 - 19589 - 9/D · 4529
定　　价　85.00 元